STUDIENKURS POLITIKWISSENSCHAFT

Lehrbuchreihe für Studierende der Politikwissenschaft an Universitäten und Hochschulen

Wissenschaftlich fundiert und in verständlicher Sprache führen die Bände der Reihe in die zentralen Forschungsgebiete, Theorien und Methoden der Politikwissenschaft ein und vermitteln die für angehende Wissenschaftler:innen grundlegenden Studieninhalte. Die konsequente Problemorientierung und die didaktische Aufbereitung der einzelnen Kapitel erleichtern den Zugriff auf die fachlichen Inhalte. Bestens geeignet zur Prüfungsvorbereitung u.a. durch Zusammenfassungen, Wissens- und Verständnisfragen sowie Schaubilder und thematische Querverweise.

Stefan Garsztecki | Robert Grzeszczak
Aleksandra Maatsch | Dariusz Wojtaszyn

Das politische System Polens

Gutachter: Prof. Rafał Riedel

Die Deutsche Nationalbibliothek verzeichnet diese Publikation in
der Deutschen Nationalbibliografie; detaillierte bibliografische
Daten sind im Internet über http://dnb.d-nb.de abrufbar.

ISBN 978-3-8487-7197-4 (Print)
ISBN 978-3-7489-1227-9 (ePDF)

Onlineversion
Nomos eLibrary

1. Auflage 2024
© Nomos Verlagsgesellschaft, Baden-Baden 2024. Gesamtverantwortung für Druck
und Herstellung bei der Nomos Verlagsgesellschaft mbH & Co. KG. Alle Rechte, auch
die des Nachdrucks von Auszügen, der fotomechanischen Wiedergabe und der Übersetzung, vorbehalten. Gedruckt auf alterungsbeständigem Papier.

Inhalt

1	**Einführung**	**9**
2	**Transformation und Konsolidierung der Demokratie nach 1989**	**13**
2.1	Runder Tisch	13
2.2	Transformation und Konsolidierung der Demokratie	22
	2.2.1 Die politische Transformation	22
	2.2.2 Die ökonomische Transformation	26
	2.2.3 Die Neuerfindung der Nation	30
	Resümee	33
3	**Die Verfassung**	**37**
3.1	Historischer Überblick	37
	3.1.1 Die Verfassung vom 3. Mai (1791)	37
	3.1.2 Die März-Verfassung (1921)	39
	3.1.3 Die April-Verfassung (1935)	40
	3.1.4 Die Verfassung der Volksrepublik Polen (1952)	40
3.2	Die Verfassung der Republik Polen von 1997	41
	3.2.1 Einleitende Bemerkungen	41
	3.2.2 Struktur und Inhalt	42
	3.2.3 Veränderung der Verfassung	45
	3.2.4 Verfassungsrechtliche Grundsätze	47
	3.2.5 Verfassungskrise in Polen und Infragestellung des Vorrangs der Gesetzgebung der Europäischen Union	52
	Resümee	54
4	**Das Parlament**	**57**
4.1	Historischer Überblick: das Parlament in Polen	57
4.2	Das Parlament nach 1989	59
	4.2.1 Der Übergang zur Demokratie und das Entstehen eines demokratischen Parlaments	59
	4.2.2 Die formalen Zuständigkeiten des Parlaments	60
4.3	Historischer Überblick: Parlamentsparteien in Polen	62
4.4	Dominante Konfliktlinien zwischen den Parlamentsparteien	64
4.5	Die Entmachtung des polnischen Parlaments nach 2015	66
	Resümee	68
5	**Exekutive: Präsident und Regierung**	**73**
5.1	Einführung	73
5.2	Der Staatspräsident nach dem Übergang zur Demokratie	74
5.3	Entwicklung der formalen Zuständigkeiten	75
5.4	Wie wurde das Amt des Staatspräsidenten seit 1989 ausgeübt?	77
5.5	Regierung	81
	5.5.1 Einleitende Bemerkungen	81
	5.5.2 Regierung: Ernennung, Zusammensetzung und Befugnisse	82

Inhalt

		5.5.3 Aufgaben und Zuständigkeiten der Regierung	83
		5.5.4 Premierminister, Minister und Regierungsverwaltung	84
		5.5.5 Rechenschaftspflicht der Regierung	85
		5.5.6 Regierungskoalitionen (in der Praxis der polnischen Regierungen)	86
	Resümee		86

6 Rechtssystem und Gerichtswesen — 89

- 6.1 Einführung — 89
- 6.2 Unterteilung und Aufbau der polnischen Gerichtsbarkeit — 90
- 6.3 Übersicht über die ordentliche Gerichtsbarkeit — 92
  - 6.3.1 Ordentliche Gerichtsbarkeit — 93
- 6.4 Sondergerichtsbarkeit — 96
  - 6.4.1 Verwaltungsgerichtsbarkeit — 97
  - 6.4.2 Militärgerichte — 97
- 6.5 Der Nationale Justizrat (Krajowa Rada Sądownictwa – KRS) — 97
- 6.6 Justiz im Griff der Regierung — 98
  - 6.6.1 Die Krise um das Verfassungsgericht und das Oberste Gericht — 100
  - 6.6.2 Die Reaktion der Europäischen Union — 103
  - 6.6.3 Weitere Justizreformen in Polen (2022) — 105
- 6.7 Staatliche Kontroll- und Rechtsschutzorgane — 106
  - 6.7.1 Der Ombudsmann für Bürgerrechte — 106
  - 6.7.2 Die Oberste Kontrollkammer — 108
  - 6.7.3 Nationaler Rundfunkrat — 108
  - 6.7.4 Staatsanwaltschaft — 109
- Resümee — 110

7 Wahllandschaft — 113

- 7.1 Historischer Überblick — 113
- 7.2 Wahlfrequenz — 114
- 7.3 Wahllandschaft — 116
- Resümee — 118

8 Dezentralisierung und Verwaltungssystem — 121

- 8.1 Einführung — 121
- 8.2 Verwaltungsaufbau und Verwaltungsreformen von 1990 und 1998 — 122
- 8.3 Regionalpolitik — 129
- Resümee — 132

9 Interessengruppen und Zivilgesellschaft — 135

- 9.1 Einführung — 135
- 9.2 Gewerkschaften — 135
- 9.3 Die katholische Kirche — 139
- 9.4 Der Dritte Sektor und Ehrenamt — 143
- 9.5 Rechtsnationale Organisationen — 150
- Resümee — 153

10 Politische Kultur 157

    10.1 Historischer Überblick 157
    10.2 Tradition versus Moderne: Wertewandel und Krise der liberalen Demokratie? 160
    10.3 Rückhalt für die Demokratie 164
    10.4 Politische Cleavages 166
    Resümee 169

11 Parlamentswahlen 2023 als Wendepunkt:
Rückkehr zur Demokratie, Rückkehr nach Europa 173

Biografien 179

Sachregister 183

Personenregister 188

Bereits erschienen in der Reihe STUDIENKURS POLITIKWISSENSCHAFT (ab 2017) 191

1 Einführung

Polen ist der zweitgrößte Nachbar Deutschlands (nach Frankreich) und sein größter östlicher Nachbar. Obwohl der Staat seit dem demokratischen Umbruch von 1989 eng in die westlichen Strukturen integriert ist – seit 1999 ist er Mitglied der NATO und seit 2004 Mitglied der Europäischen Union –, nimmt sein politisches System in deutschen Lehrbuchpublikationen einen relativ geringen Raum ein. Die Abfassung einer aktuellen Einführung in das politische System Polens ist aus mehreren Gründen sinnvoll und reizvoll. Zum einen fehlen aktuelle, umfassende Darstellungen zum politischen System Polens. Die sehr verdienstvollen Einführungen von Klaus Ziemer (Ziemer 2008), respektive der Bundeszentrale für politische Bildung (Bundeszentrale für politische Bildung 2001) sind etwas in die Jahre gekommen, während sich die Darstellung Klaus Bachmanns (Bachmann 2019) bei allen Vorzügen nicht an klassischen Darstellungen zu politischen Systemen orientiert und beispielsweise keine Abschnitte zu Interessengruppen und Zivilgesellschaft, zu Wahlen oder zur politischen Kultur enthält. Auch polnische Überblicksarbeiten orientieren sich entweder eng am Text der Verfassung von 1997 (Dziemidok-Olszewska et al. 2018), sind nicht mehr ganz aktuell (Godlewski 2007; Antoszewski 2012), als breitere Sammelbände zu ausgewählten Problemen der III. Polnischen Republik gedacht (Plecka et al. 2020; Belavusau/Gliszczyńska-Grabias 2020; Posłuszny/Skrzydło/Eckhardt 2017) oder fokussieren eher auf die Ereignisgeschichte und sind mithin keine Einführung in das politische System (Dudek 2016).

Neben dem offensichtlichen Fehlen einer aktuellen Einführung in das politische System sprechen aber auch inhaltliche Gründe für eine Neufassung, die über eine bloße Aktualisierung von Wahlergebnissen, Regierungen und Umfragedaten hinausgehen. Gut 30 Jahre nach dem Systemwandel und 19 Jahre nach dem Beitritt zur Europäischen Union (EU) scheint sich Polen vom Pfad demokratischer Konsolidierung in Richtung autoritärer Versuchung zu bewegen, wie auch internationale Demokratie-Indizes festhalten (Freedom House 2020; Bertelsmann Transformationsindex 2020; The Economist 2019). Diese Indizes betonen Eingriffe in die Freiheit der Medien, Beschränkungen der Zivilgesellschaft und Verletzungen der Gewaltenteilung. Der Prozess der Verletzung des Prinzips der Rechtsstaatlichkeit und des demokratischen Rückschritts in Polen (Sadurski 2019) hat zu einer Reaktion seitens der EU-Institutionen und vieler ihrer Mitgliedstaaten geführt. Auch die Abwahl der Regierung im Herbst 2023 und die nun zu erwartenden Reformen, um wieder volle Rechtsstaatlichkeit herzustellen, erfordern genaue Kenntnisse über dieses democratic backsliding.

Diese Befunde stehen für eine exogene Sichtweise auf die innenpolitischen Veränderungen in Polen seit dem Regierungsantritt der Partei Recht und Gerechtigkeit (Prawo i Sprawiedliwość – PiS) im Herbst 2015. Die dezidierte Abkehr vom ökonomischen und politischen Liberalismus im Programm und in der Regierungspraxis von PiS und hin zu einer illiberalen Demokratie legt dagegen die endogene Herangehensweise dar. Die Einführung in das politische System untersucht damit auch, ob wir es im Fall Polens mit einem neuen Typus parlamentarischer Demokratie – im Sinne Viktor Orbáns mit einer illiberalen Demokratie als positivem Gegenentwurf zur liberalen Demokratie – oder lediglich mit Merkmalen einer defekten Demokratie im Sinne Wolfgang Merkels (Merkel et al. 2003; Merkel 2004) bzw. einer illiberalen Demokratie als negativer Deformation von Demokratie nach Fareed Zakaria (1997) zu tun haben. Ein wichtiger theoretischer Bezugspunkt sind in diesem Zusammenhang die von Wojciech Sadurski (Sadurski 2019) und von Ireneusz Paweł Karolewski und Robert Sata formulierten Konzepte, insbesondere das „democratic backsliding" und das „state capturing" (Karolewski 2021: 301–322; Sata/Karolewski 2020: 206–225).

Die Monografie orientiert sich dabei an klassischen Einführungen in politische Systeme und erläutert insbesondere politische Institutionen, in Einzelfällen geht sie aber auch auf einzelne Politikfelder ein, die sowohl für das Verständnis des politischen Systems Polens für deutsche Leserinnen und Leser als auch für die Bewertung des Konsolidierungsgrades der polnischen Demokratie essenziell sind. Da es sich im polnischen Fall um eine vergleichsweise junge Demokratie handelt, werden in den einzelnen Abschnitten auch ältere politische Traditionen und Entwicklungen erläutert, auf die sich politische Akteure beziehen und an die politische Institutionen anknüpfen.

Schließlich werden trotz der Kürze der Darstellung sowohl grundlegende theoretische Ansätze und Überlegungen Berücksichtigung finden wie auch einschlägige Fachliteratur zu den einzelnen Aspekten des politischen Systems, um so die empirischen Befunde bewerten und einordnen zu können. Dabei fühlen sich die Autoren auch einer kulturwissenschaftlich angelegten Politikwissenschaft verpflichtet, die Ereignisse des politischen Prozesses als Deutungen des Alltags begreift, die symbolische Objektivierung von Politik – deutlich etwa in der politischen Kultur eines Landes – berücksichtigt und in der Interpretationen der konstatierten sozialen Realität nicht nur auf das konkrete institutionelle Design, sondern auch auf Interpretationen des Alltags respektive politischer Traditionen durch die politischen Akteure abstellt (Schwelling 2004: 13). Der abschließende Befund über den Konsolidierungsgrad der polnischen Demokratie wird demnach nicht nur die Elle westlicher Politikwissenschaft anlegen, sondern auch innerpolnische Deutungsversuche und Politikentwürfe einfließen lassen.

Literatur:
Antoszewski, Andrzej (2012): System polityczny RP, Warszawa: Wydawnictwo Naukowe PWN.
Bachmann, Klaus (2019): Politik in Polen, Stuttgart: Kohlhammer.
Bingen, Dieter/Ruchniewicz, Krzysztof (Hrsg.) (2009): Länderbericht Polen, Bonn: Bundeszentrale für politische Bildung.
Belavusau, Uladzislau/Gliszczyńska-Grabias, Aleksandra (Hrsg.) (2020): Constitutionalism under Stress: Essays in Honour of Wojciech Sadurski, Oxford: Oxford University Press.
Bundeszentrale für politische Bildung (2001): Polen. In: Informationen zur politischen Bildung, Nr. 273, Bonn.
Dudek, Antoni (2016): Historia polityczna Polski 1989–2015, Kraków: Znak.
Dziemidok-Olszewska, Bożena/Kowalska, Monika/Leszczyńska, Krystyna/Michalczuk-Wlizło, Marta (2018): Ustrój polityczny Rzeczypospolitej Polskiej w Konstytucji 1997 roku, Lublin: Wydawnictwo UMCS.

Freedom House (2020): Nations in Transit 2020. Dropping the Democratic Façade, https://freedomhouse.org/sites/default/files/2020-04/05062020_FH_NIT2020_vfinal.pdf (9.11.2020).
Godlewski, Tadeusz (2007): Polski system polityczny. Instytucje, procedury, obywatele, Toruń: Marszałek.
Grzeszczak, Robert (2015): The European transformation of the legislative, executive and judicial power in Poland. In: Karolewski, Ireneusz P./Sus, Monika (Hrsg.): The Transformative Power of Europe, Baden-Baden: Nomos, S. 19–36.
Karolewski, Ireneusz P. (2021): Towards a Political Theory of Democratic Backsliding? Generalising the East Central European Experience. In: Lorenz, Astrid/Anders, Lisa H. (Hrsg.): Illiberal Trends and Anti-EU Politics in East Central Europe, Cham: Palgrave Macmillan, S. 301–322.
Merkel, Wolfgang/Puhle, Hans-Jürgen/Croissant, Aurel/Eicher, Claudia/Thiery, Peter (2003): Defekte Demokratie. Bd. 1: Theorie, Wiesbaden: VS Verlag für Sozialwissenschaften.
Merkel, Wolfgang (2004): Embedded and Defective Democracies. In: Democratization, Nr. 11/5, S. 33–58.
Plecka, Danuta et al. (2020): System polityczny Rzeczypospolitej Polskiej. Wybrane aspekty, Toruń: Adam Marszałek.
Posłuszny, Jerzy/Skrzydło, Wiesław/Eckhardt, Krzysztof (Hrsg.) (2017): Ustrój polityczny Rzeczypospolitej Polskiej, Rzeszów: Wyższa Szkoła Prawa i Administracji, Rzeszowska Szkoła Wyższa.
Sadurski Wojciech (2019): Poland's Constitutional Breakdown, Oxford: Oxford University Press.
Sata, Robert/Karolewski, Ireneusz P. (2020): Caesarean politics in Hungary and Poland. In: East European Politics, Nr. 36/2, S. 206–225.
Schwelling, Birgit (2004): Der kulturelle Blick auf politische Phänomene. Theorien, Methoden, Problemstellungen. In: Schwelling, Birgit (Hrsg.): Politikwissenschaft als Kulturwissenschaft. Theorien, Methoden, Problemstellungen, Wiesbaden: VS Verlag für Sozialwissenschaften, S. 11–29.
Wilkin, Jerzy (Hrsg.) (2019): Poland in the European Union. Achievements, Problems & Prospects, Warsaw: PAN.
Zakaria, Fareed (1997): The Rise of Illiberal Democracy. In: Foreign Affairs Nr. 76/6, S. 22–43.
Ziemer, Klaus (2008): Das politische System Polens. Eine Einführung, Wiesbaden: VS Verlag für Sozialwissenschaften.

2 Transformation und Konsolidierung der Demokratie nach 1989

Zusammenfassung

Mit dem Runden Tisch und seinen Beschlüssen leiteten die politischen Eliten von Regierung und Opposition im Frühjahr 1989 die Transformation von Politik, Wirtschaft und Gesellschaft Polens ein, die letztlich in einer Mitgliedschaft in der NATO und der Europäischen Union (EU) mündete. Diskussionen über den Runden Tisch, seinen Verlauf und seine Ergebnisse halten bis auf den heutigen Tag an und auch die Konsolidierung der polnischen Demokratie wird in den letzten Jahren, trotz des Gütesiegels der EU-Mitgliedschaft, mit Blick auf die Rechtstaatlichkeit sowohl in Polen wie auch in der EU erneut erörtert. Der folgende Abschnitt skizziert die Ergebnisse des Runden Tisches, den weiteren Verlauf der Transformation und die Konsolidierung der Demokratie nach 1989. Dabei wird deutlich, dass neben der politischen und ökonomischen Transformation auch eine dritte Transformation vonstattengeht, und zwar die Neuerfindung der Nation. Abschließend greift das Kapitel einige Aspekte in Hinblick auf den aktuellen Zustand der Demokratie und deren Rückhalt auf.

2.1 Runder Tisch

Der Runde Tisch, der in Polen vom 6. Februar bis zum 5. April 1989 in Verhandlungen zwischen Vertretern und Vertreterinnen der noch verbotenen unabhängigen Gewerkschaft Solidarność und Repräsentanten und Repräsentantinnen der kommunistischen Regierung Reformen des politischen Systems aushandelte, war keineswegs ein abrupter Einschnitt, keine *Ruptura*, wie der Systemwechsel mit Blick auf die südamerikanischen Beispiele bisweilen genannt wird. Der Runde Tisch ist vielmehr Ergebnis eines Reifeprozesses auf beiden Seiten der Barrikaden, sodass sich die bereits in den 1980er-Jahren auf die Transformationen in Lateinamerika gemünzten Phasen von *Liberalisierung, Demokratisierung und Konsolidierung* wohl auch auf die polnische Transformation anwenden lassen (O'Donnell/Schmitter/Whitehead 1986; Mainwaring 1989; Przeworski 1991). Dabei sind im polnischen Fall unter Liberalisierung weniger die verschiedenen Versuche der Polnischen Vereinigten Arbeiterpartei (Polska Zjednoczona Partia Robotnicza – PZPR) in den 1980er-Jahren zu verstehen, als die PZPR unter anderem 1987 einen Ombudsmann für Bürgerrechte installierte, 1982 ein Verfassungsgericht schuf und sich an unterschiedlichen ökonomischen Reformen versuchte. Effektiv wirkten die genannten beiden Institutionen erst nach der politischen Wende, zumal das Verfassungsgericht erst 1986 seine Tätigkeit aufnahm und seine Beschlüsse mit einem Mehrheitsbeschluss des polnischen Parlaments, des Sejm, ausgehebelt werden konnten, wo die PZPR und die mit ihr verbündeten Blockparteien über eine absolute Mehrheit verfügten. Liberalisierung bedeutet im polnischen Fall vielmehr einen allmählichen Mentalitätswandel auf beiden Seiten der politischen Landschaft. Mit dem Aufkommen einer außerparlamentarischen Opposition in Polen ab 1976 hatte sich der zuvor immer wieder aufbrechende gesellschaftliche Unmut über politische Repressionen oder ökonomische Unzulänglichkeiten (Friszke 1994) in eine gut organisierte Opposition zur PZPR-Herrschaft verwandelt. Unterschiedliche Gruppierungen des Untergrunds, ein vielfältiges Verlagswesen

2 Transformation und Konsolidierung der Demokratie nach 1989

(Samizdat oder auf polnisch drugi obieg – zweiter Umlauf) und sogar eine 1977 entstandene fliegende Universität (Uniwersytet latający) sorgten für eine demokratische Gegenöffentlichkeit, die in der 1980 entstandenen Gewerkschaft NZSS Solidarność ihren Kulminationspunkt erreichen sollte. In ihrer legalen Tätigkeit vom 31. August 1980 bis zur Verhängung des Kriegsrechtes und der Delegalisierung der Gewerkschaft Solidarność am 13. Dezember 1981 konnte die Gewerkschaft mit ihren bis zu 10 Millionen Mitgliedern das Land nachhaltig verändern. Die Menschen hatten die Furcht vor dem Regime verloren und glaubten, nicht zuletzt unterstützt durch den polnischen Papst Johannes Paul II., an ein demokratisches Polen (Bernhard 1993). Zugleich hatten das Kriegsrecht und die darauffolgende gesellschaftliche Agonie aber auch gezeigt, dass weder die Gewerkschaft Solidarność noch die PZRP mit ihren Reformansätzen in der Lage waren, Polen alleine aus der Krise zu führen. Obgleich Hardliner auf beiden Seiten eine Annäherung nicht wünschten, setzten sich nach einer erneuten Streikwelle im Sommer 1988 die Reformkräfte in der PZPR und der Gewerkschaft Solidarność durch und beschlossen einen Runden Tisch über notwendige Reformen für Polen.

Der Runde Tisch sollte die nächste Phase der polnischen Transformation einläuten – die Demokratisierung. Dem Runden Tisch gingen in Polen ab September 1988 Vorbereitungsgespräche zwischen Vertretern und Vertreterinnen beider Seiten in einem Konferenzzentrum des Innenministeriums in Magdalenka voraus. Hier wurden die Bedingungen und Inhalte der Gespräche am Runden Tisch präzisiert und wohl auch weitere Bedenken gegen diese Gespräche ausgeräumt. Nach einer anderen Lesart kam es in Magdalenka aber auch zu Absprachen, die die Ideale der Solidarność verrieten und den Kompromiss mit den Machthabern der PZPR zu weit trieben. Berichte über geselliges Beisammensein sollten dieses Fraternisieren mit dem Feind untermauern, aber es steht gleichwohl außer Frage, dass für erfolgreiche Gespräche am Runden Tisch zunächst eine Vertrauensgrundlage geschaffen werden musste und dies gelang in den Vorgesprächen. Die Gespräche in Magdalenka dienten aber nicht nur der Vorbereitung des Runden Tisches, sondern auch nach Beginn der Verhandlungen am Runden Tisch wurden geheime Gespräche zwischen ausgewählten Vertretern und Vertreterinnen beider Seiten in Magdalenka im Fall von Verhandlungsblockaden fortgesetzt. Natürlich stellt sich in diesem Zusammenhang die Frage nach der Legitimität. Die PZPR berief sich in ihrem Verhandlungsmandat auf die letzten Sejm-Wahlen des Jahres 1985, in denen sie gemeinsam mit den anderen Organisationen der Patriotischen Bewegung der nationalen Wiedergeburt (Patriotyczny Ruch Odrodzenia Narodowego – PRON) die Mehrheit errungen hatte – freilich nicht in demokratischen Wahlen. Die Vertreter und Vertreterinnen der Solidarność um ihren charismatischen Führer Lech Wałęsa konnten sich auf das Vertrauen der Gesellschaft berufen, obgleich es auch hier Gruppierungen wie die 1982 gegründete Abspaltung von der Gewerkschaft NSZZ Solidarność, die Solidarność Walcząca (Kämpfende Solidarität) um ihren Führer Kornel Morawiecki gab, die jeglichen Kompromiss mit den polnischen Kommunisten und damit auch die Verhandlungen am Runden Tisch ablehnten. Zudem waren auch innerhalb der Untergrundstrukturen der Gewerkschaft Solidarność radikalere Stimmen vorhanden, die Gesprächen mit den kommunistischen Machthabern vor einer Legalisierung der Gewerkschaft mit großer Skepsis begegneten

(Skórzyński 2009: 220–221). Ein einwandfreies Mandat gab es somit nicht und konnte es in den gegebenen politischen und gesellschaftlichen Umständen auch nicht geben. Gegner dieses Kompromisses konstatieren, dass die Opposition durch ihr Zugehen auf die Kommunisten diese gleichsam legitimiert habe, und zwar auch für die neuen politischen Realitäten, ohne eine Aufarbeitung der Vergangenheit dafür eingefordert zu haben. Zudem hätten insbesondere die Teilnehmer an den Gesprächen in Magdalenka politische Vorteile in Form von Einfluss und wohl auch Vermögensvorteile davongetragen, da hier – so die Narration der aktuellen Regierungspartei Recht und Gerechtigkeit (Prawo i Sprawiedliwość – PiS) – Netzwerke geknüpft worden seien, die sich auch bei der Privatisierung ausgezahlt hätten (Kuta 2019: 42).

Der Runde Tisch war somit der Versuch, einen Ausweg aus dem seit 1980 anhaltenden politischen Patt und der Perspektivlosigkeit zu finden. Ob es zu dieser ausgehandelten Revolution seinerzeit eine Alternative gegeben hat, ist heute kaum festzustellen. Der Erfolg des polnischen Transformationsweges spricht für diesen Weg.

Trotz der allmählichen Erosion der Macht der PZPR, der Konstituierung einer Opposition und Gegenöffentlichkeit, beides Faktoren, die den Fortbestand der Volksrepublik Polen in der bisherigen Form nachhaltig infrage stellten, darf dabei der internationale Kontext nicht übersehen werden. Die Wahl von Michail Gorbatschow zum Generalsekretär der Kommunistischen Partei der Sowjetunion (KPdSU) am 11. März 1985 hatte gravierende Auswirkungen sowohl auf die Sowjetunion wie auch auf die Entwicklung des sozialistischen Lagers. Die von ihm eingeleiteten Reformen unter den Schlagwörtern Perestroika (Umbau) und Glasnost (Offenheit) retteten zwar nicht die Sowjetunion, aber sie zeigten anderen reformwilligen und zu Reformen gedrängten kommunistischen Führern, dass das Fenster für Veränderungen aufgestoßen war. Die zuvor als Damoklesschwert über derartigen Versuchen hängende Breschnew-Doktrin, die von einer begrenzten Souveränität der sozialistischen Staaten unter sowjetischem Einfluss ausging und eine Intervention für den Fall der Gefährdung der sogenannten sozialistischen Errungenschaften vorsah, verlor unter Gorbatschow sukzessive ihre Gültigkeit (Adomeit 2016: 335–341, 505). Die von Gorbatschow oder vielmehr von seinem außenpolitischen Sprecher Gennadi Gersasimow 1989 formulierte Sinatra-Doktrin („I did it my way") folgte letztlich dem UN-Prinzip der Nichteinmischung in innere Angelegenheiten der Staaten und war eine wichtige Voraussetzung für die Reformen in Polen und den anderen ostmitteleuropäischen Satellitenstaaten der Sowjetunion.

Da Polen jedoch neben Ungarn der Vorreiter der demokratischen Reformen in Ostmitteleuropa war und die sowjetische Nichteinmischung in die Veränderungen letztlich erst im Herbst 1989 mit den revolutionären Umwälzungen in der DDR offensichtlich wurde, standen die Gespräche am Runden Tisch immer auch unter dem Vorbehalt der Passfähigkeit zum östlichen Vertragssystem. Die konservativen kommunistischen Führer in Ost-Berlin und in Prag waren im Frühjahr 1989 keinesfalls bereit, Reformen oder gar Gespräche mit der Opposition zu beginnen und beobachteten die Ereignisse in Warschau mit großer Skepsis. Schließlich hatten sich auch die Verhandlungsseiten in Polen gegen Widerstände in den eigenen Reihen zu behaupten und es darf wohl als gesichert angesehen werden, dass die polnischen Kommunisten keineswegs an eine Abgabe der Macht dachten. Demgegenüber schienen die sowjetischen Kommunisten um Gorbatschow durchaus bereit zu sein, der polnischen Opposition eine größere Rolle zuzugestehen, ohne allerdings die Macht der Kommunisten oder gar die Zugehörigkeit zum Warschauer Pakt gefährden zu wollen. Die polnischen Kommunisten nutzten zunächst die ab 1986 vorhandene Manövrierfähigkeit kaum und Ansätze einer Kooptation der Opposition über einen Konsultationsrat beim Staatsratsvorsitzenden waren letztlich auch nicht von Erfolg gekrönt, das heißt sie konnten nicht das so dringend benötigte Vertrauen in der Gesellschaft aufbauen (Dudek 2007: 15).

Während sich auf der einen Seite die Vertreter und Vertreterinnen der PZPR unter großen Schwierigkeiten zu Verhandlungen und nicht zu einer weiteren Zerschlagung der Opposition durchrangen, bemühten sich Mitglieder der nach wie vor im Untergrund agierenden Gewerkschaft Solidarność um ihren Vorsitzenden Lech Wałęsa auf der anderen Seite darum, Rückhalt für die Gespräche in den Reihen der Opposition aufzubauen. Zu diesem Zweck trafen sich am 18. Dezember 1988 auf Einladung von Wałęsa führende Vertreter der Opposition, darunter Mitglieder der Gewerkschaft Solidarność, des Helsinki-Komitees, der Klubs der Katholischen Intelligenz, der Friedensbewegung Freiheit und Frieden (Wolność i Pokój) und des Unabhängigen Studentenverbandes, deren gemeinsamer Nenner die Unterstützung für den eher gemäßigten Kurs Wałęsas war. Repräsentanten und Repräsentantinnen der Solidarność Walcząca (Kämpfende Solidarität), der 1984 gegründeten Liberal-demokratischen Partei Unabhängigkeit (Liberalno-Demokratyczna Partia Niepodległość) oder der 1979 entstandenen Konföderation des unabhängigen Polens (KPN – Konfederacja Polski Niepodległej) waren nicht anwesend, da sie allesamt Verhandlungen mit den polnischen Kommunisten ablehnten. Mit der Gründung eines Bürgerkomitees (Komitet Obywatelski) beim Gewerkschaftsvorsitzenden Wałęsa schufen die Anwesenden die notwendige Rückendeckung und Plattform für die anstehenden Verhandlungen. Zugleich wurde eine Art von Konsens über die angestrebten Ziele erreicht. Neben der Legalisierung der Gewerkschaft Solidarność waren dies die Herstellung eines politischen Pluralismus, ein unabhängiges Gerichtswesen, eine authentische territoriale Selbstverwaltung, eine Verringerung der Rolle des Staates in der Wirtschaft, Möglichkeiten für ein freies Unternehmertum und Zugang zu den Massenmedien. Dafür war man bereit, mit den Kommunisten gemeinsam einen Ausweg aus der Systemkrise zu suchen. Die zukünftige Rolle des Bürgerkomitees und dessen Verhältnis zur Gewerkschaft Solidarność blieben aber vorerst unklar (Skórzyński 2009: 224–231).

Nachdem auch die Vertreter und Vertreterinnen der PZPR auf einem Treffen des Zentralkomitees der Partei vom 16.–17. Januar 1989 die Legalisierung der Gewerkschaft Solidarność nach den Gesprächen am Runden Tisch und einen politischen Pluralismus mehrheitlich akzeptiert hatten, stand der Eröffnung der Verhandlungen am Runden Tisch nichts mehr im Wege (Dudek 2007: 20).

Unter symbolischem Vorsitz der katholischen Kirche begannen somit am 6. Februar 1989 die Gespräche am Runden Tisch, die bis zum 5. April 1989 andauern sollten. Vertreten waren neben den Repräsentanten und Repräsentantinnen der PZPR und der Gewerkschaft Solidarność auch Abgesandte des staatlichen Gewerkschaftsbundes OPZZ sowie der Blockparteien, der Vereinigten Bauernpartei (ZSL – Zjednoczone Stronnictwo Ludowe) und der Demokratischen Partei (SD – Stronnictwo Demokratyczne). Die Gespräche am symbolträchtigen Runden Tisch fanden dort allerdings nur zur Eröffnung und zum Abschluss der Verhandlungen statt, während die eigentlichen Verhandlungen in drei Arbeitsgruppen organisiert waren. Eine erste Arbeitsgruppe setzte sich mit politischen Reformen auseinander, eine zweite Arbeitsgruppe befasste sich mit gewerkschaftlichem Pluralismus und eine dritte Arbeitsgruppe diskutierte Fragen von Wirtschaft und Sozialpolitik. Sie wurden jeweils gemeinsam von einem Vertreter der Regierungsseite und einem Vertreter der Opposition geleitet, die Arbeitsgruppe zum gewerkschaftlichen Pluralismus zusätzlich noch von einem Vertreter des staatlichen Gewerkschaftsverbandes OPZZ. Daneben existierten etliche weitere Unterarbeitsgruppen und Arbeitskreise, sodass insgesamt 452 Personen involviert waren. Da nicht alle Fragen in diesen Gremien gelöst werden konnten, traf man sich weiterhin in kleineren informellen Kreisen in Magdalenka, wo solche Fragen dann letztendlich entschieden wurden. Diese informelle Gruppe war wesentlich kleiner und umfasste lediglich 42 Personen, worunter auch Vertreter der katholischen Kirche waren (Dudek 2007: 21; Skórzyński 2009: 268–274).

Die Kritik an den Vereinbarungen des Runden Tisches entzündet sich bis heute vor allem an diesen informellen Treffen und hier insbesondere am Einfluss der sogenannten Berater wie Tadeusz Mazowiecki, Adam Michnik, Bronisław Geremek oder Jacek Kuroń, die den Gewerkschaftsvorsitzenden unterstützten und erstens vor allem eine liberale politische Konzeption verfolgten und zweitens eben Berater, aber keine klassischen Arbeitervertreter waren.

Die Ergebnisse des Runden Tisches, der am 5. April feierlich mit der Unterzeichnung der Vereinbarungen abgeschlossen wurde, stellen in vielerlei Hinsicht einen Kompromiss dar, der aus späterer Perspektive manche Fragen aufwirft, wie beispielsweise bezüglich der nur halbfreien Wahlen im Juni 1989. Allerdings war Polen hier der Vorreiter in Ostmitteleuropa. Auf 271 Seiten wurden wichtige Reformen festgehalten, oft aber auch nicht miteinander vereinbarte Punkte notiert, deren Lösung dem weiteren Reformweg vorbehalten bleiben sollte (Skórzyński 2009: 345).[1]

Vereinbart wurde im Einzelnen:

Hinsichtlich der politischen Reformen einigte man sich in der ersten Arbeitsgruppe auf die Wiedereinführung des Präsidentenamtes mit sechsjähriger Amtszeit (bei gleichzeitiger Abschaffung des Staatsrates) und des Senats als zweiter Kammer mit 100 Senatoren, zwei pro Woiwodschaft, für die Woiwodschaften Kattowitz und Warschau drei Senatorensitze. Beide Institutionen waren 1947 abgeschafft worden. Ferner wurde das Prozedere für die im Juni 1989 angesetzte Wahl vereinbart. Demnach sollten die Wahlen zum 460 Mitglieder umfassenden Sejm nur zum Teil

---

1 Sämtliche Stenogramme der verschiedenen Kommissions- und Arbeitsgruppensitzungen sind einsehbar auf: https://www.sejm.gov.pl/Sejm7.nsf/stenOkrStol.xsp

frei sein, ein Kniff, mit dem die PZPR ihre Macht in das neu entstehende politische System hinüberretten wollte. Die Mandate im Sejm sollten demnach zu 65 % (299 Mandate) auf die PZPR, die beiden Blockparteien ZSL und SD sowie drei katholische, regimetreue Organisationen verteilt werden, die mit einer gemeinsamen Liste antraten, während 35 % (161 Mandate) frei gewählt werden konnten. Die 100 Sitze für den Senat, die zweite, wieder eingeführte Parlamentskammer, sollten in völlig freien Wahlen besetzt werden. Nach intensiven Debatten konnte sich die Oppositionsseite hinsichtlich der Kompetenzen des Senates durchsetzen. Für das Überstimmen eines Vetos des Senats wurde eine Zweidrittelmehrheit im Sejm vereinbart, was der Opposition im Falle der Gewinnung aller 35 % frei zu besetzenden Sejm-Mandate eine Mitsprachemöglichkeit einräumte. Des Weiteren wurden die Kompetenzen des neuen Präsidentenamtes, für das General Wojciech Jaruzelski als Vertreter der Regierungsseite und Vorsitzender der PZPR vorgesehen war, stärker beschnitten, als das die PZPR ursprünglich geplant hatte. Im Ergebnis kam ein semipräsidentielles System heraus, das die Kompetenzen des Präsidenten bis zur Verabschiedung der neuen Verfassung im Jahr 1997 recht vage hielt und je nach Persönlichkeit dem Präsidenten einigen Manövrierspielraum einräumte. Im Einzelnen wurde dem Präsidentenamt die Aufsicht über die Streitkräfte, das Vorschlagsrecht für den Präsidenten der Nationalbank und das Recht auf Verhängung des Kriegsrechtes und des Ausnahmezustandes eingeräumt (Dudek 2007: 21–24).

Damit war aber nur ein Teil der politischen Reformen umgesetzt. Für eine völlige Demokratisierung des Landes erwartete die Opposition auch eine Reform des Justizsystems, unabhängige Gerichte, einen Zugang zu den Massenmedien für die Opposition und eine Reform der territorialen Selbstverwaltung (Skórzyński 2009: 276). Von diesen Postulaten konnten am Runden Tisch allerdings nur ein Teil umgesetzt werden. Reformen des Justizwesens mussten auf die völlige Demokratisierung des Landes warten und auch der Zugang zu den Massenmedien für die Gewerkschaft Solidarność erwies sich als ein großes Hindernis. Der schließlich vereinbarte halbstündige bzw. einstündige Zugang zum staatlichen Fernsehen bzw. Rundfunk war nur ein geringer Erfolg für die Opposition. Die Erlaubnis für das Wiedererscheinen der oppositionellen Wochenzeitschrift Tygodnik Solidarność und einer neuen Tageszeitung, die unter dem Titel Gazeta Wyborcza (Wahlzeitung) erscheinen sollte (Dudek 2007: 24–25), hatten aber große Auswirkungen. Die bis auf den heutigen Tag vom ehemaligen Dissidenten Adam Michnik redigierte Gazeta Wyborcza sollte bald die größte und einflussreichste Zeitung des Landes werden.

Bezüglich des gewerkschaftlichen Pluralismus waren die Diskussionen in der zweiten Arbeitsgruppe erheblich einfacher, da bereits in den Vorgesprächen die Legalisierung der Gewerkschaft Solidarność vereinbart worden war. Dies wurde in den Gesprächen bestätigt, wenngleich das Streikrecht mit Bezug auf das kommunistische Gesetz über Gewerkschaften aus dem Jahr 1982 eingeschränkt blieb. Sowohl die Gewerkschaft Solidarność wie auch die Bauern-Solidarność (NSZZ Rolników Indiwidualnych „Solidarność") und der Unabhängige Studentenverband (Niezależne Zrzeszenie Studentów) wurden noch im April 1989 wieder zugelassen (Dudek 2007: 24).

Schwieriger gestalteten sich die Verhandlungen in der dritten Arbeitsgruppe, die sich unter anderem mit der Inflation, einer neuen Wirtschaftsordnung und der Auslandsverschuldung befasste. Hier wurden im Wesentlichen lediglich die Standpunkte gegenübergestellt, ohne dass konkrete Festlegungen getroffen wurden. Erschwerend kam hinzu, dass auch innerhalb des Solidarność-Lagers unterschiedliche Positionen vertreten waren. Auf der einen Seite erwarteten neoliberale Vertreter und Vertreterinnen eine völlige Freigabe der Preise und eine umfassende Reprivatisierung, auf der anderen Seite sprachen sich sozialdemokratische Repräsentanten und Repräsentantinnen für eine Kontrolle des Marktes durch den Staat aus. Sie wollten eine langsame evolutionäre Entwicklung und befürchteten zu große soziale Unterschiede mit daraus resultierenden gesellschaftlichen Spannungen (Skórzyński 2009: 275).

Die Unterzeichnung der Vereinbarungen am Runden Tisch am 5. April, die in den folgenden Tagen vom Sejm in Gesetze umgesetzt wurden und um die bis zuletzt gerungen wurde, war daher nur ein Zwischenschritt auf dem Weg zur vollständigen Demokratisierung. Die Reform des Justizwesens, die Verabschiedung einer neuen demokratischen Verfassung, der institutionell-territoriale Umbau des Staates, dessen 49 Woiwodschaften mit zu wenig Kompetenzen ausgestattet waren und von denen nur wenige ökonomisch tragfähig waren, und auch die juristische, politische und gesellschaftliche Aufarbeitung der totalitär-autoritären Zeit der Volksrepublik Polen stand erst noch bevor. Als entscheidend für den weiteren Verlauf der Transformation sollten sich die für Juni 1989 vorgesehenen nichtkonfrontativen Wahlen erweisen.

Als Knackpunkt für diese Wahlen stellte sich die Wahlordnung heraus. Der Versuch der Vertreter und Vertreterinnen der PZRP, ein gemeinsames Wahlprogramm – und zwar die Vereinbarungen des Runden Tisches und eine gemeinsame Liste – zu vereinbaren, war von den Oppositionsvertretern und Oppositionsvertreterinnen abgelehnt worden. Sie bestanden auf einem eigenen Programm und einer eigenen Liste. Der Opposition gelang es in Rekordzeit, regionale Bürgerkomitees zu gründen, die Kandidatinnen und Kandidaten für die Wahlen zum Sejm und zum Senat auswählten. In Konfliktsituationen entschied das Warschauer Bürgerkomitee. Angesichts der geringen Medienpräsenz musste die Opposition auf einen kreativen Wahlkampf setzen, der oft witzig und einfallsreich war. Bedeutend war auch die Unterstützung der katholischen Kirche, die oft deutlich die Oppositionskandidatinnen und -kandidaten favorisierte. Die Regierungsseite erwies sich im Wahlkampf weniger klar aufgestellt. Trotz der gemeinsamen Liste mit Vertretern und Vertreterinnen der Blockparteien ZSL und SD sowie Vertretern und Vertreterinnen gesellschaftlicher Organisationen konkurrierten um die Senatssitze oft Kandidatinnen und Kandidaten von PZRP, ZSL und SD gegeneinander. Auch die Wahlordnung und die Hybris der PZPR sollten sich als Mühlstein erweisen. Die PZPR-Führung war überzeugt, dass sie dank ihrer Prominenz auch über die Landesliste in den Sejm einziehen würde. Der Wahlerfolg des Bürgerkomitees und damit der Opposition in der ersten Runde am 4. Juni 1989 war jedoch überwältigend. Sie gewann 160 von 161 möglichen Sejm-Mandaten im ersten Wahldurchgang am 4. August 1989 und 92 von 100 Senatssitzen. Anderen Oppositionsparteien, also auch denen, die einen Kompromiss mit den Kommunisten am Runden Tisch abgelehnt hatten, gelang es nicht, Abgeordnete in den Sejm oder den Senat zu bringen. Die Wahlbeteiligung war mit 62 % für den historischen Charakter der Wahl niedrig, allerdings war sie bei allen folgenden Parlamentswahlen bis 2019 nie wieder so hoch und bei Präsidentschaftswahlen wurde diese Zahl nur 1995 und 2020 knapp überschritten. Demgegenüber erlebten die PZPR und die mit ihr verbündeten Blockparteien und gesellschaftlichen Organisationen ein Debakel. Nur drei Kandidaten setzten sich im ersten Wahlgang durch, die restlichen 296 Mandate der insgesamt 299 der Regierungsseite nach dem Kompromiss am Runden Tisch zustehenden Parlamentssitze konnten erst im zweiten Wahlgang besetzt werden. Schlimmer noch, prominente Vertreter und Vertreterinnen der PZPR waren auf der Landesliste platziert, die 35 der 299 Sitze absichern sollten. Hier hatten aber nur zwei Kandidaten mehr als 50 % der Stimmen erhalten, was nach der gültigen Wahlordnung die Nichtbesetzung von 33 Mandanten bedeutet hätte. Die Opposition war ob ihres Wahlerfolges selbst überrascht und stimmte einer Änderung der Wahlordnung vor dem zweiten Wahlgang zu, sodass die prominenten Vertreter und Vertreterinnen des alten Regimes sich letztlich doch im Sejm wiederfanden. Die Gewerkschaft Solidarność um Lech Wałęsa und seine prominenten Berater wie Adam Michnik, Tadeusz Mazowiecki oder Bronisław Geremek befürchteten, dass anderenfalls ihre Partner des Runden Tisches nicht mehr zur Verfügung stehen würden, was mit der Gefahr einer Radikalisierung der Gegner des Runden Tisches innerhalb der PZPR verknüpft war. Der zweite Wahldurchgang am 18. Juni 1989 sicherte dann den Kompromiss des Runden Tisches und verhalf der PZPR-Prominenz zu einem Platz im Parlament. Das Bürgerkomitee der Gewerkschaft Solidarność gewann alle der 161 frei zu vergebenden Sitze im Sejm und 99 von 100 Senatssitzen. Ein Sitz fiel an einen unabhängigen Kandidaten (Dudek 2007: 37–40).

Damit war aber lediglich der erste Schritt der Transformation gelungen, und zwar die Pluralisierung des politischen und gesellschaftlichen Lebens. Die weiteren Reformschritte waren von einer noch zu bildenden Regierung vorzubereiten und durchzusetzen und damit wurde nach den Wahlen der eigentliche Übergang zur Demokratie eingeläutet. Jan Skórzyński hat treffend analysiert, dass der Runde Tisch eigentlich ein Theaterstück gewesen sei. Die Opposition gab vor, die politischen Rahmenbedingungen und die Führungsrolle der PZPR zu akzeptieren und diese wiederum versuchte den Eindruck zu erwecken, dass es ihr um das Vaterland und nicht um den Machterhalt ging (Skórzyński 2009: 293–294). Das Wahlergebnis hatte diese Illusion über den Haufen geworfen. Die anschließenden Versuche der PZPR, eine Regierung zu bilden, stützten sich vor allem auf ihr traditionelles Verständnis ihrer seit 1975 auch konstitutionell verankerten Führungsrolle und auf das Wahlergebnis. Zwar war die Regierungsseite in den Wahlen nur knapp einer Katastrophe entkommen, aber die PZPR verfügte im neuen Sejm gemeinsam mit den Blockparteien ZSL und SD sowie den Mandaten der gesellschaftlichen Organisationen mit 299 Sitzen über eine beachtliche Mehrheit. Jedoch hatte der freie Teil der Wahlen der 161 frei zu vergebenden Sejm-Sitze und der 100 Senatorenmandate gezeigt, dass die polnische Gesellschaft einen weitergehenden Wandel wollte. Die Blockparteien, die über Jahrzehnte die Führungsrolle der PZPR *nolens volens* mitgetragen hatten, verweigerten Innenminister Czesław Kiszczak von der PZPR die Gefolgschaft und machten damit die Bildung einer Regierung unter seiner Führung unmöglich. Zugleich dauerten auch die Gespräche über die Besetzung des Präsidentenamtes an, für das die PZPR General Wojciech Jaruzelski vorgesehen hatte, der allerdings nur bei einer sicheren Wahl antreten wollte. Da beide Blockparteien der Opposition ihre Unterstützung für die Wahl eines Solidarność-Kandidaten zum Ministerpräsidenten signalisiert hatten und auch von Moskau kein Widerspruch kam, war die von Adam Michnik über einen Artikel in der Gazeta Wyborcza am 3. Juli ins Spiel gebrachte Formel „Euer Präsident, unser Premier" der vorläufige Ausweg aus dem Dilemma. Mit der Wahl des katholischen Publizisten und Solidarność-Beraters Tadeusz Mazowiecki am 24. August 1989 zum ersten nichtkommunistischen Regierungschef in Ostmitteleuropa war der erste Schritt der Demokratisierung abgeschlossen (Dudek 2007: 42–45). Polen hatte eine demokratisch in halbfreien Wahlen legitimierte Regierung, die sich im Jahr 1989 eines großen gesellschaftlichen Rückhalts erfreute. In dieser Regierung waren neben der Gewerkschaft Solidarność und den Blockparteien auch vier Vertreter der PZPR, was den evolutionären Charakter des Wandels unterstrich.

Die hier knapp geschilderten dramatischen Monate der Vorbereitung und Durchführung des Runden Tisches, die im Ergebnis zur ersten nichtkommunistischen Regierung in Ostmitteleuropa geführt haben, sind inzwischen quellenmäßig sehr gut untersucht (Trembicka 2003 2015), sodass die Ereignisgeschichte gut rekonstruierbar ist. Gleichwohl lösen die Ergebnisse und die Begleitumstände des Runden Tisches bis heute politische und gesellschaftliche Kontroversen aus, was an einer Reihe von Gründen festzumachen ist.

Erstens war der Runde Tisch ein evolutionärer Übergang in eine demokratische polnische Republik, es handelte sich also keineswegs um eine Revolution. Diesen Kompromiss mit den Vertretern und Vertreterinnen des *Ancien Régime* lehnten Teile der demokratischen Opposition ab, da sie auf einen baldigen Zusammenbruch des kommunistischen Regimes hofften und sie zudem die kommunistischen Eliten für die Zeit der Volksrepublik Polen und das damit verknüpfte Unrecht zur juristischen, politischen und moralischen Verantwortung ziehen wollten. Umgekehrt sahen sie im evolutionären Übergang und in der Zusammenarbeit mit den polnischen Kommunisten die Gefahr einer moralischen Korrumpierung der neuen polnischen Republik mit Auswirkungen auf die politische Kultur. Auch im Jahr 2022 wirft die Regierungspartei Recht und Gerechtigkeit (Prawo i Sprawiedliwość – PiS) der größten Oppositionspartei, der Bürgerplattform (Platforma Obywatelska – PO) – beide Parteien können im Übrigen auf eine Solidarność-Genese verweisen – vor, postkommunistische Verhaltensweisen an den Tag zu legen und sich nicht entschieden genug der Abrechnung mit der Volksrepublik Polen gewidmet zu haben. Für PiS ging der Kompromiss am Runden Tisch zu weit, obgleich prominente Vertreter und Vertreterinnen von PiS, nicht zuletzt ihr Parteivorsitzender Jarosław Kaczyński oder sein 2010 tödlich verunglückter Zwillingsbruder und Staatspräsident Lech Kaczyński, am Runden Tisch für die Oppositionsseite teilgenommen hatten.

Zweitens blockierte der Kompromiss zwischen Regierungsseite und Opposition die Aufarbeitung der Volksrepublik Polen, die faktisch- wie noch zu zeigen sein wird – erst gegen Ende der 1990er-Jahre mit dem Gesetz über die Lustration und mit der Bildung des Instituts über das Nationale Gedenken (Instytut Pamięci Narodowej – IPN) eingeleitet wurde. Zudem war Polen zwar im Frühjahr 1989 der Vorreiter des Völkerfrühlings in Ostmittel- und Osteuropa, aber bereits im Sommer 1990 war es mit einem kommunistischen Staatspräsidenten Wojciech Jaruzelski eher ein Nachzügler im zerfallenden Ostblock und die ersten völlig freien Wahlen fanden erst im Oktober 1991 statt.

Drittens wird – fälschlicherweise – am Runden Tisch auch der weitere Verlauf der Transformation und insbesondere die wirtschaftliche Schocktherapie von Finanzminister Leszek Balcerowicz festgemacht, die ökonomisch als erfolgreich bezeichnet werden muss, aber ob ihrer sozialen Auswirkungen auf enormen gesellschaftlichen Widerstand traf. Mit dem Runden Tisch wird hier allerdings der falsche Autor in Haft genommen, da die Gespräche über die zukünftige ökonomische Ordnung Polens am Runden Tisch nicht von Erfolg gekrönt waren. Hier existierten auch innerhalb des Solidarność-Lagers große Unterschiede, da ein Teil der oppositionellen Ökonomen sich eine stärkere Rolle des Staates wünschte, andere hingegen für einen starken Markt eintraten (Trembicka 2003: 245ff.).

2.2 Transformation und Konsolidierung der Demokratie

2.2.1 Die politische Transformation

Mit der Regierung von Tadeusz Mazowiecki im August 1989 war die eigentliche Transformationszeit eingeläutet. Wolfgang Merkel hat für die postsozialistischen Transformationsphasen ein Mehrebenenmodell demokratischer Konsolidierung entwickelt, das die verschiedenen Phasen der politischen Transformation gut umfasst, sich aber nur sehr allgemein auf die anderen beiden Transformationen, die ökonomische und die Neuerfindung der Nation, übertragen lässt. Merkel postuliert überzeugend, dass die drei Transformationen, die dritte bezeichnet er als staatliche (nationale) Transformation, sich wechselseitig beeinflussen und eng miteinander verflochten sind (Merkel 2007). Andere Transformationsforscher und Transformationsforscherinnen wie beispielsweise Claus Offe sprachen daher vom „Dilemma der Gleichzeitigkeit", also der Unmöglichkeit, politische und ökonomische Reformen gleichzeitig durchzuführen, ohne negative Auswirkungen auf den jeweils anderen Transformationsprozess hervorzurufen (Offe 1991). Die Schwierigkeiten sollten erstens daraus resultieren, dass die Modernisierungsprozesse nicht über einen langen Zeitraum, sondern zeitlich sehr gedrängt ablaufen würden, zweitens die Transformation in den postkommunistischen Ländern eben zwei oder gar drei Transformationen umfasste, während die Befreiung von den autoritären Systemen in Griechenland, Portugal und Spanien in den 1970er-Jahren lediglich eine politische Transformation erforderte. Als Folge erwartete die sozialwissenschaftliche Forschung Probleme bei der Konsolidierung der jungen

2.2 Transformation und Konsolidierung der Demokratie

Demokratien, aber die baldige Mitgliedschaft in NATO und EU zeigte, dass die Transformationen erfolgreicher waren als vermutet. Merkel geht in seinem Demokratisierungsmodell von vier Ebenen aus, die sich zeitlich zum Teil überlappen und wechselseitig beeinflussen: eine konstitutionelle Konsolidierung, eine repräsentative Konsolidierung, eine Verhaltenskonsolidierung und als vierte Ebene eine Konsolidierung einer demokratischen politischen Kultur (Merkel 2007: 416f).

In Polen erfolgte die konstitutionelle Konsolidierung in mehreren Schritten. Zunächst wurde die Verfassung auf der Grundlage der Beschlüsse des Runden Tisches verändert, das heißt, die neuen Institutionen, der Senat als zweite Kammer und das Präsidentenamt, wurden am 7. April 1989 per Novelle in die kommunistische Verfassung vom 22. Juli 1952 eingefügt. Eine weitere Novelle vom 29. Dezember 1989 änderte auch den Staatsnamen in Republik Polen, die Volksrepublik war damit Vergangenheit.[2] Da es absehbar war, dass die Erarbeitung einer völlig neuen Verfassung mehr Zeit in Anspruch nehmen würde, verabschiedete der Sejm am 17. Oktober 1992 eine sogenannte Kleine Verfassung, die am 8. Dezember 1992 in Kraft trat. Sie regelte das Verhältnis der staatlichen Institutionen untereinander, klärte unter anderem die Kompetenzen des Präsidenten, enthielt aber im Gegensatz zu einer vollwertigen Verfassung keinen Grundrechtskatalog. Bestimmungen der alten Verfassung über die kommunistische Ordnung Polens wurden damit außer Kraft gesetzt. Die Kleine Verfassung blieb bis zum Inkrafttreten der neuen Verfassung am 17. Oktober 1997 gültig. Mit der Verabschiedung der neuen Verfassung am 2. April 1997 und deren Annahme in einem landesweiten Referendum am 25. Mai 1997 war die konstitutionelle Konsolidierung abgeschlossen.

Die repräsentative Konsolidierung betrifft die Parteienlandschaft und Interessensverbände. Bereits zu Beginn der 1990er-Jahre wurden die großen Interessensverbände, die zuvor systembedingt noch nicht bestanden hatten, gegründet – so zum Beispiel der Arbeitgeberverband (Pracodawcy Rzeczypospolitej Polskiej – Arbeitgeber der Republik Polen, bis 2010 unter der Bezeichnung Konfederacja Pracodawców Polskich – Konföderation der polnischen Arbeitgeber), zahlreiche Branchenverbände und die Sozialverbände, wie zum Beispiel der 1990 wieder aktivierte polnische Caritas-Verband. Gewerkschaften hatten bereits vor 1989 existiert, wobei mit dem Runden Tisch die NSZZ Solidarność nun neben der staatlichen Gewerkschaft OPZZ (Ogólnopolskie Porozumienie Związków Zawodowych – Gesamtpolnischer Gewerkschaftsverband) existieren durfte. Auch Branchengewerkschaften kamen hinzu. Insbesondere für den trilateralen Dialog zwischen Arbeitgebern, Gewerkschaften und Staat war das Entstehen unabhängiger Verbände ein wichtiges Element der Transformation, da erst dadurch Tarifpartnerschaften möglich wurden. Insgesamt erlebte die polnische Zivilgesellschaft einen enormen Aufschwung nach 1989, zahlreiche Stiftungen und Vereine wurden gegründet, die staatliche Gängelung beendet. Einen bedeutenden Beitrag leisteten dabei auch westliche Stiftungen, die den Transformationsprozess mit zahlreichen Programmen und ihrer Expertise unterstützten (Gliński 2011; Kubik/Ekiert 2000).

---

[2] Alle Verfassungsänderungen und Gesetze finden sich auf der Seite des Sejm: www.sejm.gov.pl

Die Parteienlandschaft als Teil des Repräsentationssystems war zu Beginn der 1990er-Jahre noch unübersichtlich, da sich nach der Ausdifferenzierung der Gewerkschaft Solidarność in verschiedene politische Parteien eine heterogene Parteienlandschaft etabliert hatte. Neben den Parteien, die aus dem Solidarność-Milieu hervorgegangen waren, existierten noch die ehemaligen Blockparteien, die gewendete ehemalige Kommunistische Partei (PZPR), die sich ähnlich wie in anderen kommunistischen Ländern umbenannt hatte und ab 1990 als Sozialdemokratie der Republik Polen (Socjaldemokracja Rzeczypospolitej Polskiej – SdRP) um Wähler und Wählerinnen warb, und zahlreiche Parteineugründungen. Die fehlende 5 %-Klausel sorgte dafür, dass bei den vorgezogenen Parlamentswahlen im Oktober 1991 bei einer Wahlbeteiligung von lediglich 43,2 % insgesamt 29 Parteien bzw. Wahlkomitees Vertreter und Vertreterinnen in das aus 460 Abgeordneten bestehende Parlament entsenden konnten, wovon allerdings 18 Gruppierungen weniger als fünf Abgeordnete hatten. Die Einführung einer 5 %-Klausel bzw. einer 8 %-Klausel für Parteienkoalitionen führte bei den folgenden vorgezogenen Parlamentswahlen im Jahr 1993 dazu, dass die Anzahl der im Sejm vertretenen Parteien sich auf sechs reduzierte. Hinzu kamen vier Abgeordnete für zwei Organisationen der deutschen Minderheit, die von der 5 %-Klausel befreit waren. Da gerade rechte Gruppierungen zerstritten waren, führte dies aber in der Konsequenz dazu, dass fast ein Drittel der rechten Wählerstimmen im Sejm nicht vertreten waren. Erst die Wahlen zum Sejm im Jahr 2001 brachten eine gewisse Stabilisierung der Parteienlandschaft mit sich. Seitdem sind in unterschiedlichen Kräfteverhältnissen und zum Teil unter sich ändernden Bezeichnungen fünf Parteien im Sejm vertreten:

- PiS (Prawo i Sprawiedliwość – Recht und Gerechtigkeit), Genese aus dem Solidarność-Lager
- PO (Platforma Obywatelska – Bürgerplattform), Genese aus dem Solidarność-Lager
- PSL (Polskie Stronnictwo Ludowe – Polnische Bauernpartei), ehemalige Blockpartei mit Traditionen bis ins 19. Jahrhundert
- SLD (Sojusz Lewicy Demokratycznej – Bund der Demokratischen Linken), die Nachfolgepartei der SdRP ab 1999 bis 2019, ab 2021 unter der Bezeichnung Nowa Lewica (Neue Linke)

Hinzu kommen bei jeder Parlamentswahl unterschiedliche neue Gruppierungen, denen jedoch bis zur Parlamentswahl 2019 kein dauerhafter Erfolg beschieden war. Sie verschwanden wieder von der politischen Landkarte oder wurden von größeren Parteien vereinnahmt. Mit Blick auf die großen Parteifamilien kann aber ab 2001 von einer abgeschlossenen repräsentativen Konsolidierung gesprochen werden (Gajda/Rytel-Warzocha/Grajewski/Wiszowaty/Uziębło 2017; Glajcar/Turska-Kawa/Wojtasik 2017).

Die von Merkel genannte dritte Ebene der Konsolidierung betrifft das Verhalten der Eliten in Wirtschaft, Militär und Kapital hinsichtlich ihrer Bereitschaft, den Wandel hin zu Demokratie und Marktwirtschaft zu akzeptieren. Die aus anderen Weltregionen bekannten Veto-Akteure, beispielsweise aus dem Militär in

Südamerika, sind in Polen allerdings nicht relevant. Jedoch sind die nach 1989 eintretenden Veränderungen gewaltig. Erstens wurde das bis dato gültige System der Nomenklatura, das heißt der Besetzung wichtiger Positionen in Staat und Gesellschaft mit Personen, die das Vertrauen der herrschenden PZPR genossen, obsolet. Zweitens waren diesem System eigene Verhaltensweisen des Klientelismus nicht mehr salonfähig, wenngleich sie in einem gewissen Maße bis heute in den postkommunistischen Gesellschaften anzutreffen sind, wie *Transparency International* anhand des Korruptions-Indexes Jahr für Jahr belegt. Drittens galt es, neue Eliten auf lokaler und regionaler Ebene sowie in der Politik auszubilden. Viertens musste sich ein spezifisches Selbstverständnis der politischen, ökonomischen und gesellschaftlichen Eliten herausbilden, das im Einklang mit den Normen der liberalen Demokratie steht. Schließlich müssen fünftens diese Eliten mit den modernen Herausforderungen westlicher Gesellschaften zurechtkommen, das heißt mit einer wachsenden Fragmentierung, mit Konsumhaltungen und einer sich radikal ändernden Medienlandschaft mit Auswirkungen auf die gesellschaftliche Kommunikation. Natürlich ist kein genauer Zeitpunkt auszumachen, ab dem zufriedenstellend von einer Konsolidierung des Verhaltens gesprochen werden kann. Der Transformationskonsens gerade der politischen Eliten war in den 1990er-Jahren offensichtlich. Unabhängig von der politischen Ausrichtung strebten aufeinanderfolgende Regierungen die Mitgliedschaft in EU und NATO an, das heißt beide Seiten des Runden Tisches akzeptierten den Systemwechsel und damit das Ziel einer liberalen, marktwirtschaftlich organisierten Demokratie (Pańków 2010: 285). Ferner ist es auch gelungen, nicht nur politische Eliten auf der großen Bühne der Politik herauszubilden mit all dem, was damit verknüpft ist, also eine Professionalisierung der Politik, Organisationsstrukturen, Rekrutierungsmuster, sondern auch auf regionaler und lokaler Ebene sind diese politischen Eliten mittlerweile vorhanden. Die Stärkung der territorialen Selbstverwaltung auf lokaler und regionaler Ebene durch die Verwaltungsreform von 1998, die zum 1. Januar 1999 die Zahl der Woiwodschaften von 49 auf 16 reduzierte und 308 Kreise wieder einführte sowie der sich abzeichnende Kontext der Kohäsionspolitik der EU, haben lokale und regionale Eliten unzweifelhaft gestärkt (Agnieszka Szczudlińska-Kanoś 2014). Aber auch gesellschaftliche und kulturelle Eliten sind sehr aktiv, wobei sie sich auch stark politisch engagieren und damit dem Modell des *public intellectuals* folgen, das im Sozialismus auch präsent war, als Vertreter der Intelligenz staatlicherseits hofiert wurden. Es scheint, dass diese Eliten in Polen stärker als in westlichen Ländern in den Bereich auch des *stricto sensu* Politischen hineingehen (Sowiński 2011: 84–86).

Demgegenüber mussten sich die ökonomischen Eliten der Polnischen Republik nach 1989 zunächst noch herausbilden. Der gewählte Transformationspfad mit der radikalen Umstellung auf eine Marktwirtschaft unter Finanzminister Leszek Balcerowicz in der Regierung von Tadeusz Mazowiecki sorgte dafür, dass ein ökonomischer Neoliberalismus zum Leitmotiv der Transformation wurde, was einen radikalen Wandel im Vergleich mit dem Solidarność-Programm bedeutete (Jasiecki 2002: 90f.). Mit der zügigen Privatisierung der kleinen und mittleren Unternehmen entstand eine Unternehmerklasse, deren Wohlstand zum Teil aus den Privatisierungsprozessen resultierte, das heißt aus der engen Verknüpfung mit der Nomenklatura des alten Systems (Jasiecki 2002: 143–146). Eine neue, davon unabhängige ökonomische Elite entstand mit etwas Verzögerung aber auch. Das stetige Wirtschaftswachstum, das Polen ab Mitte der 1990er-Jahre zu verzeichnen hatte, führte zu einem wachsenden Wohlstand der polnischen Gesellschaft und zu einer starken Ausprägung von Konsumhaltungen. Während aber der Lebensstil der ökonomischen Eliten durchaus in der Öffentlichkeit rezipiert wird, scheint ihr Einfluss auf die Politik eher gering, es dominieren kulturelle Eliten (Zarycki 2005). Gleichwohl scheint bei aller Kritik an den Privatisierungswegen der Beitrag der ökonomischen Eliten zur Akzeptanz des demokratischen Gesellschaftsmodells gegeben.

Schließlich benennt Merkel in seinem Konsolidierungsmodell als vierte Ebene die Konsolidierung einer Staatsbürgerkultur. Auch hier kann – ohne späteren Abschnitten vorgreifen zu wollen – von einer entwickelten demokratischen politischen Kultur gesprochen werden. Die Zustimmungsraten zur Demokratie sind in Polen seit den frühen 1990er-Jahren durchweg positiv, wie die regelmäßig durchgeführten Umfragen des Meinungsforschungsinstituts CBOS belegen. Auch im April 2021 waren 68 % der Befragten von den Vorteilen der Demokratie im Vergleich mit allen anderen Regierungsmodellen überzeugt (CBOS 2021). Das schließt eine deutliche Kritik am Funktionieren der Demokratie ebenso wenig aus wie gesellschaftliche Pathologien und eine zunehmende gesellschaftliche Polarisierung seit dem Regierungsantritt von PiS nach den Parlamentswahlen im Jahr 2015. Ungeachtet dieser Einschränkung ist die Konsolidierung der Demokratie in Polen nach 1989 lange Zeit eine Erfolgsgeschichte gewesen. Aktuelle Probleme der PiS-geführten Regierung im Umgang mit der Rechtsstaatlichkeit, die von der EU nachhaltig im Rahmen eines Artikel-7-Verfahrens verfolgt werden, und vermehrt auftretende autoritäre Tendenzen sollten daher als *democratic backsliding*, nicht aber als Scheitern der demokratischen Konsolidierung gesehen werden. Die Ursachen dieses *democratic backsliding* sind vielfältig und werden in unterschiedlichen Abschnitten dieses Buches thematisiert werden.

2.2.2 Die ökonomische Transformation

Neben der politischen Transformation absorbierte auch die Umstellung auf die Marktwirtschaft einen großen Teil der öffentlichen Aufmerksamkeit. Dabei hatte die erste demokratisch legitimierte Regierung unter Tadeusz Mazowiecki eine Mammutaufgabe zu bewältigen. Die Auslandsverschuldung war im Herbst mit über 40 Milliarden US-Dollar (knapp 50 % des BSP) sehr hoch und das Vertrauen bei den ausländischen Kreditgebern gering. Die polnische Wirtschaft war kaum innovativ, die Strukturprobleme der sich noch zu 80 % in Staatsbesitz befindlichen Wirtschaft gewaltig. Die Umstellung auf Privatwirtschaft und die Freisetzung wirtschaftlicher Dynamik verlangte eine umfassende Privatisierung und ausländische Direktinvestitionen im Land. Schließlich musste auch die polnische Währung, der Złoty, stabilisiert werden, der sich nach Beginn der marktwirtschaftlichen Reformen im freien Fall befand mit einer Inflationsrate im September 1989 von etwa 250 % (Slay 2000: 52; Kowalski 2009: 259).

Im Prinzip wurden zwei unterschiedliche Modelle für die notwendigen Reformen diskutiert, eine graduelle Herangehensweise oder eine Schocktherapie mit radikalen Einschnitten. Unter Finanzminister Balcerowicz entschied sich die Regierung Mazowiecki für eine Schocktherapie und verabschiedete nach wenigen Wochen Amtszeit im Dezember 1989 zehn Gesetze, die zum 1. Januar 1990 in Kraft traten. Diese Gesetze zielten auf eine Stabilisierung der wirtschaftlichen Situation, eine Stärkung des privaten Sektors und die Schaffung der notwendigen institutionellen Reformen, um eine Marktwirtschaft zu etablieren:

- Staatsunternehmen wurde erlaubt, bankrott zu gehen;
- die Nationalbank sollte nicht mehr das Staatsdefizit finanzieren und erhielt damit Unabhängigkeit, eine restriktive Geldpolitik sollte die Inflation bekämpfen;
- exzessive Gehaltssteigerungen in Staatsunternehmen wurden durch eine Sondersteuer abgeschöpft und damit gestoppt;
- ausländische Investoren erhielten Anreize durch die Möglichkeit des Gewinntransfers außer Landes;
- die freie Konvertibilität des Złoty wurde eingeführt, wobei der Wechselkurs zum US-Dollar festgelegt wurde;
- Entlassungen in Staatsunternehmen wurden unter bestimmten Bedingungen erlaubt;
- Unternehmenssteuern wurden vereinheitlicht (Pysz 2009).

Damit wurden in den wesentlichen Wirtschaftsbereichen Marktbedingungen geschaffen und der Aufbau eines Banken- und Versicherungswesens ermöglicht. Unterstützung erhielt die neue polnische Regierung dabei vom Internationalen Währungsfonds (IWF), während in der Person des US-Ökonomen Jeffrey Sachs ein prominenter Berater der polnischen Regierung zur Seite stand. Die makroökonomischen Erfolge stellten sich sehr bald ein. Die Inflationsrate konnte bis Ende der 1990er-Jahre auf 7,2 % gedrückt werden. Als erstes postsozialistisches Land überwand Polen zudem seine Wachstumsschwäche und ab 1992 verzeichnete das Land wieder ein Wirtschaftswachstum. Zugleich gelang es, in Verhandlungen mit den im Pariser Klub informell zusammengeschlossenen Gläubigerländern 1991 eine Vereinbarung zur Umschuldung und zum Schuldenerlass zu erzielen, wonach effektiv etwa 50 % der polnischen Verbindlichkeiten reduziert werden konnten, was für die polnische Bilanz in der schwierigen Phase der Transformation eine große Entlastung darstellte. Die Umsetzung erfolgte über Einzelverhandlungen mit den verschiedenen Geberländern. Eine ähnliche Vereinbarung konnte im März 1994 mit den etwa 300 Großbanken erreicht werden, bei denen Polen verschuldet war. Die Reduzierung der polnischen Schulden belief sich in diesem Fall auf etwa 45 % (Quaisser 1994: 15–20).

Wichtiger Bestandteil der ökonomischen Transformation war die Privatisierung der knapp 8.500 (Dezember 1990) Staatsunternehmen. Die Grundlage dafür schuf ein Gesetz über die Privatisierung von Staatsunternehmen vom Juli 1990, wobei die Zuständigkeit für die Privatisierung einem ebenfalls im Juli 1990 geschaffenen Ministerium für Eigentumsumwandlung oblag. Das Gesetz über die Privatisierung sollte auch der sogenannten Nomenklatura-Privatisierung ein Ende bereiten. Hierbei hatten sich Vertreter und Vertreterinnen der alten Eliten Ende der 1980er-Jahre mithilfe von Insiderwissen Teile von Staatsunternehmen angeeignet. Nun sollte die Privatisierung geregelt verlaufen, und zwar auf zwei unterschiedliche Weisen. Einerseits erfolgte eine zügige direkte Privatisierung kleiner Unternehmen, von Geschäften, Restaurants und Dienstleistungsbetrieben durch den Verkauf an Angestellte oder andere Investoren. Bis Ende 1996 konnten so von 1.247 Unternehmen 1.221 privatisiert werden. Die großen Staatsunternehmen wurden andererseits zunächst in Aktiengesellschaften in hundertprozentigem Staatsbesitz umgewandelt, für die dann in der Folge strategische Investoren gesucht wurden. Für die landwirtschaftlichen Betriebe im Staatsbesitz wurde 1991 ein eigenes Gesetz für deren Privatisierung erlassen. Zwei weitere Gesetze von 1993 erlaubten es erstens staatlichen Unternehmen und Banken ihre Schulden zu restrukturieren und in Anteilsscheine umzuwandeln und zweitens wurden Unternehmen von strategischer Bedeutung für den polnischen Staat von der Privatisierung ausgenommen. Damit waren die rechtlichen Rahmenbedingungen für die Privatisierung der großen Staatsunternehmen aber noch nicht vollständig. Im April 1993 wurden per Gesetz 15 Nationale Investitionsfonds geschaffen, die 512 Großunternehmen umfasste. Alle erwachsenen Bürger erhielten im Anschluss Anteilsscheine. Die Verwaltung der Fonds übernahmen polnische und ausländische Consultinggesellschaften. Das Ziel dieser Massenprivatisierung war nach der Idee des zuständigen Ministers Janusz Lewandowski, Zeit für die Restrukturierung der Unternehmen zu gewinnen, den Kapitalzufluss zu erleichtern und den Polen und Polinnen den Kapitalismus näherzubringen. Die Bilanz dieses Gesetzes ist aber eindeutig negativ. Von den 512 Unternehmen konnten nur wenige erfolgreich an der Börse platziert werden und zu einer wesentlichen Beschleunigung des Privatisierungsprozesses trug das Gesetz auch nicht bei. Stattdessen war das Programm mit unterschiedlichen Affären verbunden und erwies sich für die Staatskasse als sehr teuer, da die Verwaltungskosten der Fonds vom Staat getragen wurden (Slay 1994: 102–111; Błaszczyk/Woodward 1999: 10–14).

Die Bilanz der ökonomischen Privatisierung fällt entsprechend gemischt aus. Auf der einen Seite gilt Polen seit den 1990er-Jahren als Musterbeispiel für eine ökonomische Privatisierung. Die Schocktherapie von Leszek Balcerowicz trug maßgeblich dazu bei, dass Polen als erstes postsozialistisches Land aus der Transformationskrise herausfand und die polnische Wirtschaft ab 1992 wieder auf Wachstumskurs war. Im Jahr 1996 konnte Polen wiederum als erstes Transformationsland das Bruttoinlandsprodukt des Jahres 1989 übertreffen (Pysz 2009: 247). Zugleich stieg der Anteil des Privatsektors an der Gesamtwirtschaft sukzessive an und betrug im Jahr 1993 47,5 % des BSP und im Jahr 1997 bereits 58,7 %. Dazu trug sicherlich auch der starke Anstieg von privaten Firmen bei, während unrentable Staatsunternehmen in erheblichem Umfang aufgelöst wurden (Łaszek/Trzeciakowski/Zieliński 2021: 12). Auch wenn die Privatisierung der großen Unternehmen länger gedauert hat, als ursprünglich gedacht, so ist die Privatisierung doch mittlerweile abgeschlossen. Von den knapp 8.500 Staatsunternehmen waren im Jahr 2012 noch 70 in Staatsbesitz (Lis/Mazurkiewicz/Zwierzchlewski 2013: 49). Der Rest war privatisiert oder hatte die Geschäftstätigkeit eingestellt. Mit der Abschaffung des Ministeriums für das Staatsvermögen, wie das Ministerium für

Eigentumsumwandlung ab Herbst 1996 hieß, zum 31. Dezember 2016 wurde die Privatisierung auch seitens der Politik für beendet erklärt.

Neben den unzweifelhaft positiven makroökonomischen Effekten sind allerdings auch einige negative Begleiterscheinungen der ökonomischen Transformation festzuhalten. Zunächst ist die Arbeitslosigkeit zu Beginn der Transformation stark gestiegen. Im Dezember 1990 betrug sie nach Angaben des Statistischen Hauptamtes (Główny Urząd Statystyczny) bereits 6,5 % und stieg anschließend auf zweistellige Werte. Erst seit Ende 2015 fällt die Quote nachhaltig unter 10 % und beträgt im Oktober 2022 5,1 %. Auch wird die Privatisierung unabhängig von den ökonomischen Erfolgen nach wie vor von einem Teil der Gesellschaft kritisch gesehen. Im Jahr 2009 und damit 20 Jahre nach dem Balcerowicz-Plan sahen nach einer Umfrage des Meinungsforschungsinstituts CBOS zwar 30 % den positiven Einfluss der Privatisierung auf die Wirtschaft, allerdings waren auch 20 % der Befragten der gegenteiligen Ansicht. Mehr als die Hälfte, 55 %, waren der Ansicht, dass die Privatisierung für die polnische Wirtschaft notwendig war, 30 % vertraten eine gegenteilige Meinung und 53 % der Befragten waren der Auffassung, dass die Regierung bei der Privatisierung stärker den Aspekt der sozialen Gerechtigkeit berücksichtigen sollte (Staniszewski 2014: 195). Hinzu kommt, dass der Prozess der Privatisierung immer wieder mit Affären und Korruption verknüpft wurde, was dieses gemischte Urteil zusammen mit den hohen Kosten der Transformation erklärt. Politisch reagierte die aktuelle Regierungspartei PiS auf die soziale Frage und stellte die Familien- und Sozialpolitik in den Mittelpunkt ihres letztlich erfolgreichen Wahlkampfes 2015. Soziale Transferleistungen sind seitdem ein wichtiges Merkmal der PiS-geführten Regierung, die Ende 2022, ein Jahr vor den nächsten Parlamentswahlen, immer noch im Amt ist.

Unabhängig von den insgesamt sehr guten ökonomischen Daten wird damit auf der einen Seite der ökonomische Erfolg der polnischen Transformation von Ökonomen gelobt und verteidigt (Łaszek,/Trzeciakowski/Zieliński 2021), auf der anderen Seite die soziale Unausgewogenheit der Privatisierung und die ihr zugeschriebene Korruption von der aktuellen Regierungspartei PiS kritisiert. Gerade aber der ökonomische Erfolg der polnischen Transformation war mitverantwortlich für die erfolgreichen Verhandlungen über eine Mitgliedschaft in der EU. Mit dem Beitritt im Jahr 2004 waren zwar noch nicht alle Privatisierungsprozesse abgeschlossen, aber die ökonomische Transformation zweifellos beendet. Fragen nach der Produktivität oder Innovationskraft der polnischen Wirtschaft gehören aber nicht in den Kontext der Transformation, sondern hängen mit der Modernisierung der Wirtschaft im globalen Wettbewerb zusammen. Damit bleibt das einzige gravierende Manko der ökonomischen Transformation die ausgebliebene Restitution. Bis heute hat keine polnische Regierung eine gesetzliche Grundlage für die Wiederherstellung alter Vermögensansprüche geschaffen. Zwar hat es Restitution in Einzelfällen gegeben, aber eben nicht auf eine grundsätzliche und systematische Art und Weise. Die Sorge vor Ansprüchen deutscher Bürger aus den ehemaligen deutschen Ostgebieten war bisher zu groß.

2.2.3 Die Neuerfindung der Nation

Neben der politischen und der ökonomischen Transformation fanden auch Veränderungen im kollektiven Bewusstsein statt, die als Neuerfindung der Nation bezeichnet werden können. Zwar war Polen nach dem Zweiten Weltkrieg auf der europäischen Landkarte präsent, aber in den Augen der großen Mehrheit der Bevölkerung zählte es nach 1945 zu den Verlierern, da es unter sowjetische Dominanz geriet und nicht selber über sein politisches und soziales System entscheiden konnte. Verknüpft mit dem sowjetischen Modell waren Zensur, Unterdrückung einer freien Öffentlichkeit und ein öffentlicher historischer Diskurs, der alle Traditionen, die nicht zum Sozialismus passten oder den Anschein von Unabhängigkeit erweckten, marginalisierte oder schlicht leugnete. Eine der Forderungen der seit Mitte der 1970er-Jahre entstandenen demokratischen Opposition im Lande war wie auch in anderen ostmitteleuropäischen Ländern der Wunsch, in der Wahrheit zu leben. Dieses bekannte Schlagwort des tschechoslowakischen Dissidenten und späteren Staatspräsidenten Václav Havel richtete sich gegen die Verlogenheit der staatlichen Propaganda, gegen Geschichtsklitterung und Schönfärberei des sozialistischen Alltags. Mit den Ergebnissen des Runden Tisches und dem Durchbruch zu Demokratie und Marktwirtschaft fielen das Herrschaftsmonopol der PZRPR und auch die Zensur.

Die Neuerfindung der Nation scheint eher am Rande des politischen Systems zu stehen, aber der Umgang mit der Vergangenheit, und dabei handelt es sich bei diesem Teil der Transformation, hat direkte Auswirkungen auf die kollektive Identität der Polen und Polinnen, auf ihre politische Kultur und damit auch auf die Stabilität der polnischen Demokratie.

Dieser Teil der Transformation findet vor allem auf dem Feld der Geschichtspolitik statt, ein Begriff, der aus dem deutschen Diskurs in den polnischen Kontext übernommen wurde (polityka historyczna). Er erstreckt sich auf zwei Bereiche: die Aufarbeitung der autoritär-totalitären Vergangenheit, also der Zeit des Zweiten Weltkrieges und die Zeit der Volksrepublik Polen, und die Wiederherstellung einer historischen Erzählung ohne die Geschichtsklitterung der sozialistischen Periode.

Die Aufarbeitung der Zeit des Zweiten Weltkrieges hatte bereits direkt nach 1945 begonnen und vor allem die Verbrechen der Deutschen gegen die polnische Nation in den Fokus genommen. Allerdings war weder die Untersuchung des polnischen Stalinismus mit tausenden politisch motivierten Todesurteilen möglich noch die Diskussion des polnisch-jüdischen Verhältnisses oder der Begleitumstände von Flucht und Vertreibung der deutschen Bevölkerung. Das sollte sich ab 1989 ändern. Die Hauptkommission zur Erforschung der deutschen Verbrechen in Polen, ab 1949 Hauptkommission zur Erforschung der Hitler-Verbrechen in Polen (Główna Komisja Badania Zbrodni Niemieckich w Polsce/Główna Komisja Badania Zbrodni Hitlerowskich w Polsce) befasste sich nun auch mit den stalinistischen und sozialistischen Verbrechen. Das fand auch seinen Niederschlag in der Bezeichnung. Ab Januar 1999 wurde die Kommission umbenannt in Hauptkommission zur Verfolgung der Verbrechen gegen die polnische Nation (Główna

Komisja Ścigania Zbrodni Przeciwko Narodowi Polskiemu) und in das per Gesetz im Dezember 1998 geschaffene und ab Januar 1999 arbeitende Institut des Nationalen Gedenken (Instytut Pamięci Narodowej – IPN) integriert.

Das IPN soll seit seiner Gründung drei Aufgaben erfüllen. Erstens soll die Aufarbeitung der Verbrechen der beiden Totalitarismen auf polnischem Boden einschließlich der strafrechtlichen Ahndung fortgeführt werden, zweitens gilt es, die historische Forschung zu den beiden Unrechtsregimen weiter voranzutreiben und drittens soll die pädagogische Abteilung des IPN die Erinnerung an diese Verbrechen, an den polnischen Kampf für Freiheit und das Gedenken an die Opfer wachhalten. Zu diesen Aufgaben gehört auch die Überprüfung der sogenannten Lustration. Nach einem Lustrationsgesetz vom April 1997, das im Oktober 2006 durch ein neues Gesetz geändert wurde, muss das IPN die Lustrationserklärung wie auch die Archive der Sicherheitsdienste der Volksrepublik Polen archivieren. Nach dem Lustrationsgesetz muss jeder, der sich für ein öffentliches Amt (Mandat, Richteramt etc.) bewirbt, darüber Auskunft geben, ob er im Zeitraum zwischen dem 22. Juli 1944 (Statuierung der kommunistischen Regierung in Ostpolen) und 10. Mai 1990 (formale Auflösung der Sicherheitsdienste der Volksrepublik Polen) als Informant für die im Gesetz genannten Dienste gearbeitet hat. Ziel war es, hier Transparenz zu erzielen und die Möglichkeit der Erpressung auszuräumen. Sollte bei einer Überprüfung der Erklärung durch einen Ombudsmann eine Lüge konstatiert werden, dann galt für die betreffende Person ein Verbot der Ausübung eines öffentlichen Amtes für zehn Jahre. Entsprechende Prozesse zogen sich Jahre hin, da die Akten zum Teil manipuliert und fehlerhaft oder teilweise vernichtet worden waren. Das Ziel, hierüber mehr Transparenz und auch historische Gerechtigkeit zu erreichen, wurde verfehlt (Garsztecki 1999). Ein neues Lustrationsgesetz vom Oktober 2006 löste das Amt des Ombudsmann (→6.7) für die Überprüfung der Erklärungen auf und übertrug diese Aufgabe einer entsprechenden Abteilung im IPN und den Gerichten. Verschiedene Passagen dieses Gesetzes hielten einer richterlichen Überprüfung vor dem polnischen Verfassungsgericht und vor dem Europäischen Gerichtshof für Menschenrechte allerdings nicht stand und mussten novelliert werden. Dabei wurden das Recht auf ein faires Verfahren und das Prozedere zum Berufsverbot im Fall einer Lustrationslüge moniert (Napiórkowska 2011). Verschiedene Versuche, auch eine Dekommunisierung durchzusetzen, das heißt aus der Volksrepublik Polen belasteten Personen die Ausübung eines öffentlichen Amtes zu untersagen, waren hingegen nicht erfolgreich, was angesichts des Kompromisses am Runden Tisch auch nicht zu erwarten war.

Auch die juristische Aufarbeitung der kommunistischen Vergangenheit ist in Polen nicht sehr erfolgreich gewesen. Zwar wurden etliche Prozesse geführt, beispielsweise bezüglich der Einführung des Kriegsrechts am 13. Dezember 1981 oder der blutigen Niederschlagung der Arbeiterproteste an der Küste im Jahr 1970, aber die politischen Spitzen des alten Regimes blieben fast durchgehend von Strafen verschont – sei es aufgrund von Verjährung oder aufgrund des schlechten Gesundheitszustandes der Angeklagten. Insbesondere die stalinistischen Verbrechen der späten 1940er- und frühen 1950er-Jahre mit tausenden Todesopfern blieben weitestgehend ungesühnt. Ungeachtet der Schwierigkeiten einer juristischen Aufarbeitung mit zunehmendem Zeitabstand entspricht dieser Sachstand doch nicht einem weitverbreiteten Wunsch nach Gerechtigkeit. Nach einer Umfrage des CBOS-Instituts aus dem Jahr 2014 und damit 25 Jahre nach dem Systemwechsel sprachen sich 33 % der Befragten für eine Abrechnung mit dem alten System und seinen Amtsträgern aus, allerdings waren gar 48 % für eine Überwindung der historischen Trennlinien (CBOS 2014).

In anderer Hinsicht ist die Dekommunisierung jedoch umfassend gewesen, und zwar bei der Anpassung des öffentlichen Raumes. Tausende Straßennamen und Namen von öffentlichen Plätzen wurden nach 1989 geändert. Teils erhielten sie alte historische Bezeichnungen zurück, teils wurden auf diese Weise historische Persönlichkeiten des Widerstandes gegen das kommunistische Polen geehrt. Dabei wurden viele dieser Prozesse von Nichtregierungsorganisationen angestoßen, denen eine wichtige Rolle bei der Neubewertung der Vergangenheit zukommt. Die meisten neu entstandenen Denkmäler erinnern an den polnischen Papst Johannes Paul II., der aus der Perspektive vieler polnischer Beobachter eine wichtige Rolle auf dem Weg zur Demokratie gespielt hat, da er die Menschen in Polen zur Unabhängigkeit ermutigte und die Unterdrückung immer wieder ansprach.

Genauso zentral für die Neuerfindung der Nation in Polen sind die Auseinandersetzungen über eine neue historische Erzählung. Historiker wie Politiker unterschiedlicher politischer Prägung waren sich von Beginn der Transformation dahingehend einig, dass die weißen Flecken des kommunistischen Geschichtsunterrichtes beseitigt werden mussten. Historisches Wissen über den Widerstand gegen den Kommunismus, über den Warschauer Aufstand von 1944 oder über die Zweite Polnische Republik der Zwischenkriegszeit fanden nun Eingang in neue Geschichtsbücher. Auch das bilaterale Verhältnis zu den Nachbarn, zu Deutschen, Ukrainern und Litauern, aber auch das Verhältnis Polens zu den Juden im Angesicht der deutschen Vernichtungspolitik schlugen sich in wichtigen Debatten nieder (Ruchniewicz 2009). Dabei ging es immer wieder auch um einen kritischen Blick auf die polnische Vergangenheit und das Verhältnis zur eigenen Nation. Im Prinzip stehen sich vereinfacht dabei zwei Schulen gegenüber: eine konservativ-patriotische Richtung, die den nationalen Zusammenhalt fördern möchte, und eine liberal-kritische Richtung, die mithilfe eines kritischen Blicks auf die Vergangenheit eine polnische Bürgergesellschaft stärken möchte. Die aktuelle Regierung betreibt seit 2015 eine aktive Geschichtspolitik, die über Museumsgründungen, die Förderung historischer Filme oder Patriotismusunterricht in den Schulen den Zusammenhalt der nationalen Gemeinschaft in den Vordergrund stellt (Garsztecki 2021). Ob allerdings der Versuch einer Kanonisierung des Blicks auf die Vergangenheit erfolgreich sein kann, darf mit Blick auf die wachsende Heterogenität der polnischen Gesellschaft und zahlreiche Geschichtsinitiativen bezweifelt werden.

Hinsichtlich der dritten Transformation kann in Bezug auf die Umgestaltung des öffentlichen Raumes und die Auffüllung der weißen Flecken auch vom Ende der Transformation gesprochen werden. Die aktuellen Auseinandersetzungen über die historische Meistererzählung sind dem gegenüber Teil der politischen Kultur des Landes und zeichnen für deren Ausprägung mit verantwortlich.

Resümee

Die dreifache polnische Transformation ist letztlich ein erfolgreicher Prozess gewesen, der mit dem Beitritt zur EU im Jahr 2004 gekrönt worden ist. Damit konnte die polnische Demokratie nachhaltig als konsolidiert angesehen werden. Auch regelmäßige Umfragen bescheinigen einen steten Rückhalt für die Demokratie in Polen und die Ablehnung undemokratischer Regierungsformen war im Jahr 2021 so hoch wie noch nie nach 1989 (CBOS 2021).

Ähnlich wie seit 2010 in Ungarn unter Ministerpräsident Viktor Orbán kam es aber auch in Polen zu Rückschlägen für die Demokratie, die in internationalen Demokratie-Indizes als Gefahr für die Demokratie angesehen werden. Der Demokratie-Index der amerikanischen NGO Freedom House aus dem Jahr 2021 sieht Polen im Gegensatz zu Ungarn noch als freiheitliche Demokratie an, benennt aber auch klar die Probleme: einen zu starken Einfluss auf die staatlichen Institutionen durch die Regierungspartei PiS und eine Zunahme einer nationalistischen und diskriminierenden Rhetorik. Allerdings wird die Möglichkeit der Opposition, über Wahlen einen Machtwechsel herbeiführen zu können, nicht verneint und damit ist ein wesentliches Merkmal der Demokratie intakt (Freedom House 2022).

Andere Krisensymptome der polnischen Demokratie erstrecken sich auf den Bereich der Rechtsstaatlichkeit, der Medienpolitik oder den Bereich der politischen Kultur, die an anderer Stelle dieser Einführung behandelt werden. Die Reformen des Justizwesens, die PiS seit 2015 durchgeführt hat, stellen nach Ansicht der EU eine Gefahr für die Rechtsstaatlichkeit des Landes dar, sodass die EU-Kommission auch Ende 2022 die Auszahlung von Mitteln aus den Kohäsionsfonds für Polen blockiert, solange Polen Teile der Justizreform nicht abändert. Auch die Medienpolitik der aktuellen Regierung oder die starke Polarisierung der politischen Landschaft und die affirmative Geschichtspolitik der Regierung werden häufig im Land und außerhalb Polens kritisiert. Ob wir es im Falle Polens also mehr und mehr mit einer illiberalen Demokratie zu tun haben, ist dennoch eine offene Frage (Garsztecki 2020). Das in dieser Einführung vermittelte Grundwissen soll helfen, darauf eine eigenständige Antwort zu finden.

> **Fragen:**
>
> - Warum werden die Ergebnisse des Runden Tisches aus dem Jahr 1989 auch heute noch von der Regierungspartei PiS infrage gestellt?
> - Was sind wesentliche Elemente der politischen und der ökonomischen Transformation?
> - Was sind Bestandteile der dritten Transformation, der Neuerfindung der Nation?
> - Kann Polen als konsolidierte Demokratie bezeichnet werden?

Literatur:

Adomeit, Hannes (2016): Imperial Overstretch: Germany in Soviet Policy from Stalin to Gorbachev. An Analysis Based on New Archival Evidence, Memoirs, and Interviews, 2nd edition, Baden-Baden: Nomos.

2 Transformation und Konsolidierung der Demokratie nach 1989

Bernhard, Michael H. (1993): The origins of democratization in Poland: workers, intellectuals, and oppositional politics, 1976–1980, New York: Columbia University Press.
Błaszczyk, Barbara/Woodward, Richard (Hrsg.) (1999): Privatization and Company Restructuring in Poland. In: CASE Reports Nr. 18, Warsaw.
CBOS (2014): Upadek komunizmu i geneza przemian w pamięci zbiorowej, Nr. 63.
CBOS (2021): Stosunek do demokracji i ocena jej funkcjonowania, Nr. 57.
Dudek, Antoni (2007): Historia polityczna Polski 1989–2005, Kraków: Arcana.
Freedom House (2022): Freedom in the World – Poland Country Report 2022. In: Freedom House, https://freedomhouse.org/country/poland/freedom-world/2022 (1.9.2023).
Friszke, Andrzej (1994): Opozycja polityczna w PRL 1945–1980, Londyn: Aneks.
Gajda, Agnieszka/Rytel-Warzocha, Anna/Grajewski, Krzysztof/Wiszowaty, Marcin M./Uziębło, Piotr (2017): Partie polityczne w Polsce. Wybrane zagadnienia, Gdańsk: Wydawnictwo Uniwersytetu Gdańskiego.
Garsztecki, Stefan (1999): Polnisches Rechtsbewußtsein und polnischer Rechtsdiskurs in Zeiten des Wandels. In: Forschungsstelle Osteuropa (Hrsg.): Kultur und Recht in Ostmitteleuropa, Bremen: Edition Temmen, S. 221–278.
Garsztecki, Stefan (2020): Polen unter der Regierung von PiS – autoritärer Staat oder republikanisches Demokratiemodell? In: Zeitschrift für Politik Nr. 67(1), S. 86–101.
Garsztecki, Stefan (2021): Geschichtspolitik und kollektives Gedächtnis in Polen. In: Polen-Analysen, Nr. 279.
Glajcar, Rafał/Turska-Kawa, Agnieszka/Wojtasik, Waldemar (Hrsg.) (2017): Leksykon polskich partii politycznych, Toruń: Marszałek.
Gliński, Piotr (2011): Twenty years of Civil Society in Poland? In: Polish Sociological Review, Nr. 175, S. 271–300.
Jasiecki, Krzysztof (2002): Elita biznesu w Polsce. Drugie narodziny kapitalizmu, Warszawa: IFiS PAN.
Kowalski, Tadeusz (2009): Polska transformacja gospodarcza. In: Ruch prawniczy, ekonomiczny i socjologiczny, Nr. LXXI (2), S. 253–278.
Kubik, Jan/Ekiert, Grzegorz (2000): Civil Society and Democratization in Poland. Forms of Organizations and Types of Foreign Assistance. In: Mangott, Gerhardt/Waldrauch, Harald/Day, Stephen (Hrsg.): Democratic Consolidation – The International Dimension: Hungary, Poland and Spain, Baden-Baden: Nomos, S. 257–292.
Kuta, Cecylia (2019): Polityczne konstruowanie „okrągłego stołu". In: Biuletyn IPN, Nr. 4, S. 33–42.
Lis, Piotr/Mazurkiewicz, Joanna/Zwierzchlewski, Sławomir (2013): Privatization Model in Poland: Commercial or Social? In: International Journal of Business and Social Science Vol. 4, No. 14, S. 42–52.
Łaszek, Aleksander/Trzeciakowski, Rafał/Zieliński, Marcin (2021): Rozwój Polski po socjalizmie, Warszawa: Forum Obywatelskiego Rozwoju.
Mainwaring, Scott (1989): Transitions to Democracy and Democratic Consolidation: Theoretical and Comparative Issues, Notre Dame: The Kellogg Institute for International Studies.
Merkel, Wolfgang (2007): Gegen alle Theorie? Die Konsolidierung der Demokratie in Ostmitteleuropa. In: Politische Vierteljahresschrift, Nr. 48 (3), S. 413–433.
Napiórkowska, Anna (2011): Lustracja „po polsku". In: Polski Rocznik Praw Człowieka i Prawa Humanitarnego Nr. 2, S. 147–157.
Offe, Claus (1991): Das Dilemma der Gleichzeitigkeit. Demokratisierung und Marktwirtschaft in Osteuropa. In: Merkur Nr. 45, S. 279–292.
Pańków, Irena (2010): Szkic do portretu zbiorowego elity. In: Materski, Wojciech/Żelichowski, Ryszard (Hrsg.): Polska transformacja. Spojrzenie po dwudziestu latach, Warszawa: ISP PAN, S. 277–302.
Przeworski, Adam (1991): Democracy and the Market. Political and Economic Reforms in Eastern Europe and Latin America, Cambridge: Cambridge University Press.

Pysz, Piotr (2009): Ordnungspolitische Umwandlungen in der Wirtschaft Polens 1990–2007. In: Bingen, Dieter/ Ruchniewcz, Krzysztof (Hrsg.): Länderbericht Polen. Geschichte, Politik, Wirtschaft, Gesellschaft, Kultur, Frankfurt a.M.: Bundeszentrale für politische Bildung, S. 237–257.

Quaisser, Wolfgang (1994): Zahlungsbilanzprobleme und Verschuldung Polens. In: Arbeiten aus dem Osteuropa-Institut München, Nr. 170, München.

Ruchniewicz, Krzysztof (2009): Die polnische Geschichtspolitik nach 1989. In: Bingen, Dieter/ Ruchniewcz, Krzysztof (Hrsg.): Länderbericht Polen. Geschichte, Politik, Wirtschaft, Gesellschaft, Kultur, Frankfurt a.M.: Bundeszentrale für politische Bildung, S. 219–233.

Skórzyński, Jan (2009): Rewolucja Okrągłego stołu, Kraków: Znak.

Slay, Ben (2000): The Polish economic transition: outcome and lessons. In: Communist and Post-Communist Studies, Nr. 33, S. 49–70.

Slay, Ben (1994): The Polish Economy. Crisis, Reform, and Transformation, Princeton: Princeton University Press.

Sowiński, Sławomir (2011): Władza elit? Elity społeczne w polskiej demokracji pierwszej dekady XXI w. In: Athenaeum. Polskie Studia Politologiczne, Nr. 31, S. 82–99.

Staniszewski, Robert Miron (2014): Legitymizacja procesu prywatyzacji – 20 lat później – oczekiwania a efekty. In: Galicki, Jan (Hrsg.): Legitymizacja transformacji i systemu politycznego w Polsce, Warszawa: Elipsa, S. 186–212.

Szczudlińska-Kanoś, Agnieszka (2014): Regionalne elity polityczne w Polsce, Kraków: Wydawnictwo Uniwersytetu Jagiellońskiego.

Trembicka, Krystyna (2003): Okrągły stół w Polsce. Studium o porozumieniu politycznym, Lublin: UMCS.

Trembicka, Krystyna (2015): Ocena Okrągłego Stołu w III Rzeczypospolitej – ciągłość i zmiana. In: Annales Universitatis Paedagogicae Cracoviensis, Studia Politologica, Nr. XIV, S. 86–98.

Zarycki, Tomasz (2005): Dylematy polskich elit jako dylematy uniwersalne. In: Szomburg, Jan (Hrsg.): Jakie elity są potrzebne Polsce?, Gdańsk: Instytut Badań nad Gospodarką Rynkową, S. 51–65.

3 Die Verfassung

> **Zusammenfassung**
>
> Im Kapitel werden die grundlegenden Funktionen der Verfassung, eine Analyse ihrer Struktur und ihres Inhalts, die Mechanismen, welche Änderungen ermöglichen, sowie die von der Verfassung geregelten Bereiche des gesellschaftlichen Lebens durch die Definition und Darstellung der verfassungsrechtlichen Grundsätze dargestellt. Ein wichtiger Teil des Kapitels ist ebenfalls die Darstellung der Diskussion und der wichtigsten Merkmale der Verfassungskrise in Polen, die zur Infragestellung des Vorrangs der Gesetzgebung der Europäischen Union geführt hat.

3.1 Historischer Überblick

Die Verfassung ist der wichtigste Rechtsakt in einem demokratischen Staat. Sie bestimmt in erster Linie die Zuständigkeiten der wichtigsten Organe der öffentlichen Gewalt, definiert ihre gegenseitigen Beziehungen und beschreibt den Umfang der Rechte, Freiheiten und Pflichten der Bürgerinnen und Bürger. Polen hat eine sehr reiche Tradition in diesem Bereich – es war eines der ersten Länder der Welt, das das Grundgesetz als Grundlage für das politische Leben seiner Bürgerinnen und Bürger eingeführt hat. Die bewegte Geschichte Polens spiegelt sich auch in der Besonderheit seiner Verfassungen wider, die den Geist und die Atmosphäre bestimmter Epochen in der Geschichte des Landes widerspiegeln. Von entscheidender Bedeutung für das politische System ist das 1997 verabschiedete Grundgesetz.

3.1.1 Die Verfassung vom 3. Mai (1791)

Es wird angenommen, dass die erste Verfassung in Europa und die zweite in der Welt (nach der amerikanischen von 1787) in Polen ausgearbeitet wurde, obwohl einige Quellen darauf hinweisen, dass die erste Urkunde dieser Art, die als eine Verfassung definiert werden kann, 1755 von Pasquale Paoli in Korsika verfasst wurde (Carrington 1973). Die polnische Verfassung wurde am 3. Mai 1791 von der parlamentarischen Versammlung des Gemeinwesens der Polnischen Krone und des Großfürstentums Litauen (Rzeczpospolita Korony Polskiej i Wielkiego Księstwa Litewskiego) – Sejm – verabschiedet.

Die Verfassung wurde in einer für das Land sehr schwierigen politischen Situation ausgearbeitet. Der polnisch-litauische Staat befand sich damals unter starkem Druck der Nachbarmächte Russland, Österreich und Preußen. Das Ergebnis ihrer aggressiven und invasiven Politik war die erste Teilung Polens, die 1772 stattfand. Um eine weitere Schwächung des Staates zu verhindern, ging König Stanislaus August Poniatowski, zunächst unterstützt durch den preußischen König Friedrich Wilhelm II. von Hohenzollern, eine Kooperation mit einem Teil des Adels, der politisch stärksten Gesellschaftsschicht, ein, um den Staat zu reformieren, seine Funktionsweise zu verbessern und ihn zu modernisieren. Das Ergebnis dieser Bemühungen war die Einberufung des Sejm (→4.1), des sogenannten *Vierjährigen Sejm* (Sejm Czteroletni), der von 1788 bis 1792 tagte und in dem eine moderne

3 Die Verfassung

Verfassung verabschiedet wurde, die zur Grundlage für die Erneuerung und Modernisierung des Staates werden sollte.

Die Verfassung vom 3. Mai 1791 basierte auf den Ideen der europäischen Aufklärung (unter anderem geprägt durch Montesquieu aber auch Jean-Jacques Rousseau), auf innerpolnischen Diskussionen zur Staatsreform (unter anderem Andrzej Frycz-Modrzewski, Stanisław Staszic, Hugo Kołłątaj), aber auch auf der amerikanischen Verfassung (Reinalter/Leisching 1996). Diesem Dokument zufolge sollte die Macht im Staat dem Volk übertragen werden. Dieser Begriff wurde zwar häufig verwendet, war aber nicht klar definiert. Zu den detaillierten Bestimmungen gehörte vor allem das Prinzip der Dreiteilung der Macht in Legislative (ein Zweikammerparlament), Exekutive (der König zusammen mit dem Königlichen Rat, der dem Parlament unterstellt wurde) und Judikative. Damit wurde ein Regierungssystem in Form einer parlamentarisch-konstitutionellen Monarchie eingeführt. Die Abschaffung des freien Wahlkönigtums, das durch die erbliche Monarchie ersetzt wurde, sollte den Staat stärken und gleichzeitig den Einfluss externer Kräfte begrenzen. Nach dem Tod von Stanislaus August Poniatowski sollte der Thron von Vertretern der Wettiner-Dynastie übernommen werden, aus der die vorherigen polnischen Könige hervorgegangen waren. Die Polnisch-Litauische Union, die formal seit 1569 bestand, wurde ebenfalls aufgelöst, und die Republik/Gemeinwesen Polen (Rzeczpospolita Polska) wurde gegründet (Kołodziejczyk/Pomianowska 1990: 13–18).

Einerseits wurden mit diesem Akt Regeln eingeführt, die die Demokratie einschränkten, die (übermäßigen) gesetzlichen Immunitäten und Privilegien des Adels begrenzten und sogar einem Teil des Adels, der keinen Grundbesitz besaß, die Bürgerrechte entzogen. Gleichzeitig wurden die Pathologien des parlamentarischen Systems, die die institutionellen Ursachen für die Schwäche des Landes und die im Lande herrschende politische Anarchie waren, abgeschafft oder begrenzt: liberum veto, Konföderationen und der übermäßige Einfluss der Landessejme. Andererseits erhielt das Bürgertum erstmals ein politisches Mitspracherecht, das als eine Erweiterung des Geltungsbereichs der Demokratisierung angesehen werden kann. Dieses Privileg galt noch nicht für die Bauern, diese wurden jedoch unter den Schutz des Gesetzes und der staatlichen Verwaltung gestellt, was die Situation dieser bis dahin am meisten ausgebeuteten sozialen Schicht des Landes, die den größten Teil der Bevölkerung ausmachte, erheblich verbessern sollte.

Die Verfassung sah auch die Einführung von dauerhaften Steuern vor. Der Klerus (20 %) und der Adel (10 %) wurden besteuert. Der Katholizismus wurde zur vorherrschenden Religion erklärt, wobei gleichzeitig die Freiheit der Religionsausübung für andere Religionen gewährleistet wurde, obwohl der Austritt aus dem Katholizismus – die Apostasie – als Verbrechen galt.

Die Einführung der ersten modernen Verfassung Europas wurde von den Nachbarländern Polens als eine Bedrohung für deren absolutistische Herrschaftsform gesehen. Sie rief auch den Widerstand der Republikaner und einiger polnischer Magnaten hervor, die sich gegen den Wechsel des politischen Systems verschworen und die Konföderation von Targowica gründeten. Die Verschwörer erhielten militärische Unterstützung aus Russland und den Rückhalt des Königs von Preußen, der den Reformen bisher positiv gegenüberstand. Als Folge des Polnisch-Russischen Krieges von 1792 und der zweiten Teilung Polens wurde 1793 die Verfassung außer Kraft gesetzt. Die Erinnerung an die Verfassung vom 3. Mai wurde in der polnischen Gesellschaft lebendig gehalten. Während der Zeit der Teilungen Polens und später der nationalsozialistischen und sowjetischen Besatzung sowie während der Zeit der Volksrepublik Polen war das Feiern des Gründungsdatums illegal und galt als Ausdruck oppositioneller und regimekritischer Haltung. Seit 1989 ist das Jubiläum der Verabschiedung der Verfassung einer der wichtigsten nationalen Feiertage in Polen (Ustawa 1990) und seit 2007 auch in Litauen (Lewandowska 2018).

3.1.2 Die März-Verfassung (1921)

Die Polen und Polinnen mussten auf ein weiteres Grundgesetz warten, bis sie 1918 ihre Unabhängigkeit wiedererlangten. Davor gab es in Polen zwar Verfassungen, aber es waren oktroyierte Unterlagen, die von äußeren Kräften aufgezwungen wurden. Im Jahr 1807 führte Napoleon Bonaparte eine Verfassung für das Herzogtum Warschau ein (Kołodziejczyk/Pomianowska 1990: 37–43). Sie sah in erster Linie die Gleichheit aller Einwohner vor dem Gesetz vor, schaffte die Ständeprivilegien des Adels und die Leibeigenschaft der Bauern ab. Acht Jahre später erhielt das auf dem Wiener Kongress gegründete Königreich Polen eine von Adam Jerzy Czartoryski verfasste und von Alexander I., Zar von Russland und König von Polen, gebilligte Verfassung (Kołodziejczyk/Pomianowska 1990: 48–56). Die Verfassung hatte einen relativ liberalen Charakter und gewährleistete eine gewisse Trennung von Russland in Form eines eigenen Parlaments, einer eigenen Armee, eines eigenen Staatsapparats, einer eigenen Gesetzgebung und einer eigenen Gerichtsbarkeit. In der Praxis wurde sie jedoch vom Zaren nicht respektiert.

Nach der Wiedererlangung der Unabhängigkeit am 11. November 1918 begann der neu gegründete Staat mit der Ausarbeitung eines Gesetzes, das seine Funktionsweise regeln sollte. Am 20. Februar 1919 wurde die provisorische Kleine Verfassung (Mała Konstytucja) aufgenommen (Uchwała 1919). Das eigentliche Grundgesetz wurde am 17. März 1921 von der verfassungsgebenden Nationalversammlung verabschiedet (die sogenannte März-Verfassung – Konstytucja Marcowa) (Ustawa 1921). Es war die erste moderne polnische Verfassung. Sie schaffte die Ständegesellschaft ab und verlieh – wie die Verfassung vom 3. Mai – der Nation, verstanden als politische Subjektivität aller Bürger des Staates, die höchste Macht. Den Bürgern wurden Gleichheit, Unverletzlichkeit des Privateigentums, Schutz des Lebens, Freiheit, Briefgeheimnis und keine Zensur garantiert. Mit der März-Verfassung wurde eine egalitäre demokratische Republik mit einem parlamentarischen System eingeführt. Die Legislative wurde von einem Zweikammerparlament (Sejm und Senat) ausgeübt, während die Exekutive vom Ministerpräsidenten zusammen mit der Regierung und dem Präsidenten ausgeübt wurde, dessen Entscheidungen jedoch von der Regierung genehmigt werden mussten. Der

Präsident hatte eher eine repräsentative Funktion ohne faktische politische Macht. Die Rechtspflege sollte von freien und unabhängigen Gerichten ausgeübt werden.

3.1.3 Die April-Verfassung (1935)

Eine Änderung der politischen Situation – der Mai-Putsch 1926 von Marschall Józef Piłsudski (→4.1) – führte zu Änderungen in der Funktionsweise der Verfassung. Am 2. August 1926 wurde eine Novellierung in Kraft gesetzt, die dem Präsidenten eine stärkere Rolle gegenüber dem Ministerrat verschaffte (Ustawa 1926). Die autoritären Bestrebungen der Machthaber führten zur Ausarbeitung und Einführung einer neuen Verfassung, die am 23. April 1935 vom Präsidenten Ignacy Mościcki unterschrieben wurde – die sogenannte April-Verfassung (Konstytucja Kwietniowa) (Ustawa 1935). Nach Ansicht der Opposition wurde diese entgegen dem geltenden Recht verabschiedet und gegen die in der März-Verfassung für den Fall einer Verfassungsänderung vorgesehenen Regeln verstoßen. Trotz des Widerstands trat sie in Kraft und führte in dem Land ein Präsidialsystem ein, das als autoritär bezeichnet werden kann. Dem Präsidenten wurden die bisherigen Rechte des Souveräns eingeräumt, der den Sejm und den Senat kontrollieren, auflösen und Neuwahlen ausschreiben konnte. Die Verfassung vom April schränkte die Befugnisse der beiden Parlamentskammern im Bereich der Gesetzgebung ein, unter anderem durch die Einführung von Präsidialdekreten mit Gesetzeskraft. Der Präsident hatte auch die Aufsicht über den Ministerrat, deren Mitglieder er ernennen und absetzen konnte.

3.1.4 Die Verfassung der Volksrepublik Polen (1952)

Nach dem Ende des Zweiten Weltkriegs führten die von der UdSSR unterstützten Kommunisten erhebliche Veränderungen in der Funktionsweise des Landes und seines soziopolitischen Systems ein. Eine davon war die Einführung einer provisorischen, vorläufigen Verfassung (Kleine Verfassung – Mała Konstytucja), die bis zur Verabschiedung einer neuen Verfassung in Kraft bleiben sollte (Ustawa 1947). Sie brach vollständig mit den Bestimmungen der April-Verfassung von 1935 und beinhaltete zu einem großen Teil die demokratischen Elemente der März-Verfassung von 1921. Formal bezog sie sich auf die Dreiteilung der Macht nach Montesquieu, führte jedoch mehrere Lösungen ein, die vom klassischen Modell abwichen und sowjetische Lösungen nachahmten. Unter anderem wurde der Grundsatz des Vorrangs des repräsentativen Organs – der verfassungsgebenden Versammlung – angenommen und ein neues Organ eingeführt, der Staatsrat (als Element der Exekutive neben dem Präsidenten und der Regierung), der vom Sejm ernannt wurde, wobei die Bedingungen für die Wahl und die Verantwortung seiner Mitglieder und sogar die Dauer seiner Amtszeit nicht festgelegt wurden.

Am 22. Juli 1952 verabschiedete der Sejm die von der Sowjetunion oktroyierte Verfassung der Volksrepublik Polen (Polska Rzeczpospolita Ludowa) nach dem Vorbild der stalinistischen Verfassung der UdSSR von 1936 (Konstytucja 1952). Die russische Fassung des Textes wurde von Josef Stalin selbst geändert, und die endgültige polnische Fassung wurde von dem damaligen Präsidenten Bolesław Bierut verfasst. In Artikel 1 der Verfassung heißt es: „Die Volksrepublik Polen ist eine Volksdemokratie", in der „die Macht dem arbeitenden Volk der Städte und Dörfer gehört" (Konstytucja 1952: 345–346). Der Akt bedeutete eine klare Abkehr von Montesquieus Prinzip der Gewaltenteilung. Anstelle der Legislative, Exekutive und Judikative führte die Verfassung eine Unterteilung in „Staatsgewalt" (Sejm, Staatsrat und Nationalräte) und „Staatsverwaltung" (Regierung und Ministerien) ein. In der Verfassung wurde der 1947 eingeführte Staatsrat beibehalten, dessen Kompetenzen sehr weit gefasst waren: Er ordnete die Wahlen zum Sejm an, berief dessen Sitzungen ein, legte die allgemein verbindliche Auslegung der Gesetze fest, überwachte das Justiz- und Strafverfolgungssystem, ernannte und entließ die Vertreter der Volksrepublik im Ausland, ratifizierte und kündigte internationale Abkommen, verlieh Orden und Ehrentitel und übte das Gnadenrecht aus. Wenn der Sejm nicht tagte, erließ der Staatsrat Dekrete mit Gesetzeskraft und konnte auf Vorschlag des Ministerpräsidenten Mitglieder der Regierung ernennen und entlassen. Seine Tätigkeit vereinte die Zuständigkeiten der Legislative und der Exekutive.

Nach dem Grundgesetz sollte der Staat von den Grundsätzen der Gleichberechtigung der Frauen, des Schutzes von Ehe und Familie und der Erziehung der Jugend geleitet werden. Es wurde darüber hinaus die Trennung von Kirche und Staat verabschiedet.

Obwohl der Verfassungstext keinen Artikel über die Abhängigkeit von einem anderen Staat enthielt, verwies die Präambel auf die „historische Erfahrung des siegreichen sozialistischen Aufbaus in der Union der Sozialistischen Sowjetrepubliken, dem ersten Staat der Arbeiter und Bauern" (Konstytucja 1952: 346). Erst mit der Novelle von 1976 wurden Bestimmungen eingeführt, die auf die „unauflösliche polnisch-sowjetische Freundschaft" und den sozialistischen Charakter der Volksrepublik Polen hinwiesen und die regierende Polnische Vereinigte Arbeiterpartei als „die führende politische Kraft der Gesellschaft beim Aufbau des Sozialismus" (Ustawa 1976: 45) bezeichneten.

Die Verfassung von 1952 überdauerte mit 24 Novellierungen bis zur politischen Wende 1989.

3.2 Die Verfassung der Republik Polen von 1997

3.2.1 Einleitende Bemerkungen

Die Verfassung der Republik Polen vom 2. April 1997 wurde von der Nationalversammlung verabschiedet, das heißt von der verbundenen unteren (Sejm) und oberen (Senat) Kammer des Parlaments (→4.2, 4.3). Die Verfassung wurde in einem Verfassungsreferendum am 25. Mai 1997 angenommen und vom Präsidenten Aleksander Kwaśniewski am 16. Juli 1997 unterzeichnet. Die Verfassung besteht aus einer Präambel und 13 Kapiteln mit insgesamt 243 Artikeln, was sie zu einem der umfangreichsten Grundgesetze in Europa macht. Wie jeder Rechtsakt dieser Art definiert sie die Grundlagen des politischen und sozialen Systems, regelt das politische System des Staates und den Zuständigkeitsbereich der obersten Organe des Staates und gibt die Rechte und Pflichten der Bürger an.

Die Arbeiten zur Vorbereitung der neuen „postkommunistischen" Verfassung begannen bereits im Jahr 1989. Dem 1992 gegründeten Verfassungsausschuss der Nationalversammlung wurden sieben Entwürfe für eine neue Verfassung vorgelegt. Zu den umstrittensten Fragen gehörten vor allem die Gestaltung des sozioökonomischen Systems, die Stellung des Präsidenten in der politischen Architektur des Staates und die Position der katholischen Kirche.

In den Jahren 1992–1997 waren die verfassungsrechtlichen Bestimmungen in Polen in gleich drei verschiedenen Dokumenten enthalten: *dem Verfassungsgesetz über die Art und Weise der Ausarbeitung und der Beschließung der Verfassung der Republik Polen* (vom 23. April 1992), *dem Verfassungsgesetz über die gegenseitigen Beziehungen zwischen der Legislative und der Exekutive der Republik Polen sowie über die kommunale Selbstverwaltung* (vom 17. Oktober 1992), der sogenannten „Kleinen Verfassung", und schließlich in der Verfassung von 1952, die noch bis 1997 in Kraft war.

Die Kleine Verfassung brachte grundlegende Veränderungen im politischen System mit sich, regelte ausgewählte systemische Probleme, das heißt die Beziehungen zwischen Legislative und Exekutive sowie die Kompetenzen der neu geschaffenen territorialen Selbstverwaltungen, die grundlegenden Prinzipien der Staatsform in der Realität der damals stattfindenden systemischen Veränderungen. Mit der kleinen Verfassung wurde die Beteiligung des Parlaments an der Wahl der Regierung und die politische Verantwortung der Regierung vor dem Parlament eingeführt. In allen anderen, das heißt in den genannten Gesetzen nicht geregelten Bereichen, blieben jedoch die Bestimmungen der Verfassung von 1952 in Kraft, die jedoch durch zahlreiche Änderungen während des Übergangs vom sozialistischen zum kapitalistischen System innerlich inkohärent und gesellschaftlich inakzeptabel geworden war.

3.2.2 Struktur und Inhalt

Der Inhalt der Verfassung von 1997 sollte nicht nur in ihren wörtlichen Bestimmungen, sondern auch im Kontext der polnischen Verfassungstradition, der Rechtsprechung und insbesondere der Verlautbarungen des Verfassungsgerichts, der Ansichten der Lehre und der Praxis der Institutionen gesehen werden. Der Inhalt der Verfassung spiegelt die ideologischen und politischen Kompromisse der damaligen Zeit wider.

Die Verfassung beginnt mit einer Präambel, die auf die parlamentarischen Traditionen der Ersten und Zweiten Republik verweist. In der Präambel werden die Grundwerte der polnischen Gesellschaft definiert. Dazu gehören insbesondere die Achtung von Freiheit und Gerechtigkeit, Subsidiarität, sozialer Dialog, Zuverlässigkeit und Effizienz der öffentlichen Einrichtungen, Achtung und Stärkung der Rechte der Bürger und ihrer Gemeinschaften. In der Präambel wird betont, dass alle Mitglieder der polnischen Nation, die als Bürger der Republik verstanden werden, vor dem Gesetz gleich sind und gleichzeitig gleiche Verpflichtungen gegenüber dem Staat haben, der als gemeinsames Gut definiert wird. In der Präambel wird auf das christliche Erbe der Nation verwiesen, während gleichzeitig die religiösen Überzeugungen zur Privatsache jedes einzelnen Bürgers erklärt werden.

In Kapitel I mit dem Titel *Die Republik* werden die wichtigsten Grundsätze formuliert, das heißt die politische Gestalt Polens bestimmt. Die darin enthaltenen Normen stellen eine Art Zusammenfassung des Demokratisierungsprozesses dar, der nach 1989 stattgefunden hat. Die Verfassung definiert in Kapitel I einen Katalog von Grundsätzen, auf denen das politische, wirtschaftliche und soziale System des Staates beruht. Dabei handelt es sich um folgende Grundsätze: demokratischer Rechtsstaat, Einheitsstaat, Vorrang der Nation (Volkssouveränität), Freiheit und Rechte des Menschen und Bürgers, politische Repräsentation, Konstitutionalismus, Gewaltenteilung und -gleichgewicht, politischer Pluralismus, Zweikammerparlament, soziale Marktwirtschaft, Dezentralisierung der öffentlichen Gewalt und der lokalen Selbstverwaltung, parlamentarische Regierungsform (→3.2.4).

Kapitel II *Freiheiten, Rechte und Pflichten des Menschen und Bürgers* normiert die rechtliche Situation der Bürger und definiert ihre Freiheiten, Rechte und Pflichten gegenüber dem Staat. Es wird deutlich hervorgehoben, dass alle Menschen vor dem Gesetz gleich sind. Kapitel III der Verfassung (*Rechtsquellen*) stellt die genannten Rechtsquellen in einen verfassungsrechtlichen Rahmen. Er unterscheidet zwischen den Quellen des allgemein verbindlichen Rechts und den Beschlüssen und Anordnungen der Exekutive und stellt gleichzeitig einen geschlossenen Katalog von Rechtsakten auf, die Quellen des allgemein verbindlichen Rechts sind, zu denen die folgenden gehören: Verfassung, Gesetze, ratifizierte internationale Abkommen, Verordnungen und Rechtsakte des lokalen Rechts. Die Reihenfolge der Auflistung der einzelnen Rechtsakte in Artikel 87 der Verfassung legt deren Rangfolge in der Rechtsordnung fest (mit einer durch Artikel 91 Abs. 2 der Verfassung eingeführten Änderung, die internationale Abkommen betrifft, die mit Zustimmung des Sejm und des Senats ratifiziert wurden). Kapitel IV *Sejm und Senat* befasst sich mit dem Aufbau, der Arbeitsweise und den Zuständigkeiten der beiden Kammern des polnischen Parlaments (Sejm und Senat) sowie mit den Grundsätzen für die Wahl der Abgeordneten, die in diesen Kammern sitzen. Kapitel V der Verfassung *Präsident der Republik Polen* betrifft das Amt des Präsidenten und legt unter anderem die Art und Weise seiner Wahl und seines Amtsantritts, seine Kompetenzen und Vorrechte sowie die sich aus der Ausübung seines Amtes ergebenden Beschränkungen fest (Artikel 132). In Kapitel VI der Verfassung *Ministerrat und staatliche Verwaltung* werden die Zuständigkeiten, die Funktionsweise und die Struktur der Regierung und der staatlichen Verwaltung sowie das Verfahren für ihre Ernennung festgelegt. In Kapitel VII *Territoriale Selbstverwaltung* werden die grundlegenden Systemprinzipien der territorialen Selbstverwaltung dargelegt, deren Grundeinheit in Polen die Kommune ist. Die Verfassung befasst sich in allgemeiner Form mit dem Problem der Einnahmen der lokalen Gebietskörperschaften und mit ihren gesetzgebenden und exekutiven Organen, den Grundsätzen des Zusammenschlusses und der Zusammenarbeit, auch mit den lokalen Gemeinschaften anderer Staaten. Kapitel VIII *Gerichte und Tribunale* regelt das System der Justiz und der Tribunale (das sind der Oberste Gerichtshof, die ordentlichen Gerichte, die Verwaltungsgerichte und die Militär-

3 Die Verfassung

gerichte) (→6.2, 6.3). Die Arbeitsweise der Gerichte muss auf den Grundsätzen der Unabhängigkeit der Richter und mindestens zwei Instanzen beruhen. Die Bestimmungen des Kapitels IX *Organe der Staatskontrolle und des Rechtsschutzes* legen die verfassungsmäßigen Organe der Staatskontrolle und des Rechtsschutzes fest, das sind: Oberste Kontrollkammer, Ombudsmann, Nationaler Rundfunkrat (→6.7). Ihre Zuständigkeiten und obersten Behörden sind dort angegeben. Kapitel X *Öffentliche Finanzen* enthält Vorschriften über die öffentlichen Finanzen. Kapitel XI *Notstand* enthält Bestimmungen über den Notstand, der in besonderen Bedrohungssituationen eingeführt werden kann, wenn die normalen verfassungsrechtlichen Maßnahmen nicht ausreichen, um neu auftretenden Bedrohungen des Staates zu begegnen. Die in diesem Kapitel beschriebenen Situationen haben sich während der COVID-19-Pandemie bewahrheitet, wie im Folgenden näher erläutert wird. Kapitel XII *Änderung der Verfassung* befasst sich mit den Verfahren zur Änderung der Verfassung. Das letzte Kapitel XIII, *Übergangs- und Schlussbestimmungen*, ist den Einleitungsbestimmungen der neuen Verfassung und dem Verlust der Rechtskraft des Verfassungsgesetzes vom 17. Oktober 1992 über die gegenseitigen Beziehungen zwischen der gesetzgebenden und der vollziehenden Gewalt der Republik Polen und über die kommunale Selbstverwaltung sowie des Verfassungsgesetzes vom 23. April 1992 über das Verfahren zur Ausarbeitung und zum Erlass der Verfassung der Republik Polen gewidmet.

In Polen erhoben sich während der COVID-19-Pandemie viele Stimmen, darunter auch von prominenten polnischen Verfassungsrechtlern, die die Anwendung von Artikel XI der Verfassung und die Verhängung des Ausnahmezustands forderten. Natürlich gab es in den meisten Ländern des Kontinents ähnliche Diskussionen. In jedem Land wurden angesichts einer historischen globalen Herausforderung für Regierungen und Gesellschaften Lösungen zur Abschwächung der von der COVID-19-Pandemie ausgehenden Gefahren und Auswirkungen beschlossen. Diese Lösungen (Anordnungen zum Tragen von Schutzmasken, Freiheitsverbote – einschließlich des Verlassens von Wohnungen oder der Organisation von Versammlungen) griffen unweigerlich in den Kern der verfassungsmäßigen Freiheiten und Menschenrechte ein. Die Verfassung der Republik Polen sah in Kapitel XI geeignete Notmaßnahmen vor, die polnischen Staatsorgane machten jedoch keinen Gebrauch davon und führten stattdessen – nach allgemeiner Auffassung – unverhältnismäßige Einschränkungen der Freiheiten und Rechte des Einzelnen durch Gesetze und Verordnungen ein. Der Kampf gegen die Bedrohungen für das Leben und die Gesundheit der Bürger wurde in Polen parallel zu den Vorbereitungen für die Präsidentschaftswahlen 2020 fortgesetzt. Generell hat die polnische Notstandsgesetzgebung der Exekutive extrem weitreichende Befugnisse eingeräumt, wie bereits die Praxis in der Periode 2020–2021 gezeigt hat.

Man kann viele Menschenrechte aufzählen, die in Polen während der Pandemie bedroht waren- vom Gleichheitsgrundsatz, dem Recht auf persönliche Freiheit, dem Recht auf Bildung, auf Versammlungsfreiheit bis hin zum Wahlrecht. Das größte Problem in der Praxis betrifft zwei Bereiche, nämlich das Recht auf Gesundheit und das Recht auf Privatsphäre. Im Zusammenhang mit der Überwachung und Kontrolle der Bürger findet die Aushöhlung der Privatsphäre statt, wobei deren Schutz ein natürliches menschliches Bedürfnis ist, das sich aus der Freiheit ableitet und unter anderem das Recht beinhaltet, sich von der Gesellschaft abzugrenzen, eigene persönliche Merkmale zu entwickeln und persönliche Daten, auch sensible Daten, zu schützen. In der Praxis wirft der Rechtsschutz jedoch enorme Probleme auf, da der Einzelne die Technologie nutzen und gleichzeitig seine Privatsphäre wahren möchte. Einige der Beschränkungen, die nur per Gesetz festgelegt werden können, werden per Verordnung eingeführt. Selbst wenn, was in der Praxis nicht oft der Fall ist, ein Gesetz erscheint, wird es in einer Weise erlassen, die gegen die Grundprinzipien einer ordnungsgemäßen Gesetzgebung verstößt.

Die Angelegenheit wird jedoch dadurch erschwert, dass sie unter den Bedingungen des seit 2015 andauernden Prozesses des Abbaus der Rechtsstaatlichkeit, des Zerfalls der dreigliedrigen Gewaltenteilung und der damit einhergehenden verschiedenen soziorechtlichen Phänomene stattfand und wirksam funktionierende Maßnahmen zum Schutz der Menschenrechte nicht oder nur in sehr begrenztem Umfang vorhanden waren (siehe den letzten Punkt des Kapitels). Insbesondere aus diesem Grund – aber auch in jedem anderen Fall – stellt sich in erster Linie die Frage, ob diese Maßnahmen notwendig und verhältnismäßig waren und in engem Zusammenhang mit der Pandemie gestanden sind, sowie notwendig und geeignet waren, um die Möglichkeit zu bewahren, die Behörden für ihre Entscheidungen zur Rechenschaft zu ziehen.

3.2.3 Veränderung der Verfassung

Eine Verfassungsänderung bedeutet entweder die vollständige Aufhebung der Verfassung oder die Änderung des Inhalts bestimmter Verfassungsbestimmungen oder die Einführung neuer Verfassungsnormen. Die polnische Verfassung hat einen starren Charakter, der auf den Umfang der Beschränkungen im Prozess ihrer Änderung zurückzuführen ist. Man kann Verfassungen aufgrund der Art der Veränderungen aufteilen: in flexible und starre. Das erste Modell (Israel, Vereinigtes Königreich) geht davon aus, dass Verfassungsänderungen in ähnlicher Weise wie „normale Gesetze" vorgenommen werden, ohne dass erhöhte formale Anforderungen erfüllt werden müssen. Das zweite Modell (Polen, Deutschland und viele andere Länder) bedeutet, dass für eine Verfassungsänderung ein spezielles Verfahren angewandt werden muss, das besonderen Anforderungen unterliegt (zum Beispiel eine erhebliche, überdurchschnittliche Unterstützung im Parlament).

Nach den Bestimmungen der Verfassung kann ein Gesetzentwurf zur Änderung der Verfassung von drei Instanzen eingebracht werden: von einem Fünftel der gesetzlichen Abgeordnetenzahl, das heißt von mindestens 92 Parlamentariern, vom Senat oder vom Präsidenten. Die erste Lesung des Gesetzentwurfs darf frühestens am dreißigsten Tag nach seiner Einbringung in den Sejm stattfinden. Damit die Änderung in Kraft treten kann, muss der entsprechende Beschluss von beiden Kammern des Parlaments gefasst werden, da das Gesetz zur Änderung der Verfassung mit einer Mehrheit von mindestens zwei Dritteln der Stimmen in Anwesenheit von mindestens der Hälfte der gesetzlichen Abgeordnetenzahl und mit der absoluten Mehrheit der Stimmen in Anwesenheit von mindestens der

Hälfte der gesetzlichen Senatorenzahl verabschiedet wird. Besonders gestaltet sind die Verfahren zur Änderung der Kapitel I, II und XII; ihre Änderung kann von der Zustimmung des Volkes abhängen, die in einem landesweiten Zustimmungsreferendum zum Ausdruck kommt, das von den Vorschlagsberechtigten zur Verfassungsänderung beantragt werden kann. Die Verfassung regelt nicht das Verfahren für den Erlass einer neuen Verfassung. Das gewählte Verfahren schließt Änderungen der Verfassung zu Ad-hoc-Zwecken aus, was in der seit 2016 andauernden Verfassungskrise in Polen eine besondere Rolle gespielt hat (Verhinderung einer parlamentarischen Mehrheit bei Änderung der Verfassung).

In der polnischen Verfassung ist es im Gegensatz zum deutschen Grundgesetz möglich, jede Bestimmung des Grundgesetzes zu ändern, solange der politische Wille und der Wille des Volkes vorhanden sind. Gegen ein solches Modell spricht der Inhalt des Artikels 79 Abs. 3 des Grundgesetzes von 1949, der die Ewigkeitsklausel enthält – er verweist auf die Unzulässigkeit einer Änderung des Grundgesetzes in Hinblick auf die föderale Struktur des Bundes sowie auf bestimmte Grundrechte, zum Beispiel die Achtung der Menschenwürde, das Prinzip des demokratischen Bundesstaates.

Die polnische Verfassung ist bisher nur zweimal geändert worden, was ihre Beständigkeit beweist. Im ersten Fall wurde 2006 aufgrund eines Urteils des Verfassungsgerichts in Artikel 55 die Möglichkeit eingeführt, einen polnischen Staatsbürger im Zusammenhang mit dem Europäischen Haftbefehl auszuliefern, das heißt auf Ersuchen eines anderen Staates oder einer internationalen Justizbehörde im Zusammenhang mit einer im Ausland begangenen Straftat. Im Jahr 2009 wurde Artikel 99 durch die Einführung von Absatz 3 geändert, der die Erweiterung der Gründe für das passive Wahlrecht betrifft, indem er die Wahl einer Person in den Sejm und den Senat verbietet, die wegen einer vorsätzlichen Straftat, die durch öffentliche Anklage verfolgt wird, rechtskräftig zu einer Freiheitsstrafe verurteilt wurde.

Der systematische Abbau der polnischen Rechtsstaatlichkeit, ohne die Verfassung offiziell zu ändern, war aufgrund einer besonderen Interpretationstechnik (Spotlight-Interpretation) möglich, deren Kern in der opportunistischen Auslegung systemrelevanter Verfassungsbestimmungen zur Erreichung kurzfristiger politischer Ziele liegt herrschende Mehrheit, und sie war wohl von zentraler Bedeutung für die Zerstörung der Unabhängigkeit der Justiz in der polnischen Verfassungsordnung. Die auf die Bedürfnisse der Regierung zugeschnittene Auslegung der Verfassung wird auch als feindselige Verfassungsinterpretation bezeichnet – dabei handelt es sich um eine politische Strategie, die in diesem Fall von den Verfassungsrichtern übernommen wird und von einer spezifischen perversen politischen Rhetorik mit primitiven populistischen Untertönen begleitet wird. Die PiS-Politiker, aber auch die Richter im Verfassungsgerichtshof öffentlich demonstrieren in der Regel den Willen oder die Pflicht zur Einhaltung der Verfassung, bezeichnen die Verfassung aber gleichzeitig als „in sich widersprüchlich und konfliktogen", „postkommunistisch" usw.

3.2.4 Verfassungsrechtliche Grundsätze

Kapitel I der Verfassung definiert die Grundsätze der staatlichen Ordnung und knüpft an die Tradition der März-Verfassung von 1921 an, die ihr erstes Kapitel ebenfalls mit der Definition des polnischen Systems betitelte. Zu den Grundsätzen, auf denen das heutige politische, wirtschaftliche und soziale System Polens beruht, gehören insbesondere: ein demokratischer Rechtsstaat, ein Staat, der die Grundsätze der sozialen Gerechtigkeit umsetzt, eine republikanische Regierungsform, Autonomie und gegenseitige Unabhängigkeit und Zusammenarbeit in den Beziehungen zwischen Staat und Kirchen, Freiheit und Rechte des Menschen und des Bürgers, Souveränität der Nation, politische Repräsentation, Gewaltenteilung und Gleichgewicht der Gewalten, Zweikammersystem des Parlaments, politischer Pluralismus, Besonderheit und Unabhängigkeit der Gerichte, soziale Marktwirtschaft und Dezentralisierung der öffentlichen Gewalt und der lokalen Selbstverwaltung. Diese Grundsätze bilden die Grundlage des gesamten polnischen Verfassungsrechts und bestimmen das Wesen und den Charakter der staatlichen Ordnung. Die Verabschiedung eines bestimmten Grundsatzes zu Beginn beeinflusst die detaillierten Lösungen in den weiteren Bestimmungen der Verfassung. Einige der vorgenannten Grundsätze werden im Folgenden näher erläutert.

3.2.4.1 Demokratischer Rechtsstaat (Artikel 2 und 7 der Verfassung)

In Polen wurde die Rechtsstaatlichkeit erstmals im Zuge der demokratischen Transformation von 1989 in die Verfassung aufgenommen. Sie ist in Artikel 1 der Verfassung verankert und diente als Maßstab für die Bewertung zahlreicher Bestimmungen der vorherigen politischen Formation (das heißt bis 1992) und als Grundlage für die Ungültigkeitserklärung durch das Verfassungsgericht. In Artikel 2 verweist die Verfassung auf das Fundament des Systems der Republik Polen, nämlich die Rechtsstaatlichkeit, und definiert Polen als einen demokratischen Rechtsstaat, der die Grundsätze der sozialen Gerechtigkeit umsetzt. Der Grundsatz der Rechtsstaatlichkeit ist ein Sammelbegriff für eine Reihe von Regeln und Grundsätzen, die ausdrücklich in der Verfassung verankert sind oder sich aus dem Wesen der Rechtsstaatlichkeit ergeben und durch die Rechtsprechung der Gerichte, insbesondere des Verfassungsgerichtshofs, aufgedeckt und präzisiert sowie durch die Rechtslehre weiter verstärkt werden. Zu den rechtsstaatlichen Grundsätzen gehören insbesondere der politische Pluralismus (Artikel 11 der Verfassung), freie und allgemeine Wahlen (Artikel 96, Abs. 2, 97, Abs. 2, 127, Abs. 1), die Gleichheit der Bürger (Artikel 32 und 33), die Gewährleistung der Menschen- und Bürgerrechte (Artikel 30–76), insbesondere die Meinungsfreiheit (Artikel 54(1)) und die damit verbundene Pressefreiheit (Artikel 14), die Sicherung der Rechte und Freiheiten durch bestimmte materielle und verfahrensrechtliche Garantien (Artikel 77–81), die Beachtung des Grundsatzes der Gewaltenteilung (Artikel 10) und des Grundsatzes der Amtszeit (Artikel 98(1), 127(2), 183(3), 185, 187(3), 199(1)) oder der Offenheit des Handelns (Artikel 45, 113).

Der Begriff der „Rechtsstaatlichkeit" ist in der Verfassung nicht definiert. In der Rechtslehre der demokratischen Staaten wurde jedoch bisher keine allgemeingültige Definition des demokratischen Rechtsstaates entwickelt. Seit 2010 werden die

Probleme der Rechtsstaatlichkeit in den EU-Mitgliedstaaten im EU-Forum breiter und intensiver diskutiert. Dies war auf institutionelle Veränderungen in einigen Mitgliedstaaten zurückzuführen, insbesondere in Hinblick auf die Verfassungsgerichte, die obersten Gerichte und das Justizsystem im Allgemeinen. Diese Änderungen wurden von Ungarn seit 2010, von Rumänien seit 2012 und von Polen seit 2015 vorgenommen. Natürlich sind heute in vielen europäischen Ländern Phänomene zu beobachten, die zwar fremd sind oder schon einmal aufgetreten sind, aber nicht in dieser Intensität und nicht in diesem Ausmaß.

Das Wesen des Rechtsstaatsprinzips ist mit dem Anspruch verbunden, dass sich das Verhältnis des Staates zum Recht (und zu anderen Gebilden wie internationalen Organisationen) so darstellt, dass es dem Recht untergeordnet ist. Ganz allgemein versteht man darunter eine Regierung auf der Grundlage des Rechts. Die Machthaber sind in ihrem Handeln durch gesetzliche Bestimmungen eingeschränkt. Das Prinzip der Rechtsstaatlichkeit (engl.: rule of law) stellt ein Modell dar, das die Art und Weise bestimmt, wie die öffentliche Gewalt funktioniert. Das bekannte Paradoxon, das von dem deutschen Rechtstheoretiker Georg Jellinek analysiert wurde, manifestiert sich hier in der Frage: Wie kann das Gesetz die Ausübung der öffentlichen Gewalt begrenzen und disziplinieren, wenn das Gesetz selbst, verstanden nach dem positivistischen Paradigma, ein Produkt dieser Gewalt ist? Schließlich ist es logisch, dass die Machthaber, die das Recht schaffen, nicht geneigt sind, Gesetze zu erlassen, die sie einschränken. Dieses Paradoxon erinnert an den Streit in der deutschen Rechtslehre des 20. Jahrhunderts zwischen den Theoretikern von Recht und Politik Carl Schmitt und Hans Kelsen über die Frage, ob das Recht von der Politik beherrscht werden sollte (Schmitt) oder ob das Recht Vorrang vor der Politik haben sollte (Kelsen betonte, dass das Verfassungsgericht der Hüter des Rechts sein sollte). Dieser Streit ist auch heute noch aktuell, wie unter anderem die Situation in Polen beweist.

Im Allgemeinen werden zwei Aspekte der Rechtsstaatlichkeit unterschieden: der formale und der materielle. Der Grundsatz der Rechtsstaatlichkeit im formalen Sinne kommt in Artikel 7 der Verfassung zum Ausdruck, wonach „die Organe der öffentlichen Gewalt auf der Grundlage und innerhalb der Schranken der Gesetze handeln". Das bedeutet, dass die Organe des Staates das von ihnen geschaffene Recht respektieren. Dies ist ein übergeordneter Wert, wobei der Inhalt des Gesetzes unter dem Gesichtspunkt der Moral gleichgültig ist. Der zweite Aspekt betrifft die Rechtsstaatlichkeit im materiellen Sinne (Artikel 2 der Verfassung). Als Rechtsstaat gilt ein Staat, der nicht nur das Recht beachtet, sondern in dem das positive Recht bestimmten axiologischen Postulaten in Bezug auf seinen Inhalt und seine Form entspricht. Beide Erfordernisse der Rechtsstaatlichkeit müssen zusammen betrachtet werden, denn es ist unmöglich, eine materielle Rechtsstaatlichkeit ohne eine formale Rechtsstaatlichkeit zu haben. Die Entwicklung des Konzepts der materiellen Rechtsstaatlichkeit ist mit der Entstehung der Menschenrechte verbunden, die vom Staat geschützt und gewährleistet werden müssen. Der Souverän im Staat ist sowohl an die aus der Menschenwürde erwachsenden Menschenrechte gebunden als auch in seiner Gesetzgebungstätigkeit beschränkt (Wyrzykowski 2018: 139–147).

Natürlich hängt die Qualität der Demokratie sowohl von den Grundsätzen der Verfassung als auch von gesetzlichen Regelungen ab, die, soweit es die Verfassung zulässt, zum Ausbau oder zur Aushöhlung der demokratischen Institutionen im Staat führen können. Die verfassungsrechtliche Ausgestaltung der demokratischen Institutionen und Verfahren bestimmt jedoch in Verbindung mit der Praxis ihrer Anwendung das tatsächliche Funktionieren eines demokratischen Staates. Eine gesetzliche Regelung kann nur dann wegen Verstoßes gegen das Demokratieprinzip als verfassungswidrig angesehen werden, wenn der Verfassungsgerichtshof feststellt, dass das Gesetz mit einem bestimmten, aus dem Demokratieprinzip abgeleiteten Grundsatz unvereinbar ist, oder wenn das Gesetz mit einer bestimmten Verfassungsbestimmung, die einen dieser Grundsätze verwirklicht, in Konflikt steht.

3.2.4.2 Der Grundsatz der Souveränität der Nation (Artikel 4 der Verfassung)

Die oberste Gewalt in Polen liegt, wie in Artikel 4 der Verfassung garantiert, beim Volk. Es handelt sich um den Grundsatz der Souveränität (Suprematie) der Nation, was bedeutet, dass alle Bürger, unabhängig von ihrer ethnischen Zugehörigkeit, ihrer sozialen Stellung, ihrer Bildung, ihrem Vermögensstatus, ihrer Religion oder ihrer Weltanschauung, eine primäre und unabhängige und damit souveräne Macht ausüben. Dieser Grundsatz hat in Polen eine lange Tradition, seit der Verfassung vom 3. Mai, die ihn als Gegengewicht zur absoluten Herrschaft bezeichnete.

Das Volk als Souverän kann seinen Willen durch seine Vertreter und Vertreterinnen (indirekte Demokratie) oder direkt zum Ausdruck bringen. Die Verfassungssysteme moderner Staaten kennen viele Formen der direkten Demokratie, und die polnische Verfassung hat zwei davon übernommen, nämlich die Gesetzesinitiative der Bürger (Artikel 118, Abs. 2 der Verfassung) und mehrere Arten von Volksabstimmungen: landesweit (Artikel 125 der Verfassung), in der Frage des Beitritts zu einer internationalen Organisation (Artikel 90, Abs. 3 und 4 der Verfassung) und verfassungsmäßig (Artikel 235, Abs. 6 der Verfassung). Die hier aufgezeigten Lösungen sind neu im polnischen Verfassungswesen, da sie weder in den Verfassungen der Zwischenkriegszeit noch in der Verfassung von 1952 bekannt waren, und erst die 1987 verabschiedete Änderung der Verfassung von 1952 führte die Institution eines landesweiten Referendums ein.

3.2.4.3 Der Grundsatz der Dreiteiligkeit und des Gleichgewichts der Gewalten

Die Verfassung verweist in Artikel 10 auf das Prinzip der Gewaltenteilung, das im Mittelpunkt des modernen demokratischen Konstitutionalismus steht. Die Tätigkeiten des Staates werden in drei Arten von Funktionen und die Organe, die sie ausführen, unterteilt. Diese sind: die Gesetzgebung, das heißt die Schaffung von Rechtsnormen, die Vollstreckung, das heißt die Umsetzung der Aufgaben des Staates in Bezug auf bestimmte Aufgaben, und die Justiz, das heißt die Beilegung von Rechtsstreitigkeiten. Diese Funktionen werden von verschiedenen Staatsorganen ausgeführt, das heißt die Legislative vom Sejm und Senat, die Exekutive vom Präsidenten der Republik und der Regierung und die Judikative von Gerichten und Tribunalen. Die Organe der einen Behörde dürfen die Organe der anderen Behörde nur insoweit beeinflussen, als sie das Wesen der Zuständigkeiten der anderen Behörde, nämlich die Gewährleistung des gegenseitigen Gleichgewichts, nicht verletzen. Die Postulate des Prinzips der Gewaltenteilung werden von der polnischen Verfassung durch das System der Gewaltenteilung in dem Sinne garantiert, dass die gesetzgebenden, exekutiven und gerichtlichen Behörden getrennt sind, aber ein Gleichgewicht zwischen ihnen besteht und sie gezwungen sind, miteinander zu kooperieren. Außerdem ist die Macht im Staat sowohl funktional als auch räumlich geteilt. Die funktionelle Trennung wird durch die Aufteilung der Gewalten in Legislative, Exekutive und Judikative erreicht. Die räumliche Aufteilung wird durch die Dezentralisierung der Staatsgewalt und die Übertragung von Befugnissen auf lokale und regionale Behörden auf verschiedenen Ebenen (in Polen sind dies Gemeinden, Kreise und Woiwodschaften) erreicht. Die öffentliche Gewalt muss begrenzt und kontrolliert werden, um die Willkür von Entscheidungen und Handlungen staatlicher Funktionäre auf allen Ebenen zu begrenzen. Die verfassungsmäßige Begrenzung der Befugnisse ermöglicht es, eine transparente Ordnung des politischen Systems zu schaffen, die Zuständigkeiten der einzelnen Behörden, die Art und Weise ihrer Ernennung und Entlassung sowie die Mechanismen zur Kontrolle der Macht festzulegen.

Polen befindet sich seit 2015 in einer Verfassungskrise, die sich in der Verletzung des hier vorgestellten Prinzips der Gewaltenteilung ausdrückt, wobei die Exekutive die Oberhand gewonnen hat (→6.5).

3.2.4.4 Der Grundsatz der sozialen Marktwirtschaft

Die Grundlage des polnischen Wirtschaftssystems ist eine soziale Marktwirtschaft, die auf der Freiheit der wirtschaftlichen Tätigkeit, dem Privateigentum und der Solidarität, dem Dialog und der Zusammenarbeit zwischen den Sozialpartnern beruht (Artikel 20). Auch hier gilt, dass die Verfassung diesen Grundsatz nicht definiert. Bei der Verwirklichung des Prinzips der sozialen Marktwirtschaft muss der Staat weitere Prinzipien umsetzen, nämlich die soziale Gerechtigkeit und das Prinzip der Unantastbarkeit der Menschenwürde. Sie soll mit verschiedenen Instrumenten für die Einhaltung der sozialen Gerechtigkeit bei der wirtschaftlichen Entwicklung sorgen und die wirtschaftlichen Prozesse so steuern, dass die von ihr gesetzten sozialen Ziele erreicht werden können. Dabei muss sie die Grundelemente der Marktwirtschaft gewährleisten.

3.2.4.5 Menschenrechte

Menschenrechte sind die Freiheiten und Rechte, auf die jeder Mensch Anspruch hat, unabhängig von solchen Merkmalen wie Rasse, Religion, Meinung, Geschlecht, sexuelle Orientierung oder soziale Herkunft. Diese Rechte leiten sich aus der Menschenwürde ab und bestehen daher unabhängig von jeder staatlichen oder sonstigen Autorität, sind unantastbar und unveräußerlich und können von dieser Autorität nicht im Namen eines anderen Wertes eingeschränkt werden. Dem modernen demokratischen Rechtsstaat kommt dabei die Rolle des Garanten dieser Rechte zu (Wyrzykowski 2018: 139–147).

Die polnische Verfassung garantiert die Freiheiten und Rechte der Menschen und Bürger. Insbesondere Kapitel II der Verfassung normalisiert die rechtliche Situation der Bürger und definiert ihre Freiheiten, Rechte und Pflichten gegenüber dem Staat. So sind alle Menschen vor dem Gesetz gleich, Diskriminierung ist im politischen, sozialen und wirtschaftlichen Leben aus jeglichem Grund verboten (Artikel 32), auch aus Gründen des Geschlechts (Artikel 33), außerdem wird die Achtung der Eigenart von Bürgern, die nationalen Minderheiten angehören, gewährleistet (Artikel 35). Die Menschenrechte stehen jedoch nicht zur Verfügung des Staates, der sie nur anerkennen, anwenden und in seinem Handeln respektieren muss, denn ohne politische Mittel wären die Menschenrechte nur eine universelle moralische Forderung, eine Erklärung, die gegenüber der Politik machtlos ist.

Die Verfassung gewährt den Bürgern persönliche Freiheiten und Rechte wie den Schutz des Lebens, der Freiheit und der Unverletzlichkeit der Person, das Verbot von Folter oder unmenschlicher und erniedrigender Behandlung und Bestrafung sowie von körperlicher Züchtigung, die Unschuldsvermutung, das Recht auf ein faires Verfahren, den Schutz des Privatlebens, das Recht, über das eigene Leben zu entscheiden, die Gewissens- und Religionsfreiheit, die Rechte des Kindes, die Gedankenfreiheit, das Verbot der präventiven Zensur und die Pressefreiheit. Die Verfassung garantiert politische Freiheiten und Rechte wie die Versammlungs- und Vereinigungsfreiheit, das Recht auf Teilnahme am öffentlichen Leben und das Recht auf Teilnahme an Wahlen. Was die wirtschaftlichen, sozialen und kulturellen Freiheiten und Rechte betrifft, so garantiert die Verfassung unter anderem das Recht auf Eigentum, Erbschaft, Arbeit, Familie, einen angemessenen Lebensstandard, Gesundheitsschutz, soziale Sicherheit, das Recht auf Bildung und Schulpflicht, die Autonomie der Hochschulen, das Recht auf Zugang zu Kulturgütern, die Freiheit der wissenschaftlichen Forschung und des künstlerischen Schaffens, Verbraucher- und Mieterrechte. Die Verfassung führt auch Mechanismen zum Schutz der Freiheiten und Rechte ein, insbesondere das Recht auf Entschädigung für Schäden, die durch rechtswidrige Handlungen einer Behörde entstanden sind, den gerichtlichen Weg zur Verfolgung verletzter Freiheiten oder Rechte, die Anfechtbarkeit von Urteilen und Entscheidungen, die Beschwerde beim Verfassungsgerichtshof oder die Anrufung des Bürgerbeauftragten.

Die in der Verfassung verankerten Pflichten des Bürgers gegenüber dem Staat wiederum umfassen unter anderem die Loyalität gegenüber Polen, die Verpflichtung, seine Gesetze zu befolgen und öffentliche Lasten und Vorteile für ihn zu tragen, sowie seine Verteidigung.

In diesem Zusammenhang ist zu betonen, dass der Beitritt Polens zu den Strukturen der Europäischen Union dazu geführt hat, dass die bisherige klassische Konstruktion, die auf dem Nebeneinander von völkerrechtlichen und innerstaatlichen Normen in verschiedenen Konstellationen beruht, durch eine neue Rechtsordnung, wenn auch auf völkerrechtlichen Grundlagen beruhende, das heißt die Rechtsordnung der EU, ergänzt wurde. Infolgedessen entsteht ein europäischer Rechtsraum, der als eine Reihe von Rechtsnormen verstanden wird, die in einem bestimmten Gebiet (hier verstanden als das Gebiet der EU und grundsätzlich der EU-Mitgliedstaaten) gelten und aus drei verschiedenen Systemen (international,

EU und national) stammen. Es handelt sich also um Normen, die sich aus dem EU-Vertragsrecht (primäres Recht, wie zum Beispiel die Charta der Grundrechte der EU) und dem abgeleiteten Recht (zum Beispiel Verordnungen, Richtlinien) ergeben, um allgemeine Regeln ungeschriebener Natur und um nationale Normen, die zur Umsetzung der rechtlichen Integrationsverpflichtungen erlassen wurden, sowie um das System des nationalen Rechts (zum Beispiel polnisches, deutsches usw.) und des internationalen Rechts, das für ein bestimmtes Territorium verbindlich ist (beginnend mit dem für den Gegenstand dieser Analyse Recht von Schlüsselbedeutung – dem Recht der Europaratskonvention als regionalem Völkerrecht) (Wyrzykowski 2018: 79–85).

3.2.5 Verfassungskrise in Polen und Infragestellung des Vorrangs der Gesetzgebung der Europäischen Union

Die Verfassungskrise in Polen ist, mit anderen Worten, der seit 2015 andauernde Prozess der Demontage der verfassungsmäßigen Rechtsstaatlichkeit. Der Prozess des Abbaus der Rechtsstaatlichkeit wird durch eine schrittweise Änderung des Verfassungssystems eingeleitet, bei der die liberalen und demokratischen Merkmale des Systems beseitigt und durch autoritäre ersetzt werden, was zu einer tiefgreifenden und dauerhaften Veränderung des Staatssystems führt. In Polen gibt es einen Streit über die neue Form des Staates und die Auslegung des Prinzips der dreigliedrigen Gewaltenteilung. Änderungen des politischen Systems werden jedoch nicht durch eine förmliche Änderung der Verfassung eingeführt, da die Regierung nicht über die erforderliche Mehrheit verfügt, sondern durch Gesetze, die im Rahmen des ordentlichen Gesetzgebungsverfahrens verabschiedet werden. Die Abhängigkeit des Verfassungsgerichts von der Exekutive (für Details siehe Kapitel VI) befreit die Parlamentsmehrheit von der Furcht vor einer Anklage wegen Verfassungswidrigkeit der verabschiedeten Gesetze (Łętowska/Wiewiórska-Domagalska 2016: 79–93).

Es sind gerade acht Jahre vergangen, seitdem in Polen die politische Partei Recht und Gerechtigkeit regiert. Die im Jahr 2015 eingeleiteten kontroversen „Reformen" des Staatssystems unter anderem auf dem Gebiet der Gerichtsbarkeit sind immer noch im Gange. Die ergriffenen Maßnahmen zielen jedoch nicht auf die Durchführung einer wahren Reform der Justiz ab. Seit 2015 schreitet Polen eindeutig in die Richtung eines autoritären Staates.

In Polen sind die verfassungsmäßigen Garantien der Gewaltenteilung und der Mechanismus der gerichtlichen Kontrolle der Exekutive lahmgelegt. Die verfassungsmäßige Ordnung wurde ernsthaft verletzt, und die Verfassung selbst war nicht mehr der wichtigste Regulator des politischen und rechtlichen Geschehens. Der politische Konflikt hat sich zu einer juristischen Krise entwickelt, die die Grundlagen des staatlichen Systems betrifft und sich außerhalb der in der Verfassung festgelegten Regeln und Verfahren abspielt. Die Verfassungskrise selbst wird allmählich zur Quelle verschiedener Aktivitäten der polnischen Behörden, die sich auf außergewöhnliche Umstände für ihr Handeln berufen. Es werden neue Praktiken geschaffen, die kreative Weiterentwicklungen von Mechanismen aus der Verfassung sind oder überhaupt keine Rechtsgrundlage haben, und sie werden vom dysfunktionalen Verfassungsgerichtshof begleitet, wofür das Urteil vom 7.10.2021 über den Vorrang der Verfassung vor dem EU-Recht ein Beispiel ist (→5.2) (Garlicki 2018: 25–28).

Der Verfassungsgerichtshof ist weiterhin gelähmt und besteht größtenteils aus den der Regierung ergebenen Richtern, wobei manche die vorher bereits besetzten Stellen übernommen haben und zu den sogenannten „Doubles" wurden. Folglich wurde der Verfassungsgerichtshof der Marionetten dem Willen der vollziehenden Gewalt untergeordnet. Das Ziel der Systemänderungen in Polen liegt auf der Hand – es geht um die Befreiung der Regierung von der gerichtlichen Kontrolle und die Stärkung der dominierenden Exekutive. Dazu kommen organisatorische Änderungen an den Universitäten, die Übernahme lokaler Medien durch staatliche Konzerne, Angriffe auf unabhängige nationale Medien, Finanzierungsbeschränkungen für unerwünschte Nichtregierungsorganisationen, Angriffe auf Minderheiten, insbesondere auf die LGBTQ+-Gemeinschaft – all das rundet das Bild vom Zusammenbruch der Rechtsstaatlichkeit in Polen ab.

Polen ist Mitglied der Europäischen Union (EU) und so konnten derart weitgehende Systemänderungen nicht übersehen werden. Die EU reagiert mit unterschiedlicher Intensität und mit unterschiedlicher Wirkung. Polen testet als erster Staat verschiedene Prozeduren und Rechtsinstitute der EU (→6.5). 2021 eskalierten die Streitigkeiten über die Achtung demokratischer Werte und die Prinzipien der Rechtsstaatlichkeit sowie partikulärer politischer Interessen. Eingeschaltet hat sich der EuGH mit seinen Urteilen sowie der Marionetten-Verfassungsgerichtshof, wobei dieser Streit unberechenbar ist – im Spiel sind die Rechtsgrundlagen der EU und die polnische Mitgliedschaft in der EU.

Am 14.7.2021 war das Urteil des EuGHs ergangen, wonach das Sanktionssystem gegen die Richter für mit dem Europarecht unvereinbar erklärt wurde, und im Rahmen des durch die EU-Kommission 2020 eingeleiteten Verfahrens wurde am 13.7.2021 auch der Beschluss über die Einstellung der Disziplinarkammer erteilt. Die Frist für dessen Umsetzung wurde bis zum 15.8.2021 gesetzt, bislang ist jedoch nichts passiert. Die Regierung hat jedoch beispiellose Maßnahmen ergriffen und bei dem Marionetten-Verfassungsgerichtshof Anträge auf Überprüfung der Vereinbarkeit gewählter Vorschriften aus den Verträgen über die Europäische Union mit dem polnischen Grundgesetz eingereicht. Der Verfassungsgerichtshof hat am 13.7.2021 „auf politischen Antrag" die Urteile des EuGHs – betreffend die Organisation der Gerichtsbarkeit in Polen – als Ultra-vires-Urteile eingestuft, die folglich nicht umgesetzt werden. Das ist unglaublich – der Grundsatz des Vorrangs von EU-Recht und seiner unmittelbaren Wirkung wurde angefochten. Die Regierung hoffte darauf, so die nationalen Gerichte zum Schweigen zu bringen (Sadurski 2019).

Unmittelbar im Zusammenhang mit den Urteilen des EuGHs aus den Jahren 2019–2021, die Fragen polnischer Gerichte (Vorabentscheidungsverfahren) zu ihrer Unabhängigkeit und ihrem Schutz durch das EU-Recht beantworteten, und im Zusammenhang mit den verlorenen Verfahren, die die Europäische Kommission gegen Polen angestrengt hatte, erging am 7. Oktober 2021 das Urteil des

Verfassungsgerichts in der Rechtssache K3/21 vom 8.10.2021. Es ist die Antwort auf Fragen aus dem Antrag des Premierministers. Das Urteil zielte darauf ab, die 2015 begonnenen verfassungswidrigen und mit dem EU-Recht und der Europäischen Menschenrechtskonvention unvereinbaren Änderungen im Justizwesen zu legalisieren und Druck auf die polnischen Richter auszuüben, damit sie die für sie verbindlichen Urteile des Gerichtshofs der Europäischen Union missachten. Das Verfassungsgericht stellte unter anderem fest, dass die Bestimmungen des EU-Rechts (einschließlich der Urteile des Gerichtshofs der Europäischen Union), die die nationalen Gerichte ermächtigen, verfassungsrechtliche Bestimmungen außer Acht zu lassen oder die Rechtmäßigkeit der Ernennung eines Richters durch den Präsidenten, sowie die Beschlüsse des Nationalen Justizrats über die Ernennung von Richtern zu überprüfen, mit der polnischen Verfassung nicht vereinbar sind. Dies ist eine Herausforderung für den Grundsatz des Vorrangs des EU-Rechts. Der EuGH stellte außerdem fest, dass die Bestimmungen des EU-Vertrags insoweit verfassungswidrig sind, als die EU-Organe außerhalb der Grenzen der von Polen in den Verträgen übertragenen Zuständigkeiten handeln. Der polnische Verfassungsgerichtshof hat auch nicht ausgeschlossen, dass er in Zukunft die Verfassungsmäßigkeit von EuGH-Urteilen prüfen wird, „einschließlich ihrer Entfernung aus der polnischen Rechtsordnung". Sowohl der Antrag des Premierministers als auch das Urteil des Verfassungsgerichts sind Scheinentscheidungen, die das eigentliche rechtliche Problem ignorieren – Änderungen im polnischen Justizwesen, die durch Gesetze vorgenommen wurden, die gegen die Verfassung, EU-Verträge und die Europäische Menschenrechtskonvention verstoßen. Die Entscheidung des Verfassungsgerichts bedroht die Grundlagen der gesamten EU, greift in die Befugnisse des EuGHs ein und beeinträchtigt die Zuständigkeit der polnischen Gerichte für die unmittelbare Anwendung des EU-Rechts (Sadurski 2019).

Resümee

Polen wurde als einer der ersten Staaten in Europa bereits im 18. Jahrhundert zu einem Rechtsstaat, als der Sejm 1791 die Verfassung vom 3. Mai verabschiedete. Die Verfassung erwuchs aus der republikanischen Tradition des öffentlichen Lebens, die den Staat als Gemeingut und das Recht als Regeln zum Schutz der Freiheit der Bürger vor der Willkür der Macht betrachtete. Diese Werte sind auch heute noch gültig und relevant. Obwohl es den Autoren der Verfassung vom 3. Mai nicht gelang, das Land vor den Teilungen zu bewahren, bildeten ihre Ideen die Grundlage für die Bemühungen um die Wiedererlangung einer unabhängigen Staatlichkeit, die 1918 stattfand.

Die Verfassung von 1997 definiert die Grundlagen des polnischen politischen Systems, bestimmt die Zuständigkeiten der wichtigsten Machtorgane, legt ihre gegenseitige Abhängigkeit fest und enthält einen Katalog der individuellen Freiheiten und Rechte. Die Verfassung hat die höchste Rechtskraft im System des innerstaatlichen Rechts, daher müssen alle Rechtsakte niedrigerer Ordnung (Gesetze, Verordnungen) mit ihr übereinstimmen, was vom Verfassungsgerichtshof kontrolliert wird. Die grundlegende und wichtigste Funktion der Verfassung ist die Begrenzung der Macht, unabhängig davon, wer sie ausübt. In einem demokratischen Staat gibt es eine funktionale und räumliche Gewaltenteilung, die in Polen erodiert und eine schwere Verfassungskrise verursacht. Die Verfassung hat somit eine architektonische (systembildende) und organisatorische Funktion, das heißt sie legitimiert und begrenzt die Macht, bestimmt die Kompetenzen der Staatsorgane. Die Verfassung integriert die Gesellschaft durch gemeinsam getragene Ziele, Werte und Grundüberzeugungen. Eine Verfassung ist immer ein ideologisches Dokument und spiegelt den „Geist" der Nation und die Kultur, aus der ihre Bürger stammen, wider, was insbesondere in der Präambel der polnischen Verfassung zum Ausdruck kommt. Die Verfassungskrise in Polen äußert sich in der Lähmung der Mechanismen des Ausgleichs zwischen den Gewalten, der Unterordnung der Judikative unter die Exekutive, der Änderung der Verfassung durch die üblichen Gesetze. Infolgedessen ist das Phänomen des Demokratieabbaus zu beobachten, der ebenso wie der Aufbau der Demokratie ein Prozess ist, bei dem die staatlichen Behörden rechtliche, politische und meinungsbildende Instrumente einsetzen.

Fragen:

- Welche Rolle spielt die Verfassung bei der Gestaltung des Staatssystems?
- Welche Bedeutung hatte die Verfassung vom 3. Mai für die Entwicklung der polnischen Verfassungskonzepte?
- Was ist das Wesen und die Bedeutung des Prinzips der Gewaltenteilung?
- Wie äußert sich die Verfassungskrise in Polen?

Literatur:
Badura, Peter (2011): Wirtschaftsverfassung und Wirtschaftsverwaltung. Ein exemplarischer Leitfaden. Tübingen: Mohr Siebeck.
Carrington, Dorothy (1973): The Corsican constitution of Pasquale Paoli (1755–1769). In: The English Historical Review, Nr. 88 (348), S. 481–503.
Charta der Grundrechte der Europäischen Union (2016/C 202/02).
Garlicki, Leszek (2018): Gerichte und Verfassung. In: Deutsch-Polnische Juristenzeitschrift, Nr. 3–4, S. 25–28.
Kołodziejczyk, Tadeusz/Pomianowska, Małgorzata (Hrsg.) (1990): Konstytucje w Polsce 1791–1990. Warszawa: Przemiany, S. 13–18.
Konstytucja Polskiej Rzeczypospolitej Ludowej uchwalona przez Sejm Ustawodawczy w dniu 22 lipca 1952 r. – Konstytucja (1952): Dziennik Ustaw, Nr. 33, 232.
Konstytucja Rzeczypospolitej Polskiej z dnia 2 kwietnia 1997 r. – Konstytucja (1997): Dziennik Ustaw, Nr. 78, 483.
Lewandowska, Ilona (2018): Konstytucja 3 Maja – unikatowe dziedzictwo Polski i Litwy. In: Kurier Wileński, 2.3.2018.
Łętowska, Ewa/Wiewiórska-Domagalska, Aneta (2016): A „Good" Change in the Polish Constitutional Tribunal. In: Osteuropa-Recht, Nr. 1, S. 79–93.
Reinalter, Helmut/Leisching, Peter (Hrsg.) (1996): Die polnische Verfassung vom 3. Mai 1791 vor dem Hintergrund der europäischen Aufklärung. Frankfurt a.M.: Peter Lang Verlag.
Sadurski, Wojciech (2019): Poland's Constitutional Breakdown, Oxford: Oxford University Press.
Stern, Klaus/Tettinger, Peter J. (Hrsg.) (2005): Die Europäische Grundrechte-Charta im wertenden Verfassungsvergleich. Berlin: BWV.

3 Die Verfassung

Uchwała Sejmu z dnia 20 lutego 1919 r. o powierzeniu Józefowi Piłsudskiemu dalszego sprawowania urzędu Naczelnika Państwa – Uchwała (1919): Dziennik Ustaw, Nr. 19, 226.
Ustawa z dnia 17 marca 1921 r. Konstytucja Rzeczypospolitej Polskiej – Ustawa (1921): Dziennik Ustaw, Nr. 44, 267.
Ustawa z dnia 2 sierpnia 1926 r. zmieniająca i uzupełniająca Konstytucję Rzeczypospolitej z dnia 17 marca 1921 r. – Ustawa (1926): Dziennik Ustaw, Nr. 78, 442.
Ustawa Konstytucyjna z dnia 23 kwietnia 1935 r. – Ustawa (1935): Dziennik Ustaw, Nr. 30, 227.
Ustawa Konstytucyjna z dnia 19 lutego 1947 r. o ustroju i zakresie działania najwyższych organów Rzeczypospolitej Polskiej – Ustawa (1947): Dziennik Ustaw, Nr. 18, 71.
Ustawa z dnia 10 lutego 1976 r. o zmianie Konstytucji Polskiej Rzeczypospolitej Ludowej – Ustawa (1976): Dziennik Ustaw, Nr. 5, 29.
Ustawa z dnia 6 kwietnia 1990 r. o przywróceniu Święta Narodowego Trzeciego Maja – Ustawa (1990): Dziennik Ustaw, Nr. 28, 160.
Wyrzykowski, Mirosław (Hrsg.) (2018): Państwo konstytucyjne. Der Verfassungsstaat. Warszawa: CH Beck.

4 Das Parlament

Zusammenfassung

In diesem Kapitel wird die Entwicklung des polnischen Parlaments seit Beginn des demokratischen Übergangs in Polen (1989) dargestellt (Remington 1994; Ismayr 2002; Ziemer/Matthes 2002). Seit 1989 gibt es im polnischen Parlament eine wechselvolle Entwicklung. In den 1990er-Jahren hat der Demokratisierungsprozess den Aufbau demokratischer Institutionen und demokratischer Entscheidungsverfahren in Polen gefördert. In dieser Zeit erlebte das Parlament eine Phase des Aufschwungs und der Konsolidierung seiner formalen Befugnisse und Praktiken. Im Jahr 2004 wurde Polen Mitglied der Europäischen Union, was symbolisch den erfolgreichen Abschluss des Demokratisierungsprozesses in Polen markierte. Vor diesem Hintergrund wird in diesem Kapitel die Entwicklung der formalen Kompetenzen des Parlaments seit 1989 skizziert, aber auch die Entwicklung der dominanten Konfliktlinien im Parlament. Schließlich wird erklärt, wie sich der viel diskutierte Trend zum demokratischen Rückschritt (*democratic backsliding*) in Polen auf die Kompetenzen und die Rolle des Parlaments ausgewirkt hat.

4.1 Historischer Überblick: das Parlament in Polen

Die Geschichte des polnischen Parlamentarismus geht weit zurück. Grundlage bildeten die Beratungs- und Konsultationseinrichtungen für polnische Herrscher in wichtigen Staatsangelegenheiten. Die älteste dieser Einrichtungen war der Sejm – die historische Ständeversammlung. Der Name leitet sich aus dem Altslawischen ab und bedeutet „Versammlung" (Brückner 1927: 484). Die Existenz dieses Organs wird erstmals bei der späteren Darstellung der mythologischen Geschichte Polens im Jahr 700 erwähnt, während die erste Beschreibung in der ältesten polnischen Chronik, der sogenannten Chronik von Gallus Anonymus (Cronica et gesta ducum sive principum Polonorum/Die Chronik und Taten der Herzöge und Fürsten von Polen) Anfang des 12. Jahrhunderts enthalten ist (Anonim tzw. Gall 1965). Die erste historisch belegte Sitzung des Sejm fand im Jahr 1306 statt. Die Zusammenkünfte und Beratungen wurden damals nur zu wichtigen Anlässen einberufen und noch unregelmäßig abgehalten. Ab dem Ende des 14. Jahrhunderts wurde der Sejm zu einem Bestandteil des Staatssystems. Im 15. Jahrhundert wurden die parlamentarischen Institutionen in der heutigen Form konstituiert. Es entstand die niedrigere Kammer – Sejm, die aus Abgeordneten, die von Parlamenten einzelner Provinzen abgesandt wurden, bestand. Der Sejm repräsentierte ausschließlich die Adelsstände, die während der Adelsrepublik alle Bürgerrechte innehatten. Der Senat, die höhere Kammer, die aus höchsten Würdenträgern und Bischöfen bestand, ging hingegen aus dem Ältestenrat hervor, der im 14. Jahrhundert ein Beratungsgremium des Königs war (Kulisiewicz/Popławski 2018: 3–10).

Im Jahr 1505 wurde das Gesetz „Nihil novi" („Nichts Neues") erlassen, das die Gesetzgebungsbefugnisse des Königs zugunsten des Adels erheblich einschränkte. Es verbot dem König, Gesetze zu erlassen, ohne die Zustimmung des Sejm und des Senats einzuholen. Zu den Kompetenzen des Sejm gehörten fortan die wichtigsten

Angelegenheiten, die das Funktionieren des Staates betrafen: Staatsausgaben und -einnahmen, die Höhe der Steuern, die Zahl der Armee sowie Entscheidungen über Kriege, Militär- und politische Bündnisse. Diese bedeutenden Befugnisse des Sejm machten ihn neben dem König zum zweiten Machtzentrum, das eine äußerst wichtige Rolle für das Funktionieren des Staates spielte (Kulisiewicz/Popławski 2018: 11–13).

Ein solches System, das bis zu den Teilungen Polens im 18. Jahrhundert fortbestand, war einzigartig in Europa. Der Sejm war eine wahrhaft demokratische Institution, die eine Mitbestimmung der Bevölkerung (wenn auch nur auf den Adel beschränkt) sichern sollte. Zugleich aber barg dieses parlamentarische System die Gefahr des Populismus in sich, der sehr oft vom Ausland, insbesondere von den erstarkenden Nachbarstaaten, genutzt wurde, um sich in die inneren Angelegenheiten Polens einzumischen und diese zu ihrem Vorteil zu nutzen. Erleichtert wurde dies insbesondere durch den Grundsatz des „liberum veto", wonach jeder Abgeordnete ein Einspruchsrecht hatte (Wójcik 1992). Da alle Entscheidungen in jeder Sejm-Sitzung einstimmig gefällt werden mussten, wurden nach der Erklärung des „liberum veto" alle zuvor gefallenen Entschlüsse ungültig. Der Missbrauch dieses Prinzips – durch interessengeleitete Aktivitäten der Abgeordneten oder durch Bestechung – machte es dem Sejm unmöglich, effizient zu arbeiten und wirksame Reformen durchzuführen, was zu einer der Ursachen für die innere Krise des Staates im 18. Jahrhundert gehörte. Der Grundsatz des „liberum veto" wurde erst mit der Verfassung vom 3. Mai (→3.1.1) erheblich eingeschränkt.

In der Zeit der Teilungen Polens erlaubten die verschiedenen Mächte, die über die polnischen Gebiete herrschten, zu bestimmten Zeiten das begrenzte Funktionieren lokaler parlamentarischer Versammlungen (Sejm): im Herzogtum Warschau (unter der Kontrolle von Kaiser Napoleon), im Königreich Polen (unter der Kontrolle der russischen Zaren), im Großherzogtum Posen (unter der Kontrolle der preußischen Herrscher) und im Kronland Galizien (unter der Kontrolle des österreichischen Kaisers). Sie fungierten als Beratungsgremien mit abweichendem Grad an Autonomie (Ajnenkiel 1989a).

Die Wiederherstellung des polnischen Parlamentarismus erfolgte erst nach der Wiedererlangung der Unabhängigkeit des Landes im Jahr 1918. Zwischen 1919 und 1922 tagte der Verfassunggebende Sejm (Sejm Ustawodawczy), der 1921 die Verfassung der Zweiten Republik (März-Verfassung) (→3.1.2) verabschiedete. Die Verfassung führte ein Zweikammerparlament ein, bestehend aus dem Sejm und dem Senat, die zu den wichtigsten Institutionen wurden und eine übergeordnete Stellung gegenüber den anderen Staatsorganen einnahmen. Der Sejm hatte zusammen mit der Regierung das Recht, Gesetze zu initiieren, während der Senat dieses Recht nicht hatte, aber ein Vetorecht, das heißt er konnte ein Gesetz für 30 Tage stoppen oder Änderungen einbringen. Das Parlament konnte vor Ablauf seiner Legislaturperiode vom Sejm (mit einer Zweidrittelmehrheit) oder vom Präsidenten mit Zustimmung von drei Fünfteln der Mitglieder des Senats aufgelöst werden (Ajnenkiel 1989b).

Der Mai-Putsch 1926 von Marschall Józef Piłsudski (→3.1.3) und die Verabschiedung der April-Verfassung von 1935 (→3.1.3) führten zu einer erheblichen Einschränkung der Bedeutung und der Befugnisse des Parlaments. Das Parlament hatte seine Zuständigkeiten an den Präsidenten verloren. Die Befugnisse von Sejm und Senat im Bereich der Gesetzgebung wurden unter anderem durch die Einführung von Präsidialdekreten mit Gesetzeskraft eingeschränkt.

Nach dem Ende des Zweiten Weltkriegs gestalteten die neuen kommunistischen Behörden in Polen das parlamentarische System, indem sie den Senat auflösten. Das Einkammerparlament – der Sejm – war formell das höchste Organ der Staatsgewalt. In seiner Tätigkeit berief er sich zur Legitimation auf die parlamentarischen Traditionen der Vorkriegszeit, doch in der Praxis war er eine reine Fassadeneinstitution, die der kommunistischen Partei – Polnische Vereinigte Arbeiterpartei (PZPR) – unterstellt war und über keine politische Repräsentativität verfügte (Siedziako 2018). Das parlamentarische System funktionierte bis 1989.

4.2 Das Parlament nach 1989

4.2.1 Der Übergang zur Demokratie und das Entstehen eines demokratischen Parlaments

Polen ist ein Beispiel für den sogenannten „friedlichen" Übergang zur Demokratie, bei dem ein undemokratisches Regime seine Macht in einem gewaltfreien Prozess abgibt (Linz/Stepan 1996a; Linz/Stepan 1996b; Ekiert 1992). Im Frühjahr 1989 begannen die Vertreter und Vertreterinnen der Polnischen Vereinigten Arbeiterpartei (PZPR) und die Opposition eine Reihe von Gesprächen, die als Runder Tisch bekannt wurden (Ziemer/Matthes 2002; Rychard/Motzkin 2015). Ziel der Debatten war es, einen Modus der Zusammenarbeit zwischen der amtierenden Partei und der demokratischen Opposition auszuarbeiten. Im Zuge der Verhandlungen wurde die Bewegung Solidarność wieder legalisiert. Darüber hinaus wurde beschlossen, die polnische Verfassung von 1952 zu reformieren und ein Zweikammerparlament (Sejm und Senat) einzuführen. Weitere institutionelle Änderungen betrafen die Einführung des Amtes des Staatspräsidenten. Schließlich beschlossen die Teilnehmer des Runden Tisches die Durchführung von teilweise freien Parlamentswahlen im Juni 1989. Während die Wahlen zum Senat, dem Oberhaus, völlig frei waren, wurden im Sejm 65 % der Mandate den Mitgliedern der PZPR garantiert, während nur 35 % der Sitze dem freien politischen Wettbewerb unterlagen. Die Wahlen brachten einen Sieg für die demokratische Opposition, die 99 von 100 Mandaten im Senat errang. Die demokratische Opposition errang auch die überwiegende Mehrheit der 35 % „freien" Sitze im Sejm. Das Ergebnis der Parlamentswahlen zeigte, dass die polnische Gesellschaft den demokratischen Übergang auf breiter Basis unterstützte.

Im Jahr 1991 wählten die Polen in völlig freien Wahlen beide Kammern des Parlaments. Die Wahlen brachten einen Sieg der Parteien, die aus der demokratischen Opposition hervorgegangen waren. Nach den Wahlen war das Parlament jedoch extrem zersplittert, da sich beide Kammern aus zahlreichen kleinen Parteien zusammensetzten. Infolgedessen erwies es sich als äußerst schwierig, stabile Koalitionen zu bilden. Der Grund für die Zersplitterung war, dass sich das politische Parteiensystem Anfang der 1990er-Jahre noch im Wandel befand: Erste demokratische Parteien wurden gegründet, und auch die institutionellen Zuständigkeiten des Parlaments standen zur Debatte, die in der „kleinen" Verfassung von 1992 und der Verfassung von 1997 Gestalt annahmen.

4.2.2 Die formalen Zuständigkeiten des Parlaments

Mit der Gründung des Zweikammerparlaments[3] (bestehend aus Sejm und Senat) entschied man sich für die Wiedereinführung der Zweikammertradition aus der Zwischenkriegszeit. Während die untere Kammer des Parlaments, der Sejm, die gesetzgebende Funktion und die Kontrolle der Exekutive erhielt, erwarb der Senat nur Befugnisse im Gesetzgebungsverfahren.

Zwischen 1989 und 1992 funktionierte das polnische politische System in einer sehr „transitorischen" Weise. Es gab (noch) keine demokratische Verfassung, in der die institutionellen Zuständigkeiten und die interinstitutionellen Beziehungen festgelegt waren. Gleichzeitig wurden erste Reformen eingeleitet, die darauf abzielten, demokratische Institutionen in Polen zu schaffen. Im Oktober 1992 wurde die sogenannte Kleine Verfassung eingeführt. Die Verfassung regelte die Zuständigkeiten und Beziehungen zwischen den wichtigsten Institutionen des Staates, vor allem der Exekutive und der Legislative. Die Kleine Verfassung bildete somit den notwendigen Rahmen für die Fortsetzung der Reformen zur Umwandlung Polens in einen demokratischen Staat.

Die Legislaturperiode 1993–1997 (unter der Koalition aus Sozialdemokratie und Bauernpartei) war daher von intensiver Arbeit an der Verfassung geprägt, die schließlich 1997 verabschiedet wurde. Die formalen Befugnisse, die das Parlament heute genießt, wurden in der Verfassung von 1997 festgelegt.

Die Verfassung (Artikel 95) legt fest, dass das Parlament zwei Funktionen ausübt: die Gesetzgebung (beide Kammern) und die Kontrolle der Exekutive (nur der Sejm). Interessanterweise erwähnt die Verfassung nicht die repräsentative Funktion, die traditionell in den meisten nationalen Verfassungen neben der Gesetzgebung und der Kontrolle vorgesehen ist. Vielmehr wird in den Geschäftsordnungen von Sejm und Senat (Regulamin Sejmu, Regulamin Senatu) die Ernennung als dritte Funktion genannt, wobei betont wird, dass das Parlament eine Rolle bei der Besetzung von wichtigen Posten (zum Beispiel dem des Ombudsmanns) spielt.

Der einzige Hinweis auf die Vertretung findet sich in Artikel 104 der Verfassung. Darin heißt es, dass die Abgeordneten Vertreter und Vertreterinnen des Volkes sind, jedoch nicht an Weisungen der Wähler und Wählerinnen gebunden sind. Die Abgeordneten sollten nach ihrer Wahl ins Parlament das Gemeinwohl des gesamten Staates und nicht nur die Interessen ihres Wahlkreises verfolgen.

Die Verfassung legt auch die Größe der beiden Kammern fest (460 Sitze im Sejm und 100 Sitze im Senat). Die Abgeordneten werden in freien, direkten und

---

3 „Nowela kwietniowa", 7.4.1989.

geheimen Wahlen für die Dauer von vier Jahren gewählt. In den Artikeln 118–123 wird die Ausübung der Gesetzgebungs- und Kontrollfunktionen genauer beschrieben. Gesetzgebungsprojekte können von beiden Kammern des Parlaments, dem Staatspräsidenten, dem Kabinett sowie von 100.000 Bürgern und Bürgerinnen vorgeschlagen werden. In der Regel werden Gesetzgebungsprojekte in drei Lesungen behandelt. Ein vom Parlament gebilligter Gesetzentwurf wird an den Staatspräsidenten weitergeleitet, der ihn entweder billigen oder an den Verfassungsgerichtshof weiterleiten kann, damit dieser die Vereinbarkeit mit der Verfassung prüft. Sobald das Gericht den Gesetzentwurf genehmigt hat, kann der Staatspräsident kein Veto mehr einlegen. Der Staatspräsident kann jedoch auch sein Veto einlegen und das Gesetz nicht an das Verfassungsgericht weiterleiten. In diesem Fall schickt der Staatspräsident den Gesetzentwurf zurück an das Parlament. Das Gesetz wird nur verabschiedet, wenn der Sejm es mit einer Dreifünftelmehrheit annimmt. Diese Bestimmung verleiht dem Staatspräsidenten eine mächtige Rolle im Gesetzgebungsprozess.

Die Verfassung sieht auch vor, dass die Regierung unter bestimmten Umständen das Gesetzgebungsverfahren beschleunigen und damit die Beteiligung des Parlaments im Gesetzgebungsprozess einschränken kann. Es wird jedoch darauf hingewiesen, dass dieser Weg nur sehr begrenzt anwendbar ist. Was schließlich die Kontrolle betrifft, so sieht die Verfassung vor, dass das Kabinett verpflichtet ist, auf schriftliche und mündliche Anfragen der Mitglieder des Sejm zu antworten (Artikel 115).

Wie einflussreich ist das polnische Parlament im Vergleich zu anderen mittel- und osteuropäischen Parlamenten? Viele Studien haben untersucht, wie die Exekutivbefugnisse in den mittel- und osteuropäischen Staaten während des Übergangs zur Demokratie in den 1990er-Jahren abgegrenzt wurden und wie sich diese Befugnisse seither entwickelt haben (Ilonszki 2007; Kopecky 2004; Zubek 2011; Bałaban 2011; Sadurski 2018; Garlicki 2019). Der Literatur zufolge unterscheiden sich die interinstitutionellen Kompetenzen der Exekutive und Legislative in diesen Staaten erheblich. Im Allgemeinen ist die polnische Legislative im Vergleich zu anderen mittel- und osteuropäischen Staaten relativ schwach gegenüber der Exekutive (Zubek 2011; Kopecky 2004).

Um diesen Unterschied zu verstehen, müssen wir die ersten Jahre der polnischen Demokratie betrachten. Angesichts der Fragmentierung des Parlaments wurde eine starke Exekutive als notwendiges Gegengewicht angesehen, um das effektive Funktionieren eines Staates zu gewährleisten. Wie in der Literatur zu lesen ist, lassen sich in Polen die institutionellen Befugnisse aufgrund formaler Regeln relativ leicht ändern (Sadurski 2018; Garlicki 2019). So werden die interinstitutionellen Kompetenzen der Exekutive und Legislative in Polen überwiegend durch sekundäres Recht (Geschäftsordnung des Sejm und Senats) geregelt und können daher mit einer einfachen Mehrheit reformiert werden. In anderen mittel- und osteuropäischen Staaten sind die grundlegenden Elemente der Beziehungen zwischen Exekutive und Legislative in der Verfassung verankert und können deshalb nicht so einfach geändert werden.

4 Das Parlament

Ein Beispiel ist das Schnellverfahren, das eine Möglichkeit darstellt, die Rolle der Legislative im Gesetzgebungsprozess einzuschränken, sodass der Prozess schneller verläuft. Während es in der Tschechischen Republik praktisch kein Schnellverfahren gibt, kann die Exekutive in Polen die Rolle der Legislative im Gesetzgebungsprozess auf verschiedene Weise einschränken. So finden zum Beispiel zwei statt drei Lesungen statt. Ein weiterer Aspekt des Verhältnisses zwischen Exekutive und Legislative ist die faktische Möglichkeit des Agenda-Setting, das heißt die Fähigkeit, ein Gesetzgebungsprojekt in die Debatte einzubringen (Zubek 2011). Im Vergleich zu anderen mittel- und osteuropäischen Staaten verfügen die polnischen Oppositionsparteien in dieser Hinsicht nur über sehr schwache Kompetenzen gegenüber den Regierungsparteien (ebd.), was in erster Linie auf die starke Position des Sejm-Marschalls (Präsident der zweiten Kammer im polnischen Parlament) zurückzuführen ist. Der von der Regierungspartei ernannte Sejm-Marschall ist befugt, Gesetzesentwürfe von der Tagesordnung abzusetzen.

4.3 Historischer Überblick: Parlamentsparteien in Polen

Die ersten politischen Parteien entstanden in Polen bereits in der zweiten Hälfte des 16. Jahrhunderts. Sie wirkten innerhalb des damaligen Sejm, gestalteten dessen Arbeitsweise und beeinflussten seine Entscheidungen. In der Zeit der Teilungen und der fehlenden Unabhängigkeit, vor allem am Ende des 19. und zu Beginn des 20. Jahrhunderts, kam es zu einer intensiven Entwicklung der politischen Parteien. Die ersten politischen Gruppen agierten oft im Verborgenen und entwickelten sich hauptsächlich im österreichischen und russischen Teilungsgebiet sowie im Exil. Ihre Aktivitäten hatten großen Einfluss auf die Wiedererlangung der Unabhängigkeit und die Wiederherstellung des polnischen Staates auf der europäischen Landkarte im Jahr 1918 (Samuś 2013).

In der Zwischenkriegszeit erfolgte die Konsolidierung eines modernen Parteiensystems. Innerhalb dieses Systems übten die Polnische Sozialistische Partei (Polska Partia Socjalistyczna – PPS), die Nationaldemokratische Partei (Stronnictwo Narodowo-Demokratyczne – SN-D, sog. Endecja) und die Polnische Bauernpartei (Polskie Stronnictwo Ludowe – PSL) den größten Einfluss auf das Funktionieren des Staates aus. Die PPS wurde 1892 in der Emigration in Paris gegründet und hatte einen linken Charakter, indem sie ein sozialpolitisches Programm vorstellte. Ihr berühmtester Vertreter war Józef Piłsudski. Nach der Erlangung der Souveränität war die Partei eine der wichtigsten politischen Kräfte des Landes, die in der Zwischenkriegszeit mehrere Regierungen mitbegründete. Während ihrer Regierungszeit setzte sie viele ihrer sozialen Forderungen um, darunter die Einführung des 8-Stunden-Tages und der 46-Stunden-Woche, die Einrichtung einer Arbeitsaufsichtsbehörde, den Erlass von Gewerkschaften, einer Pflichtversicherung für Arbeitnehmer und Arbeitnehmerinnen sowie eine Reihe von Regelungen zur Unterstützung der Armen und Arbeitslosen. Während des Mai-Putsches unterstützte die PPS die Aktionen von Piłsudski, distanzierte sich aber später von ihm und ging in die Opposition, und einige ihrer Aktivisten wurden von autoritären Regierungen schikaniert (Stefanowski 1992; Żuczkowski/Piskała 2020).

Die zweite politische Kraft war die Nationale Demokratie (Narodowa Demokracja – Endecja), die Ende des 19. Jahrhunderts entstand. Sie war eine nationalistische und konservative Bewegung – ihr Initiator, geistiger Führer und Ideologe war Roman Dmowski. Nach dem Mai-Putsch wurde die Partei systematisch vom Regierungslager bekämpft. Daraus entstanden konservativ-nationalistische Bewegungen wie das Großpolnische Lager (Obóz Wielkiej Polski – OWP) oder das National-Radikale Lager (Obóz Narodowo-Radykalny – ONR) (Wapiński 1980).

Ein charakteristisches Merkmal der polnischen politischen Szene war das Vorhandensein einer relativ starken Partei mit volkstümlichem, bäuerlichem Charakter – der PSL. Die Partei wurde um die Wende vom 19. zum 20. Jahrhundert als Interessenvertretung der Bauernschaft gegründet, die damals die größte Bevölkerungsgruppe war. Aufgrund interner Spaltungen schwankte ihre gesellschaftspolitische Ausrichtung zwischen konservativ und links und ihre Wirtschafts- und Sozialpolitik dagegen zwischen christlich-sozial und sozialdemokratisch. Ihr bekanntester Politiker war Wincenty Witos, der mehrmals das Amt des Ministerpräsidenten übernahm (Garsztecki 2015: 2–3).

Die politischen Parteien, die in Polen tätig waren, gingen oft auf Konfrontationskurs und lehrten die Polen und Polinnen alle Vor- und Nachteile eines demokratischen Systems, wobei das Wahlsystem ein zentrales Thema war. Bereits am 22. November 1918, also etwa einen Monat nach der Wiedererlangung der Unabhängigkeit, wurde das erste Wahlgesetz verabschiedet, in dem die Abhaltung von Parlamentswahlen als eine der Grundlagen des sich herausbildenden politischen Systems des Staates anerkannt wurde (Dekret o ordynacji wyborczej 1918). Das Wahlsystem sah allgemeine, gleiche und geheime Wahlen sowie das später in der Verfassung bestätigte Frauenwahlrecht vor.

Die Erfahrungen der polnischen Gesellschaft mit einem voll funktionierenden demokratischen System in der Zwischenkriegszeit waren sehr bescheiden – sie dauerten nur wenige Jahre. Der Militärputsch (Mai-Putsch) von Marschall Jozef Piłsudski im Jahr 1926 (→3.1.3) beendete die Zeit des Parlamentarismus in Polen. Die demokratischen Institutionen waren zwar noch vorhanden, aber ihre Rolle war stark eingeschränkt, und sie konzentrierten sich auf die Legitimierung der gewaltsam errungenen Macht. Sowohl das staatliche System als auch einige der sozialen Beziehungen, die nach der Wiederherstellung der Unabhängigkeit entstanden waren, veränderten sich. Die seither abgehaltenen Parlamentswahlen waren nicht frei von Druck, Repressionen gegen politische Gegner und Wahlmanipulationen.

Nach dem Ende des Zweiten Weltkriegs – als sich das Land unter der politischen Kontrolle der UdSSR Stalins befand – wurden einige politische Parteien reaktiviert, zum Beispiel die PPS, die aber nur mit ihrem Namen an die Vorkriegsorganisation anknüpfte und von kommunistischen Aktivisten beeinflusst war, und die PSL – die Bauernpartei, die ihre Unabhängigkeit bewahrte und das einzige Gegengewicht zu den Kommunisten bildete. Gleichzeitig sollte die kommunistische Polnische Arbeiterpartei (Polska Partia Robotnicza – PPR) in den Plänen der polnischen und sowjetischen Behörden die wichtigste Rolle spielen. Mit der Übernahme weiterer Elemente des gesellschaftlichen und politischen Lebens im Land durch die kommunistischen Machthaber änderte sich auch das Parteiensystem. Die PSL wurde organisatorisch aufgelöst und fusionierte 1948 als Ergebnis massiver politischer Säuberungen mit der Bauernpartei (Stronnictwo Ludowe – SL), die ein Satellit der PPR war, zur Vereinigten Bauernpartei (Zjednoczone Stronnictwo Ludowe – ZSL). Die PPS wurde im gleichen Jahr zur Fusionierung mit der PPR gezwungen, wodurch die Polnische Vereinigte Arbeiterpartei (Polska Zjednoczona Partia Robotnicza – PZPR) entstand.

In der Folgezeit war die PZPR die alle Regierungsgeschäfte bestimmende Staatspartei und damit die führende politische Kraft. Sie war eine Partei mit klarer marxistisch-leninistischer Ausrichtung, deren Aktivitäten innerhalb der internationalen kommunistischen Bewegung der Kommunistischen Partei der Sowjetunion (KPdSU) untergeordnet waren. Die Macht wurde autoritär ausgeübt, alle Bereiche des gesellschaftlichen Lebens kontrolliert und die Wirtschaft zentral und bürokratisiert gesteuert. Die führende Rolle der Partei wurde durch die Bestimmungen der Verfassung sanktioniert. Nach einer Änderung der Verfassung 1976 wurde die PZPR als „[…] leitende politische Kraft der Gesellschaft […]" (Ustawa o zmianie konstytucji 1976: 45) dekretiert. Wie in anderen Ländern des Ostblocks war auch in der Volksrepublik Polen das Einparteienmodell vorherrschend. Die PZPR war eine Massenpartei – auf dem Höhepunkt ihrer Entwicklung am Ende der 1970er-Jahre betrug die Mitgliederzahl über drei Millionen (Kisielewski 2011: 134–135). Neben der PZPR saßen im Sejm auch Vertreter und Vertreterinnen von Satelliten-Blockparteien: die bereits erwähnte Bauernpartei ZSL, die Demokratische Partei (Stronnictwo Demokratyczne, SD), die offiziell die Intelligenz vertrat, und seit den 1960er-Jahren auch kleinere katholische Gruppierungen.

4.4 Dominante Konfliktlinien zwischen den Parlamentsparteien

Polen begann seinen Übergang zur Demokratie (Jacuński 2021a, 2021b) und zur liberalen Marktwirtschaft im Jahr 1989. Zu Beginn der 1990er-Jahre waren die politischen Parteien im Wandel: das Parlament war von vielen kleinen Parteien dominiert, die weder stabile Mitgliedschaft noch ausgearbeitete Programme hatten. Anfang der 1990er-Jahre war das „politische Leben" der polnischen Parteien ziemlich kurz: viele Parteien sind innerhalb von einer Legislaturperiode aus der politischen Szene verschwunden.

Anfang der 1990er-Jahre dominierte im Parlament die Spaltung zwischen den ehemaligen Oppositionellen und den ehemaligen PZPR-Mitgliedern. Im Parlament war eine Koalition zwischen den beiden Gruppierungen grundsätzlich ausgeschlossen. In den späten 1990er-Jahren wurde die Konfliktstruktur komplexer. Mit den EU-Beitrittsverhandlungen traten die Konflikte zwischen Nationalismus und Multikulturalismus, Liberalismus und Konservatismus aber auch zwischen Föderalismus und einem Europa der Nationalstaaten stärker in den Vordergrund (Hooghe 2002; Kriesi 1998; Kriesi et al. 2006). Diese Spaltungen bleiben bis heute die dominanten Konfliktlinien in Polen.

In Bezug auf die Umverteilung (die wirtschaftliche Links/Rechts-Spaltung) ist zu beobachten, dass diese Konfliktlinie andere Grundlagen hat als in Westeuropa. In Polen ist die Umverteilungsdebatte historisch aus dem Konflikt zwischen Gewinnern und Verlierern des Übergangs zur liberalen Marktwirtschaft entstanden. Heutzutage wird die Debatte von Themen wie der Qualität der öffentlichen Leistungen im Bildungs- und Gesundheitswesen oder prekärer Arbeitsverhältnisse geprägt. Damit hat sich die Umverteilungsdebatte an die westeuropäische angenähert.

Welches sind die heutigen (2023) Parteien im polnischen Parlament und wo positionieren sie sich in den vorherrschenden Spaltungslinien? Seit 2015 wird die Exekutive von der Partei Recht und Gerechtigkeit (PiS) geführt. Nach zwei Legislaturperioden einer Mitte-Rechts-Regierung (Bürgerplattform, PO, und Polnische Bauernpartei, PSL) gewann PiS die Parlamentswahlen 2015 und 2019. Die Regierungsfraktion setzt sich aus PiS, der Partei Vereinigtes Polen/Solidarna Polska, seit Mai 2023: Souveränes Polen/Suwerenna Polska (19 Abgeordnete) und zwei kleinen Parteien zusammen: der Republikanischen Partei und OdNowa. Im derzeitigen Parlament verfügt die Regierungsfraktion über 227 Sitze. Die größten Oppositionsparteien sind die Parlamentsfraktion Bürgerkoalition/Koalicja Obywatelska (126 Sitze) und die Linke/Lewica (44 Sitze). Die Bürgerkoalition ist ein Zusammenschluss der Parteien Bürgerplattform (Platforma Obywatelska, PO), Nowoczesna, Inicjatywa Polska und Grüne/Zieloni. Darüber hinaus gibt es auch kleinere Oppositionsparteien sowie andere, die gelegentlich die Regierung unterstützen (Kukiz-15-Direktdemokratie).

Im Allgemeinen sind die zeitgenössischen polnischen Parteien überwiegend in der rechten Mitte des politischen Spektrums zu finden. Im Europäischen Parlament ist PiS Mitglied der Europäischen Konservativen und Reformisten, die Bürgerplattform ist Mitglied der Europäischen Volkspartei, während die Linke Mitglied der Sozialisten und Demokraten ist. Vergleicht man die Zusammensetzung der polnischen politischen Szene mit der anderer EU-Länder, so stellt man fest, dass Umweltthemen und grüne Parteien viel weniger stark vertreten sind. In Polen hat die grüne Partei nie die 5 %-Hürde bei den Wahlen erreicht.

Was die vorherrschenden Strömungen angeht, so vertritt PiS traditionalistische, katholische und nationalistische Werte[4]. Die Partei ist europaskeptisch, obwohl sie sich nicht offen für einen Austritt Polens aus der Union ausspricht. Umfragen zufolge unterstützen 84 % der PiS-Wähler und -Wählerinnen die EU-Mitgliedschaft[5]. In Bezug auf die Wahlpräferenzen geben PiS-Mitglieder häufig an, dass sie die „EU der souveränen Nationalstaaten" unterstützen. Die Partei unterstützt also weiterhin den Gemeinsamen Markt, lehnt aber ein föderales Modell für die Europäische Union ab. In der Auseinandersetzung um die Rechtsstaatlichkeit argumentiert die PiS beispielsweise, dass nur demokratisch gewählte nationale Vertreter und Vertreterinnen die Legitimität haben, die verfassungsmäßigen Befugnisse der

---

4 2019-Programm, URL: Dokumenty (PiS.org.pl).
5 PiS przegrywa? Wzrosła liczba Polaków nastawionych proeuropejsko (oko.press).

nationalen Institutionen zu reformieren, nicht aber die Europäische Kommission. In der sozioökonomischen Politik steht die Partei für Umverteilung[6].

Die größte im Parlament vertretene Oppositionspartei, die Bürgerplattform, vertritt gemäßigte konservative Werte[7]. Die Partei ist eindeutig proeuropäisch. In der sozioökonomischen Dimension hat sie sich für Deregulierung in Verbindung mit einer nur moderaten Umverteilung ausgesprochen. Historisch gesehen haben sowohl PiS als auch die Bürgerplattform ihre Wurzeln in sozialen Bewegungen, die sich dem kommunistischen Regime widersetzten.

Die Linke schließlich setzt sich aus verschiedenen Bewegungen zusammen: der „alten" postkommunistischen Linken sowie der „neuen Linken", die sich für LGBTQ+-Rechte und das skandinavische Modell des Wohlfahrtsstaates einsetzt[8]. Die Partei vertritt liberale Werte; sie ist die einzige Partei im polnischen Parlament, die sich in ihrem Wahlprogramm für die gleichgeschlechtliche Ehe, die radikale Liberalisierung der reproduktiven Rechte und die Trennung von Kirche und Staat in Polen ausgesprochen hat. Die Partei ist proeuropäisch und unterstützt die Vertiefung der EU-Integration in föderalen Strukturen. In sozioökonomischen Fragen ist die Partei ein starker Befürworter einer Umverteilungspolitik.

4.5 Die Entmachtung des polnischen Parlaments nach 2015

Seit 2015 ist der Rückgang der demokratischen Standards in Polen ein viel diskutiertes Thema. Die Rechtsstaatlichkeit in Polen ist seit 2015 von Rückschritt betroffen und die Gesamtnote des World Justice Project ist von 0,71 (2015) auf 0,64 (2021) gesunken[9]. Das V-Dem Institute hat 2021 Polen von „liberale Demokratie" zu „Wahldemokratie" runtergestuft[10]. Im Dezember 2017 wurde ein sogenanntes Verfahren nach Artikel 7 EUV gegen Polen eingeleitet[11]. Der Prozess des demokratischen Rückschritts hat sich offensichtlich auf die Ausübung der Befugnisse des nationalen Parlaments in Polen ausgewirkt. Kurz gesagt hat die Exekutive seit 2015 die Oberhand gewonnen und das polnische Parlament wurde sukzessive „entmachtet".

Es überrascht nicht, dass es eine große Anzahl von Publikationen gibt, die sich mit den Auswirkungen der PiS-Regierung auf die Demokratie in Polen und speziell auf das Parlament beschäftigen (Sadurski 2018; Drinóczi/Bień-Kacała 2019; Drinóczi/Bień-Kacała 2020; Bárd/Grabowska-Moroz 2020; Surowiec/Štetka 2020; Karolewski/Leggewie 2021; Barcz 2021; Maatsch/Miklin 2021; Maatsch 2021; Maatsch 2023). Darüber hinaus wurde das ungarische Parlament häufig mit dem polnischen Fall verglichen (Várnagy/Ilonszki 2018; Bogaards 2018; Ilonszki/Vajda 2021).

---

6 2019-Programm, URL: Dokumenty (PiS.org.pl).
7 2019 *Twoja Polak Program Koalicji Obywatelskiej*, URL: KO Program.pdf (platforma.org).
8 URL: *Program Wyborczy Lewicy* (klub-lewica.org.pl).
9 https://worldjusticeproject.org/rule-of-law-index/country/2021/Poland/.
10 „Autocritization Turn Viral. Democracy Report 2021", URL: dr_2021.pdf (v-dem.net).
11 „Proposal for a COUNCIL DECISION on the determination of a clear risk of a serious breach by the Republic of Poland of the rule of law", COM/2017/0835 final – 2017/0360 (NLE).

4.5 Die Entmachtung des polnischen Parlaments nach 2015

Warum hat das polnische Parlament zwei Jahrzehnte nach dem Übergang zur Demokratie einen Rückgang seiner Befugnisse erlebt? In den Jahren 2015 und 2019 gewann die gemeinsame Liste der PiS und zweier kleinerer Parteien die Parlamentswahlen. Dennoch erreichten sie in beiden Legislaturperioden nicht die Verfassungsmehrheit, was eine Verfassungsreform, wie sie in Ungarn unter der Fidesz-Regierung durchgesetzt wurde, offensichtlich ausschloss. Gleichzeitig erleichterten es die politischen Umstände in der polnischen Innenpolitik der PiS, die Kontrolle über den Gesetzgebungsprozess zu erlangen. So gewann ein Kandidat der Partei, Andrzej Duda, im Jahr 2015 die Präsidentschaftswahlen und wurde 2019 für eine zweite und letzte Amtszeit wiedergewählt.

Darüber hinaus ist es der PiS-Partei gelungen, die Kontrolle über das Verfassungsgericht effektiv auszuweiten (→6.6.1). Im Gesetzgebungsverfahren kontrolliert das Verfassungsgericht, ob die vom Parlament verabschiedeten Gesetze verfassungskonform sind. In der ersten Legislaturperiode hat die von PiS geführte Regierung die volle Kontrolle über den Gesetzgebungsprozess in Polen erlangt (Sadurski 2018). Die Partei erkannte die Bedeutung des Verfassungsgerichts in der Zeit von 2005 bis 2007, als sie zum ersten Mal die Regierung bildete. In dieser Zeit blockierte das Verfassungsgericht viele ihrer Gesetzentwürfe, da sie nicht mit der Verfassung übereinstimmten. Seit 2015 verfolgte PiS einen Plan, der darauf abzielte, das Verfassungsgericht zu einem „Verbündeten" der Exekutive zu machen (die ausführlichste Darstellung findet sich in Sadurski 2018). Das Ziel wurde mit verfassungswidrigen Reformen und Entscheidungen erreicht. Dies hatte zur Folge, dass Gesetzesvorhaben der PiS-Regierung nicht mehr vom Verfassungsgerichtshof blockiert wurden, auch wenn sie nicht verfassungskonform waren. In der Literatur wird betont, dass es PiS gelungen ist, die Rolle des Parlaments im Gesetzgebungsprozess erheblich einzuschränken, ohne eine Verfassungsreform durchzuführen (Sadurski 2018; Ilonszki/Vajda 2021; Maatsch 2021). Vielmehr wurde das Ergebnis mithilfe von Reformen der Geschäftsordnungen von Sejm und Senat oder informellen Praktiken erreicht.

Im Laufe der Zeit haben die Rolle des Parlaments und die parlamentarischen Beratungen im Gesetzgebungsprozess eindeutig an Bedeutung verloren. Nach Berichten der Batory-Stiftung[12] wurden in den ersten sechs Monaten der PiS-Regierung einige Gesetzentwürfe innerhalb von zwei Stunden und zwanzig Minuten vollständig vom Parlament bearbeitet (von der Eingabe bis zur Schlussabstimmung)[13]. Nach den formalen Regeln der Geschäftsordnung dauert es mindestens 30 Tage, bis ein Gesetzentwurf in beiden Kammern des Parlaments behandelt wird. Das allgemeine Tempo und die Zahl der Gesetzgebungsvorhaben nahmen rasch zu. Daten zeigen (Maatsch 2023), dass zwar die Zahl der genehmigten Gesetzesvorhaben zunahm (von 752 in der 2011–2015 Legislaturperiode zu 923 in der 2015–2019 Legislaturperiode), die Zahl der Sitzungen und die Zahl der Arbeitstage im Unterhaus des Parlaments jedoch abnahm (von 102 Sitzungen und 287 Arbeitstage in der Legislaturperiode 2011–2015 auf 86 Sitzungen und 235 Arbeitstage in

---

12 Obywatelskie Forum Legislacji (batory.org.pl).
13 Ustawa w 2 godziny 20 minut. XIII Komunikat Obywatelskiego Forum Legislacji, URL https://www.batory.org.pl/upload/files/Programy%20operacyjne/Forum%20Idei/Komunikat_2019-1.pdf

der Legislaturperiode 2015–2019). Dies zeigt eindeutig, dass die Rolle des Parlaments im Gesetzgebungsprozess an Bedeutung verloren hat, während die Rolle der Regierung stärker geworden ist.

Ein Beispiel ist die De-facto-Anwendung von Schnellverfahren. Betrachtet man die in den ersten vier Monaten der achten Legislaturperiode debattierten Gesetzentwürfe, so wird deutlich, dass nicht nur Regierungsvorlagen beschleunigt wurden, sondern auch von Abgeordneten vorgeschlagene Gesetzentwürfe, was gegen die Verfassungsbestimmungen verstößt. Die Gesetzentwürfe wurden aber offiziell nicht als Schnellverfahren vorgeschlagen. Ein Beispiel für diese Praxis ist die Reform des Verfassungsgerichts, die nach sieben Tagen der Beratung verabschiedet wurde[14].

Die Reform der Geschäftsordnung des Sejm betraf auch ein anderes wichtiges Element der parlamentarischen Kontrolle, nämlich die Regeln für mündliche Anfragen.[15] Die Reform ermöglichte es dem aus den Reihen der Regierungspartei nominierten Sejm-Marschall (Präsident der zweiten Kammer) und dem Präsidium, Fragen der Abgeordneten auszuwählen und zu entscheiden, in welcher Reihenfolge sie während der Plenarsitzung gestellt werden können. Diese Reform schränkte die Möglichkeiten der Oppositionsparteien, die Arbeit der Regierung zu beaufsichtigen, deutlich ein.

Resümee

Die Evaluierung der dargestellten Entwicklungen wirft viele weitere Fragen auf. Es wird zum Beispiel darauf hingewiesen, dass der Prozess der demokratischen Konsolidierung von Höhen und Tiefen gekennzeichnet ist und daher insgesamt mehr Zeit beansprucht als ursprünglich erwartet (Leggewie/Karolewski 2021; Maatsch 2021). Mehrere Studien (Meyer 2006; Sieberer 2016; Zubek 2011) zeigen, dass institutionelle Kompetenzen in jungen Demokratien weniger gefestigt und somit formellen oder informellen Änderungen unterworfen sind. Als PiS 2015 die Regierung übernahm, wurden in der Folge erstmals auch die verfassungsmäßigen Befugnisse des Parlaments eingeschränkt (Maatsch 2021). Ein ähnlicher Trend wird auch in Ungarn beobachtet (Ilonszki/Vajda 2021).

> **Fragen**
>
> - Was bedeutet „Liberum Veto" und welche Rolle hat es gespielt?
> - Welche Funktionen übt das Parlament laut der 1997er-Verfassung aus?
> - Welche Konfliktlinien prägen die parlamentarische Parteien seit 1989?
> - Wie äußert sich die Entmachtung des Parlaments, die seit 2015 beobachtet wird?

---

14 Obywatelskie Forum Legislacji (batory.org.pl).
15 Uchwała Sejmu RP z dnia 28.2.2018 w sprawie zmiany Regulaminu Sejmu RR, Poz. 267.

Literatur:

Ajnenkiel, Andrzej (1989a): Historia sejmu polskiego. Bd. 1: W dobie rozbiorów. Warszawa: PWN.

Ajnenkiel, Andrzej (1989b): Historia sejmu polskiego. Bd. 2: II Rzeczpospolita. Warszawa: PWN.

Anonim tzw. Gall (1965): Kronika polska. Wrocław: Zakład Narodowy im. Ossolińskich 1965.

Bałaban, Andrzej (2011): Pozycja Ustrojowa i Funkcje Sejmu RP. Warszawa: Wydawnictwo Sejmowe.

Barcz, Jan/Grzelak, Agnieszka/Szyndlauer, Rafał (2021): Problem praworządności w Polsce w świetle orzecznictwa Trybunału sprawiedliwości UE (2018-2020), www.publications.europa.eu/pl. (13.2.2023).

Bárd, Petra/Grabowska-Moroz, Barbara (2020): The strategies and mechanisms used by national authorities to systematically undermine the Rule of Law and possible EU responses. Reconnect, Nr. 8, https://reconnect-europe.eu/wp-content/uploads/2021/01/D8.2.pdf (13.2.2023).

Bogaards, Matthijs (2018): De-democratization in Hungary: diffusely defective democracy, Democratization, Nr. 25, S. 1481–1499.

Brückner, Aleksander (1927): Słownik etymologiczny języka polskiego. Kraków: Krakowska Spółka Wydawnicza.

Drinóczi, Timea/Bień-Kacała, Agnieszka (2019): Illiberal constitutionalism – the case of Hungary and Poland. In: German Law Journal, Nr. 20(8), S. 1140–1166.

Drinóczi, Timea/Bień-Kacała, Agnieszka (2020): COVID-19 in Hungary and Poland: extraordinary situation and illiberal constitutionalism. In: The Theory and Practice of Legislation, Nr. 8(1–2), S. 171–192.

Ekiert, Grzegorz (1992): Peculiarities of Post-communist Politics: The Case of Poland. In: Studies in Comparative Communism, Nr. 25(4), S. 341–361.

Garlicki, Leszek (2019): Polskie Prawo Konstytucyjne. Warszawa: Wolters Kluwer.

Hooghe, Liesbet/Marks, Gary/Wilson, Carole J. (2002): Does Left/Right Structure Party Positions on European Integration? In: Comparative Political Studies, Nr. 35(8), S. 965–989.

Ilonszki, Gabriella (2007): From Minimal to Subordinate, a Final Verdict? The Hungarian Parliament. In: Journal of Legislative Studies, Nr. 13, S. 38–58.

Ilonszki, Gabriella/Vajda, Adrienn (2021): How far can populist governments go? The impact of the populist government on the Hungarian parliament. In: Parliamentary Studies, Nr. 74(4), S. 770–785.

Ismayr, Wolfgang (Hrsg.) (2002): Die politischen Systeme Osteuropas. Opladen: Leske+Budrich.

Jacuński, Michał/Brodzińska-Mirowska, Barbara/Pacześniak, Anna/Wincławska, Maria (2021a): Democracy in Poland: The post-communist Regime and Its Performance. In: Jacuński, Michał/Brodzińska-Mirowska, Barbara/Pacześniak, Anna/Wincławska, Maria, Party Organization and Communication in Poland, Basingstoke: Palgrave Macmillan, S. 33–59.

Jacuński, Michał/Brodzińska-Mirowska, Barbara/Pacześniak, Anna/Wincławska, Maria (2021b): The Emergence of the Party System in Poland – from Instability to Permanent Rivalry Patterns. In: Jacuński, Michał/Brodzińska-Mirowska, Barbara/Pacześniak, Anna/Wincławska, Maria, Party Organization and Communication in Poland. Basingstoke: Palgrave Macmillan, S. 61–95.

Kopecky, Petr (2004): Parliaments in the Czech and Slovak Republics: Party Competition and Parliamentary Institutionalization. Aldershot: Ashgate.

Kriesi, Hanspeter (1998): The Transformation of Cleavage Politics: The 1997 Stein Rokkan Lecture. In: European Journal of Political Research, Nr. 33(2), S. 165–185.

Kriesi, Hanspeter/Grande, Edgar/Lachat, Romain/Dolezal, Martin/Bornschier, Simon/Frey, Timotheos (2006): Globalization and the Transformation of the National Political Space: Six European Countries. In: European Journal of Political Research, Nr. 45(6), S. 921–956.

Leggewie, Claus/Karolewski, Ireneusz Paweł (2021): Die Visegrad-Connection. Eine Herausforderung für Europa, Berlin: Wagenbach Klaus.

Linz, Juan J./Stepan, Alfred (Hrsg.) (1996a): Problems of democratic transition and consolidation. Southern Europe, South America an Post-Communist Europe, Baltimore, London: The Johns Hopkins University Press.

Linz, Juan J./Stepan, Alfred (Hrsg.) (1996b): Towards Consolidated Democracies. In: Journal of Democracy, Nr. 7(2), S. 14–33.

Maatsch, Aleksandra/Miklin, Eric (2021): Representative Democracy in Danger? The Impact of Populist Parties in Government on the Powers and Practices of National Parliaments. In: Parliamentary Affairs, Nr. 74(4), S. 761–769.

Maatsch, Aleksandra (2021): Disempowerment through the Backdoor: The Impact of Populist Parties on the National Parliament in Poland. In: Parliamentary Affairs, Nr. 74(4), S. 786–801.

Maatsch, Aleksandra (2023): Explaining the democratic backsliding in Poland: the interplay of party-specific and contextual factors. In: Crum, Ben/Oleart, Alvaro (Hrsg.): Populist Parties and Democratic Resilience. A cross-national analysis of populist parties' impact on democratic pluralism in Europe, Basinstoke: Routledge, S. 30–47.

Kitschelt, Herbert/Mansfeldova, Zdenka/Markowski, Radosław/Toka, Gabor (Hrsg.) (1999): Post-Communist Party Systems: Competition, Representation and Inter-party Cooperation, Cambridge: CUP.

Kulisiewicz, Wojciech/Popławski, Błażej (2018): 550-lecie Parlamentaryzmu Rzeczypospolitej. Warszawa: Wydawnictwo Sejmowe.

Meyer, Gerd (Hrsg.) (2006): Formal Institutions and Informal Politics in Central and Eastern Europe. Hungary, Poland, Russia and Ukraine, Opladen & Farmington Hills: Barbara Budrich Publishers.

Remington, Thomas F. (Hrsg.) (1994): Parliaments in Transition. The New Legislative Politics in the Former USSR and Eastern Europe, Boulder, San Francisco, Oxford: Westview Press.

Rychard, Andrzej/Motzkin, Gabriel (Hrsg.) (2015): The Legacy of Polish Solidarity. Social Activism, Regime Collapse and Building of a New Society, Frankfurt a.M.: Peter Lang Edition.

Sadurski, Wojciech (2018): Poland's Constitutional Breakdown, Oxford: Oxford University Press.

Sieberer, Ulrich/Meißner, Peter/Keh, Julia F./Müller, Wolfgang C. (2016): Mapping and Explaining Parliamentary Rules Changes in Europe. A Research Program. In: Legislative Studies Quarterly, Nr. 41(1), S. 61–88.

Siedziako, Michał (2018): Bez wyboru. Głosowania do Sejmu PRL (1952–1989). Warszawa: IPN.

Surowiec, Paweł/Štetka, Václav (2020): Introduction: media and illiberal democracy in Central and Eastern Europe. In: East European Politics, Nr. 36(1), S. 1–8.

Várnagy, Réka/Ilonszki, Gabriella (2018): Hungary. The (de)construction of parliamentary opposition. In: De Giorgi, Elisabetta and Ilonszki, Gabriella (Hrsg.): Opposition Parties in European Legislatures. Conflict or Consensus? London, New York: Routledge, S. 151–170.

Wójcik, Zbigniew (1992): Liberum veto. Kraków: Krajowa Agencja Wydawnicza.

Ziemer, Klaus/Matthes, Claudia-Yvette (2002): Das politische System Polens. In: Ismayr, Wolfgang (Hrsg.): Die politischen Systeme Osteuropas. Opladen: Leske+Budrich, S. 185–237.

Zubek, Radoslaw (2011): Negative Agenda Control and Executive–Legislative Relations in East Central Europe, 1997–2008. In: The Journal of Legislative Studies, Nr. 17(2), S. 172–192.

5 Exekutive: Präsident und Regierung

Zusammenfassung

In diesem Kapitel wird die Rolle der Exekutive (Regierung und Staatspräsident) im polnischen politischen System vorgestellt. Das Kapitel skizziert die formalen Zuständigkeiten der Regierung und des Präsidenten, aber auch, wie sich dessen formale Befugnisse seit 1989 entwickelt haben. Insbesondere wird aufgezeigt, wie die formellen Befugnisse des Präsidenten gegenüber dem Parlament und dem Kabinett eingeschränkt wurden. Das Kapitel skizziert auch, wie das Amt von den Präsidenten seit 1989 ausgeübt wurde, und erörtert schließlich die Rolle von Präsident Duda beim Abbau der Rechtsstaatlichkeit in Polen.

5.1 Einführung

Der Präsident, die Regierung und die staatliche Verwaltung bilden die Exekutive. Der Begriff der Exekutivgewalt wird in den Doktrinen des Verfassungsrechts und der Politikwissenschaft definiert. In der Regel handelt es sich um die Wahrnehmung staatlicher Aufgaben, die auf die Verwirklichung des Allgemeinwohls, des öffentlichen Interesses, abzielen. Die Aufgaben werden von der Legislative (Parlamente →4.2.) festgelegt, wobei die Erfüllung dieser Aufgaben durch die Exekutive durch die Anwendung bestimmter Organisations- und Verfahrensformen erfolgt. Die Exekutivgewalt lässt sich in zwei Bereiche unterteilen: den politischen und den administrativen Bereich. Ersterer besteht darin, eine politische Linie für die Umsetzung von Aufgaben in einem bestimmten Bereich zu ziehen, und der zweite darin, sie mit den für die öffentliche Verwaltung geeigneten Mitteln und Formen in die Praxis umzusetzen (Grzeszczak 2011: 19).

Das polnische, aber auch das deutsche oder französische Verfassungsrecht geht von einem einheitlichen Konzept der Exekutivgewalt aus. Das bedeutet aber, dass die Verfassungsgrundsätze einheitlich und auf die gesamte Exekutive anzuwenden sind. Die heutige Exekutive hat eine komplexe Organisationsstruktur. Dafür gibt es eine Reihe von Gründen, die vor allem mit der Struktur der modernen öffentlichen Verwaltung und ihren umfassenden Aufgaben zusammenhängen. Darüber hinaus unterliegt das Handeln der Exekutive im Sinne des Rechtsstaatsprinzips der gerichtlichen Kontrolle, unter anderem in Hinblick auf die Einhaltung der Verfassungsgrundsätze. Es schafft einen im Wesentlichen unbegrenzten Spielraum für die gerichtliche Kontrolle der Exekutive (Schmidts-Assmann/Mollers 2006: 268).

Die Anfänge der modernen Exekutivgewalt gehen im Wesentlichen auf das 19. Jahrhundert zurück, insbesondere im Vereinigten Königreich und in den Vereinigten Staaten. In Polen hat die Exekutive nach einer Zeit der Verstrickung mit dem sozialistischen System Anfang der 1990er-Jahre ihren demokratischen Charakter zurückgewonnen (Ziemer 2013: 93–103). Die Exekutivgewalt liegt nach der polnischen Verfassung in Polen in den Händen des Staatspräsidenten und des Ministerrats (Regierung), an dessen Spitze der Ministerpräsident steht.

Dieser Dualismus der Exekutivgewalt ist charakteristisch für das Parlament- Kabinett-System.

5.2 Der Staatspräsident nach dem Übergang zur Demokratie

Zwischen 1989 und 1997 hat sich die Stellung des Staatspräsidenten im polnischen politischen System erheblich verändert (Garlicki 2019; Ciapala 1999; Garlicki 1997; Zimmer/Matthes 2002). Kurz gesagt wurden in den 1990er-Jahren die formellen Kompetenzen des Staatspräsidenten zugunsten des Parlaments und des Kabinetts begrenzt. Ebenso hat sich das politische System in Polen von einer semipräsidentiellen zu einer parlamentarischen Demokratie entwickelt. Seit 1989 wurden die Befugnisse des Staatspräsidenten dreimal verändert. 1989 wurde die Verfassung aus dem Jahr 1952 mit der sogenannten „Aprilnovelle" (nowela kwietniowa)[16] überarbeitet, die das Amt des Staatspräsidenten einführte und seine formalen Kompetenzen festlegte (Garlicki 2019). 1992 wurde in der Kleinen Verfassung (Mała Konstytucja)[17] die Beziehung zwischen dem Staatspräsidenten, dem Parlament und dem Kabinett detaillierter festgelegt. Die Verfassung von 1997[18] schließlich führte institutionelle Befugnisse ein, die bis heute gelten.

Im Zuge der Gespräche am Runden Tisch im Jahr 1989 haben die Vertreter und Vertreterinnen des kommunistischen Regimes und der demokratischen Opposition die Einführung des Amtes des Staatspräsidenten in Polen vorgeschlagen. Hinter dieser Entscheidung standen politische Interessen der Polnischen Vereinigten Arbeiterpartei (PZPR), die in dem neu geschaffenen Amt des Präsidenten ein Mittel sah, die Macht mit der Solidarność zu teilen, aber gleichzeitig einen großen Einfluss auszuüben.

Die Aprilnovelle stattete den Staatspräsidenten mit erheblichen Befugnissen gegenüber dem Parlament und dem Kabinett aus. Es war vorgesehen, dass der Staatspräsident von beiden Kammern des Parlaments für eine Amtszeit von sechs Jahren gewählt werden sollte, während die Parlamentswahlen alle vier Jahre stattfinden sollten. Gleichzeitig waren die ersten Parlaments- und Präsidentschaftswahlen, die im Juni und Juli 1989 stattfanden, noch nicht vollständig demokratisch. Insbesondere haben sich die Teilnehmer des Runden Tisches darauf geeinigt, dass nur ein Teil der Sitze im Parlament frei gewählt würde. 65 % der 460[19] Sitze im Sejm waren für die Vertreter und Vertreterinnen des alten Regimes reserviert, während die Opposition sich frei um 35 % der Sitze im Sejm bewerben konnte. Im Senat hingegen waren alle 100 Sitze frei. Diese Regelung garantierte, dass der Staatspräsident ausschließlich mit der Unterstützung der PZPR gewählt werden konnte. Der erste Staatspräsident wurde also für sechs Jahre von einem Parlament gewählt, in dem nur ein Teil der Abgeordneten demokratisch vom polnischen Volk gewählt wurde. Der Mangel an demokratischer Legitimation war einer der

---

16 D19890101L.pdf (sejm.gov.pl).
17 Microsoft Word – D9920426.DOC (sejm.gov.pl).
18 Konstytucja Rzeczypospolitej Polskiej (sejm.gov.pl).
19 Art1.4a Ustawa z dn. 7.4.1989 o zmianie Konstytucji Polskiej Rzeczpospolitej Ludowej.

Faktoren, die die Durchführung der vollständig demokratischen Parlamentswahlen im Dezember 1990 beförderten.

Der erste Staatspräsident, General Wojciech Jaruzelski, ein Kandidat der PZPR, wurde im Juli 1989 von beiden Kammern des Parlaments mit einer sehr knappen Mehrheit von einer Stimme gewählt. Jaruzelski war der einzige Staatspräsident, der von beiden Kammern des Parlaments gewählt wurde. Die nachfolgenden Staatspräsidenten wurden in Direktwahlen gewählt. Die Wahl von Wojciech Jaruzelski war bei der Opposition sehr umstritten. Wojciech Jaruzelski war der Parteivorsitzende, der den Ausnahmezustand in Polen einführte, in dessen Verlauf zahlreiche Oppositionsmitglieder inhaftiert wurden. Trotzdem entschied sich die Opposition für einen sanften Übergang, der eher eine Teilung der Macht als einen radikalen politischen Wechsel bedeutete.

Im Juli 1989 veröffentlichte Adam Michnik, ein oppositioneller Journalist, einen einflussreichen Artikel mit dem Titel „Euer Präsident, unser Premierminister" (Michnik 1989). In diesem Artikel vertrat er die Ansicht, dass die Opposition gemeinsam mit den Vertretern und Vertreterinnen des alten Regimes die Verantwortung für das Land übernehmen sollte: „Wir brauchen ein neues System, das von den wichtigsten politischen Kräften in Polen akzeptiert werden kann. Das System sollte neu sein, aber gleichzeitig auch Kontinuität bieten" (Michnik, 1989). Warum so viel Vorsicht? Vielen Mitgliedern der Opposition war 1989 bewusst, dass ihre Bewegung institutionelle Reformen benötigt, um ein aktiver Teil des demokratischen, politischen Lebens zu werden. Die Opposition hatte nämlich keine Regierungserfahrung und ihr wirtschaftliches und politisches Programm war noch nicht vollständig. Darüber hinaus war sich die Opposition nicht sicher, wie viel Unterstützung sie in der Gesellschaft wirklich genießt und ob es ihr gelingen würde, die Mehrheit der freien Sitze im Parlament zu gewinnen.

5.3 Entwicklung der formalen Zuständigkeiten

Wie bereits erwähnt wurde das Amt des Staatspräsidenten im April 1989 mit einer Überarbeitung der Verfassung von 1952 eingeführt (Aprilnovelle). Der Staatspräsident erhielt sehr starke Befugnisse gegenüber dem Kabinett und dem Parlament. Insbesondere spielte der Staatspräsident eine wichtige Rolle im Gesetzgebungsprozess, aber auch in der Arbeit des Kabinetts. Der Staatspräsident wurde von beiden Kammern des Parlaments für sechs Jahre gewählt (wobei nur eine Wiederwahl möglich war). In Artikel 26 wurde festgelegt, dass der Staatspräsident der höchste Vertreter des Staates sowohl in inneren als auch in äußeren Angelegenheiten ist. Der Staatspräsident ist der Hüter der Verfassung sowie der nationalen Souveränität und Sicherheit (Artikel 32, Absatz 2). Der Staatspräsident hatte die Befugnis, auf die Zusammensetzung des Kabinetts Einfluss zu nehmen, das heißt der Premierminister war verpflichtet, die Zustimmung des Staatspräsidenten zur Zusammensetzung des Kabinetts einzuholen. Der Staatspräsident spielte auch eine wichtige Rolle bei der Ernennung des Premierministers, der sowohl vom Parlament als auch vom Präsidenten bestätigt werden sollte.

5 Exekutive: Präsident und Regierung

In Artikel 32f ist ferner festgelegt, dass der Staatspräsident in besonders wichtigen Angelegenheiten das Kabinett einberufen und den Vorsitz führen kann. Darüber hinaus ist der Staatspräsident befugt, den Sejm aufzulösen, wenn das Parlament den Staatspräsidenten an der Ausübung seiner verfassungsmäßigen Funktionen hindert (Artikel 30, Absatz 2), was in einer Übergangszeit ein sehr mächtiges Instrument sein kann.

Im Gesetzgebungsprozess hatte der Staatspräsident das Recht, Gesetzesvorschläge einzubringen bzw. vom Parlament gebilligte Gesetzesvorhaben zurückzuhalten. Er konnte Gesetzentwürfe zur Prüfung an das Verfassungsgericht weiterleiten oder auch ablehnen, ohne sie an den Verfassungsgerichtshof zu schicken. Der Sejm benötigt eine Zweidrittelmehrheit (66,6 %), um das Veto des Staatspräsidenten zu kippen. Nachdem das Veto des Staatspräsidenten gekippt wurde, kann der Staatspräsident das Gesetz nicht mehr an das Verfassungsgericht weiterleiten.

Schließlich (laut Aprilnovelle) war der Staatspräsident Befehlshaber der Streitkräfte und hatte ein erhebliches Mitspracherecht in Sicherheitsfragen (zum Beispiel in Bezug auf den Ausnahmezustand und den Krieg). Darüber hinaus hatte der Staatspräsident eine Rolle in auswärtigen Angelegenheiten, indem er internationale Abkommen schloss oder polnische Vertreter und Vertreterinnen im Ausland ernannte.

In den ersten beiden Jahren der Übergangszeit waren die formalen Zuständigkeiten der wichtigsten Institutionen des Staates im Wandel begriffen. Besonders unklar waren die Beziehungen zwischen dem Staatspräsidenten und dem Parlament. Um ein demokratisches und effizientes Funktionieren der wichtigsten Institutionen zu ermöglichen, was für den demokratischen Übergang, den der Staat durchlief, von zentraler Bedeutung war, verabschiedete das Parlament im Oktober 1992 eine Kleine Verfassung. Die Verfassung regelte nur die dringendsten Aspekte wie die Zuständigkeiten der Legislative und der Exekutive.

Mit der Kleinen Verfassung von 1992 wurden die Befugnisse des Staatspräsidenten nur geringfügig geändert. Die wichtigste Änderung betraf die Wahl des Staatspräsidenten. Der Staatspräsident wurde nicht mehr vom Parlament, sondern direkt vom Volk gewählt (Artikel 291). Die Amtszeit des Staatspräsidenten wurde von sechs auf fünf Jahre verkürzt, wobei eine Wiederwahl möglich war. Die Kleine Verfassung behielt die erweiterten Befugnisse des Staatspräsidenten bei der Gesetzgebung, aber auch bei der Ernennung und Arbeit des Kabinetts bei.

Mit der Verfassung von 1997 (die bis heute gilt) wurde das politische System vom semipräsidentiellen zum parlamentarischen System umgewandelt. In der Aprilnovelle und der Kleinen Verfassung von 1992 waren die Zuständigkeiten der wichtigsten Institutionen nicht ausreichend abgegrenzt. Daher waren die ersten Jahre der Übergangszeit von Konflikten geprägt. Die Verfassung von 1997 brachte in dieser Hinsicht mehr Klarheit.

Die Verfassung definiert den Staatspräsidenten als den höchsten Repräsentanten des Staates (Artikel 126.1) und als Hüter der Verfassung (127). Der Staatspräsident wird wie zuvor für eine Amtszeit von fünf Jahren gewählt, wobei eine

Wiederwahl möglich ist. Die Verfassung sieht keinen Vizepräsidenten vor, jedoch ist festgelegt, dass im Falle des Todes oder der Krankheit des Staatspräsidenten der Sejm-Marschall (der Präsident des Sejm) die Aufgaben des Staatspräsidenten übernimmt, jedoch nur bis zur Wahl eines neuen Staatspräsidenten (Artikel 131). Was die Außenbeziehungen betrifft, so ist die Rolle des Staatspräsidenten eingeschränkt. In diesem Bereich arbeitet der Staatspräsident vor allem mit dem Premierminister und den jeweiligen Ministern zusammen. In Bezug auf die Beziehungen zum Kabinett wurde die Rolle des Staatspräsidenten geschwächt. Der Staatspräsident ist berechtigt, eine Kabinettversammlung (Rada Gabinetowa) einzuberufen, wenn es eine sehr wichtige Angelegenheit zu erörtern gibt, allerdings hat dieses institutionelle Gremium nicht die Kompetenzen des Kabinetts. Die Kabinettsversammlung (Rada Gabinetowa) ist ein Diskussionsforum, das keine verbindlichen Entscheidungen treffen kann. Seit der Verfassung von 1997 hat der Staatspräsident keinen Einfluss mehr auf die Ernennung oder Entlassung von Kabinettsmitgliedern. Dieses Recht bleibt nun dem Premierminister (Umbildung des Kabinetts) und dem Sejm (Misstrauensvotum) vorbehalten.

Die Befugnisse des Staatspräsidenten im Gesetzgebungsprozess blieben weitgehend unverändert. Der Staatspräsident kann gegen ein vom Sejm gebilligtes Gesetzgebungsvorhaben ein Veto einlegen und den Verfassungsgerichtshof mit der Prüfung der Verfassungskonformität des Gesetzes beauftragen. Diese spezifische Bestimmung steht in klarem Zusammenhang mit der Schlüsselrolle des Präsidenten als Hüter der Verfassung. Der Staatspräsident kann auch ein Veto gegen ein Gesetzesvorhaben einlegen, ohne es dem Verfassungsgerichtshof vorzulegen. Hier wurden die Befugnisse des Staatspräsidenten im Vergleich zur Kleinen Verfassung von 1992 leicht eingeschränkt. Um das Veto des Staatspräsidenten zu kippen, benötigt der Sejm eine Dreifünftel- statt eine Zweidrittelmehrheit (60 % statt 66,6 %). Die Verfassung von 1997 stärkte daher das Parlament gegenüber dem Präsidenten. Während der Staatspräsident seine Befugnisse als Oberbefehlshaber der Streitkräfte behielt, wurden viele sicherheitsrelevante Angelegenheiten dem Premierminister übertragen. Der Staatspräsident ist auch berechtigt, die polnische Staatsbürgerschaft individuell und nach Leistung zu verleihen.

5.4 Wie wurde das Amt des Staatspräsidenten seit 1989 ausgeübt?

Seit 1989 haben sich nicht nur die formellen Befugnisse des Präsidentenamts weiterentwickelt, sondern auch deren Auslegung (Nałęcz 2017; Sadurski 2018; Garlicki 1997; Bingen 1998; Osinski 2000). Mit der Ratifizierung der Verfassung im Jahr 1997 traten die interinstitutionellen Beziehungen in eine Konsolidierungsphase ein. Auch die polnische Gesellschaft begann, den verfassungsmäßigen Status quo anzunehmen: der Staatspräsident sollte über den täglichen politischen Konflikten im Parlament stehen, das gesamte Volk vertreten und vor allem als Hüter der Verfassung fungieren. In den 2010er-Jahren ist jedoch ein Trend zur zunehmenden Politisierung des Präsidentenamtes zu beobachten, der auch zu verfassungswidrigen Praktiken geführt hat.

Seit 1989 wird das Amt des Staatspräsidenten von Politikern ausgeübt, die verschiedene politische Positionen vertreten, von links bis rechts, von konservativ bis liberal. Der erste Staatspräsident (1989–1990), Wojciech Jaruzelski, war ein Vertreter des kommunistischen Regimes, Lech Wałęsa (im Amt von 1990 bis 1995) war der antikommunistische Anführer, Aleksander Kwaśniewski (1995–2005) war ein Sozialdemokrat, Lech Kaczyński (2005–2010) war ein Rechtskonservativer, Bronisław Komorowski (2010–2015) vertrat Mitte-Rechts und mit Andrzej Duda (2015–2023) übernahm 2015 wieder ein Rechtskonservativer das Amt.

Von allen Staatspräsidenten seit 1989 verfügte Wojciech Jaruzelski über die stärksten formalen Befugnisse. Doch obwohl der Runde Tisch den Präsidenten mit weitreichenden Befugnissen gegenüber dem Kabinett und dem Parlament ausgestattet hatte, nutzte Präsident Jaruzelski diese sehr maßvoll. Im Gegensatz zu anderen Staatspräsidenten war seine Legitimationsbasis sehr schwach. Jaruzelski wurde nur teilweise demokratisch gewählt: Er war der einzige Staatspräsident, der von einem Parlament gewählt wurde, in dem 65 % der Sitze – ohne demokratische Wahlen – an Vertreter des kommunistischen Regimes vergeben wurden. Die schwache Legitimationsgrundlage und das sich beschleunigende Tempo des demokratischen Übergangs hinderten Jaruzelski daran, seine Befugnisse aktiver auszuüben. Im Sommer 1990 erklärte Wojciech Jaruzelski schließlich seine Bereitschaft, das Amt aufzugeben und damit den Weg für die ersten vollständig demokratischen Präsidentschaftswahlen zu ebnen.

Bei den ersten Direktwahlen im Jahr 1990 wurde Lech Wałęsa der erste demokratisch gewählte Staatspräsident Polens. Lech Wałęsa war der Anführer der antikommunistischen Bewegung und Träger des Friedensnobelpreises, der in Polen und im Ausland ein hohes politisches Ansehen genoss. Daher war es eine Überraschung, dass das antikommunistische Umfeld sich nicht auf ihn als Kandidaten einigen konnte. Was einige als Schwäche der postkommunistischen Bewegung ansahen, war ein „natürlicher" politischer Prozess, der zur Entstehung von Parteien führte, die unterschiedliche Positionen zur Umverteilung (links versus rechts) und zu Werten (liberal versus konservativ) vertraten. Bereits zu Beginn der 1990er-Jahre wich die bipolare Konfliktlinie zwischen Kommunisten und Antikommunisten einer differenzierteren Struktur des politischen Konflikts, wie wir sie in demokratischen Staaten finden.

Als Präsident war Wałęsa bestrebt, seine formalen Befugnisse gegenüber dem Sejm und dem Kabinett so weit wie möglich zu nutzen. Während seiner Amtszeit herrschte in Polen ein semipräsidentielles System, das dazu beitrug, den politischen Konflikt zwischen dem Präsidenten, dem Premierminister und dem Parlament anzufachen. Wałęsa bewarb sich 1995 um die Wiederwahl, verlor jedoch knapp gegen Aleksander Kwaśniewski, den Kandidaten der Sozialdemokraten. Kwaśniewski war erst 41 Jahre alt und begann seine politische Karriere als Mitglied der PZPR und als Jugendminister sowie als Vorsitzender des Ausschusses für Jugend und Sport in den späten 1980er-Jahren. Im Jahr 1990 war er Vorsitzender der neu gegründeten sozialdemokratischen Partei. Der Sieg eines sehr jungen Politikers, eines ehemaligen Mitglieds der PZPR und eines Atheisten (in einem zutiefst katholischen Staat) kam für viele überraschend. Kwaśniewski konzentrierte sich in seinem Wahlkampf auf die Modernisierung sowie die NATO- und EU-Mitgliedschaft. Er hat das Amt mit großem Erfolg ausgeübt: Im Jahr 2000 wurde er bereits im ersten Wahlgang mit über 50 % der Stimmen wiedergewählt, was bislang keinem anderen Präsidenten gelungen ist. Während der Präsidentschaft von Kwaśniewski erreichte Polen auch die wichtigsten Meilensteine: es wurde Mitglied der NATO und der Europäischen Union.

Auf Aleksander Kwaśniewski folgte Lech Kaczyński, ein konservativer Rechtspolitiker. Lech Kaczyński hatte einen Zwillingsbruder, Jarosław, und beide waren seit dem Übergang zur Demokratie als Politiker aktiv. Doch Lech Kaczyński war ein gemäßigterer Politiker als sein Zwillingsbruder. So vertrat Lech Kaczyński beispielsweise eine liberalere Position zur Abtreibung als sein Zwillingsbruder. In den Außenbeziehungen konzentrierte er seine Aufmerksamkeit auf Osteuropa. Er befürwortete die EU-Mitgliedschaft, blieb jedoch skeptisch gegenüber einer Vertiefung der EU-Integration in föderaler Richtung oder einer Ausweitung der qualifizierten Mehrheit. Seine Amtszeit (2005–2010) wurde durch einen Unfall unterbrochen: Lech Kaczyński starb bei einem Flugzeugabsturz. Gemäß der Verfassung von 1997 wurde das Amt übergangsweise von Sejm-Marschall Bronisław Komorowski übernommen, der auch bei der Neuwahl des Präsidenten kandidierte und schließlich gewann. Sein Gegenkandidat bei der Stichwahl war der Zwillingsbruder des verstorbenen Lech Kaczyński, Jarosław Kaczyński. Bronisław Komorowski blieb nur eine Amtszeit lang im Amt (2010–2015). Grund dafür war laut Beobachtern nicht die Leistung während seiner Amtszeit, sondern eher sein schwaches Engagement im Wahlkampf (Nalecz 2017).

Als Präsident stand Komorowski zivilgesellschaftlichen Organisationen näher als andere Präsidenten. Er beteiligte sich gerne an öffentlichen Debatten, suchte jedoch keine Kontroversen oder Konflikte mit dem Kabinett. Im Gesetzgebungsverfahren fungierte Komorowski als Hüter der Verfassung, auch wenn sein Engagement weniger intensiv war als bei seinen Vorgängern. In der Außenpolitik verfolgte Komorowski allgemeine nationale Interessen, wie die Unterstützung der Ukraine auf dem Weg in die EU.

Bei den Präsidentschaftswahlen 2015 verlor Komorowski gegen Andrzej Duda, den Kandidaten der Partei Recht und Gerechtigkeit (PiS). Bereits zu Beginn seiner Amtszeit zeichnete sich ein Wandel in der Art und Weise ab, wie die Präsidentschaft ausgeübt wurde. Erstens wurde der Staatspräsident parteiischer als seine Vorgänger, da er sich insbesondere während seiner ersten Amtszeit nicht von seiner Partei distanziert hatte. Zweitens wurde der Staatspräsident in einen systematischen Prozess des Abbaus der Rechtsstaatlichkeit und der Gewaltenteilung in Polen verwickelt.

Gegen Ende der siebten Legislaturperiode und kurz vor den Parlamentswahlen hatte die Regierungskoalition aus Bürgerplattform (Platforma Obywatelska – PO) und Polnischer Bauernpartei (Polskie Stronnictwo Ludowe – PSL) fünf neue Richter für das Verfassungsgericht ernannt. Nach Ansicht von Verfassungsrechtlern (Sadurski 2019) war die Entscheidung rechtswidrig, da die Koalition berechtigt war, nur drei statt fünf Richter zu benennen. Die Ernennung von drei Richtern war rechtmäßig, da ihre Amtszeit am 7. November beginnen sollte, also vor der ersten Sitzung des neu gewählten Parlaments (12. November). Die beiden anderen Richter sollten ab dem 2. bzw. 8. Dezember eingesetzt werden, was bedeutete, dass das neue Parlament sie bereits wählen sollte. Das Verfassungsgericht stellte in seinem Urteil (K 34/15) vom 3. Dezember fest, dass die Wahl von drei Richtern verfassungsgemäß war, die Wahl von zwei Richtern, deren Amtszeit im Dezember begonnen hätte, jedoch nicht. In Erwartung der Entscheidung des Verfassungsgerichts hatte die neue Regierungspartei PiS fünf neue Richter nominiert und der Präsident hatte sie in der Nacht vor der Veröffentlichung des Urteils des Verfassungsgerichts ernannt. Die drei im Oktober 2015 verfassungsgemäß gewählten Richter sind also von Andrzej Duda nicht ernannt worden. Laut Europäischem Gerichtshof verstieß der Staatspräsident damit gegen das polnische Gesetz über die Wahl der Richter des Verfassungsgerichtshofs.[20]

Auf die Ereignisse im Dezember 2015 folgten sechs von der PiS-Regierung initiierte Gesetzgebungsvorhaben, mit denen dem Verfassungsgerichtshof schließlich seine Befugnisse entzogen wurden. Im Zuge der Reformen verlor das Verfassungsgericht seine Funktion, vom Parlament verabschiedete Gesetzesvorhaben auf ihre Verfassungskonformität hin zu überprüfen. Vielmehr wurde der Verfassungsgerichtshof zu einem Erfüllungsgehilfen der Regierung, der sie bei der Umsetzung ihrer Gesetzesvorhaben unterstützt, unabhängig davon, ob diese verfassungskonform sind oder nicht. Die Ausweitung der Exekutivbefugnisse über das Verfassungsgericht, später auch über den Obersten Gerichtshof, wurde durch die Genehmigung der Gesetzgebungsvorhaben durch den Staatspräsidenten möglich.

Diese, aber auch weitere Gesetzesreformen, die im Laufe der achten Legislaturperiode (2015–2019) von der PiS-geführten Regierung initiiert wurden, wurden von der Venedig-Kommission[21] oder der Europäischen Kommission als Verstöße gegen die Verfassung missbilligt, die die demokratische Gewaltenteilung in Polen verzerren. Die Angriffe auf die richterliche Unabhängigkeit führten dazu, dass im Dezember 2017 ein sogenanntes Verfahren nach Artikel 7 EUV gegen Polen eingeleitet wurde[22]. In dem von der Europäischen Kommission angenommenen Jahresbericht zur Rechtsstaatlichkeit wurde betont, dass in Polen angefochtene Rechtsvorschriften „im Rahmen von beschleunigten Gesetzgebungsverfahren mit eingeschränkter Konsultation von Interessengruppen oder mit eingeschränkten Möglichkeiten für die Opposition, ihre Rolle im Gesetzgebungsprozess wahrzunehmen" angenommen wurden.

Im Jahr 2020 wurde Andrzej Duda wiedergewählt, nachdem er im zweiten Wahlgang mit knappem Vorsprung gewonnen hatte. Sein Gegenkandidat bei der Stichwahl war der PO-Kandidat und Präsident von Warschau, Rafał Trzaskowski. Der Wahlkampf fand während der Corona-Pandemie statt. Die Umstände der Pandemie begünstigten den Amtsinhaber, der aufgrund der Tatsache, dass er bereits im Amt war, einen leichteren Zugang zur Öffentlichkeit hatte. Die Maßnahmen

---

20 Xero FLOR v. Poland, European Court of Human Rights, 4907/18.
21 Opinion No. 977/2020, Strasbourg, 22.6.2020.
22 Proposal for a COUNCIL DECISION on the determination of a clear risk of a serious breach by the Republic of Poland of the rule of law, COM/2017/0835 final – 2017/0360 (NLE).

der sozialen Distanzierung erschwerten es den Kandidaten, die Öffentlichkeit zu erreichen. In der zweiten Amtszeit (ab 2020) wurde Präsident Duda gegenüber PiS unabhängiger. Er legte sein Veto gegen zwei Gesetzesvorhaben ein, die darauf abzielten, die Freiheit der Medien[23] („Lex TVN") und die Autonomie der öffentlichen Schulen[24] („Lex Czarnek") einzuschränken. Der Staatspräsident hat auch versucht, den anhaltenden Konflikt mit der EU über die Achtung der Rechtsstaatlichkeit in Polen zu entschärfen, jedoch ohne Erfolg. Im Streit um die umstrittene Disziplinarkammer wurde der Änderungsvorschlag von Andrzej Duda von der Europäischen Kommission als nicht ausreichend gewertet, um die geforderten Meilensteine zu erreichen.

Bereits Mitte der 1990er-Jahre war die Meinung weit verbreitet, dass der polnische Staatspräsident über den tagespolitischen Konflikten stehen und danach streben sollte, das gesamte Volk zu vertreten. Diese Erwartung wurde bereits 1995 während der Abschlussdebatte der beiden Kandidaten Lech Wałęsa (amtierender Präsident) und Aleksander Kwaśniewski geäußert. Der Moderator schloss die Debatte mit der folgenden Aussage: „Verschiedenen Umfragen zufolge wird diese Präsidentschaftswahl mit einem geringen Stimmenvorsprung gewonnen werden. [...] Der neu gewählte Präsident wird daher vor einem ernsten Dilemma stehen, wie er die andere Hälfte der Wähler und Wählerinnen, die ihn nicht unterstützt haben, überzeugen kann. Der Staatspräsident muss alle Polen und Polinnen repräsentieren, sonst wird es zu einem kalten Krieg im Land kommen."[25]

Die beiden Amtszeiten des amtierenden Präsidenten unterschieden sich deutlich von den vorangegangenen. Wir haben einen Präsidenten erlebt, der die Rolle des Verfassungshüters nicht konsequent übernommen hat (vor allem in der ersten Amtszeit) und sich eher an die Wähler und Wählerinnen seiner Partei als an das polnische Volk gewandt hat. Diese Polarisierung hat sich auch in den Ergebnissen der Präsidentschaftswahlen 2015 niedergeschlagen, die Duda mit einer relativ knappen Mehrheit gewonnen hat. Die Erklärung aus dem Wahlkampf von 1995 zeigt, dass man der Überzeugung war, dass ein parteiischer Präsident zweifellos zur Verschärfung des innenpolitischen Konflikts beitragen würde. Die Herausforderung der nächsten Präsidentschaft besteht daher darin, die verfassungsmäßige Ordnung in Polen wiederherzustellen und das Präsidentenamt innerhalb seiner verfassungsmäßigen Grenzen zu führen.

5.5 Regierung

5.5.1 Einleitende Bemerkungen

Aus heutiger Perspektive, kann man feststellen, dass es eine Zeit der Vorherrschaft der Regierungen ist. Die Dominanz betrifft die Beziehungen zur Legislative und zur Justiz. Die Regierungen sind auch die Hauptantriebskräfte der Integrationsprozesse in Europa. Sie entscheiden über die Verwaltung der Staatshaushalte und

---

23 1340.pdf (sejm.gov.pl) Ustawa z dnia 11 sierpnia 2021 r. o zmianie ustawy o radiofonii i telewizji oraz ustawy o kinematografii.
24 dokument513634.docx (live.com).
25 Debata Wałęsa vs Kwaśniewski – 1995 rok – YouTube 15.11.1995, TVP.

damit über die Prioritäten der öffentlichen Ausgaben: Sie legen die Richtung der Innen- und Außenpolitik fest, kontrollieren die Streitkräfte und sind für die Aufrechterhaltung der inneren Sicherheit verantwortlich. Ungeachtet der Tatsache, dass die Staaten im Zeitalter der Globalisierung nicht mehr die einzigen oder die mächtigsten politischen Akteure sind, verfügen die nationalen Regierungen nach wie vor über eine starke Macht, die durch die Teilnahme an der EU noch verstärkt wird. Dies liegt daran, dass die Regierungen auf dem EU-Forum (als Rat) die gesetzgebende Institution der EU werden (Grzeszczak 2011: 22).

Die Macht der Regierungen ist eine Exekutivgewalt, die zum Beispiel von Premierministern, Kabinetten und Räten und manchmal auch von Staatsoberhäuptern, darunter vor allem Präsidenten, ausgeübt wird. Sie ist die Macht, die die Richtung der staatlichen Politik vorgibt, die tagtäglich handelt und die Gesetze umsetzt, die in der Regel von den Parlamenten gemacht werden. In der großen Theorie der Gewaltenteilung, die sich seit Mitte des 18. Jahrhunderts durch das westliche Verfassungsdenken zieht (→3.1), ist der Kern des Wesens der Exekutive die Ausführung. Die Rolle der Gesetzgebung besteht darin, sich zu äußern, und die Rolle der Justiz ist es, zu urteilen, während die Rolle der Regierungen darin besteht, zu handeln (Craig/Tomkins 2006: 3).

Der Begriff „Regierung" ist mehrdeutig und kann sich auf verschiedene systemische Phänomene oder Arten von Einrichtungen beziehen. In der polnischen Verfassung wird der Begriff „Ministerrat" und nicht „Regierung" verwendet. In der polnischen Verfassungstradition gab es jedoch auch andere Fälle. So trug beispielsweise Kapitel 4 der Kleinen Verfassung von 1992 den Titel: „Der Ministerrat der Republik Polen (Regierung)". Unter „Regierung" wird in diesem Kapitel der Ministerrat (weiter: RM) verstanden, der identisch ist mit der verfassungsmäßig festgelegten personellen Zusammensetzung des Ministerrats, das heißt mit der Regierung. Der Begriff „Regierung" gehört heute ausschließlich zur Rechtssprache, ebenso wie der verfassungsrechtliche Begriff des Regierungschefs in Polen: Präsident der RM. In der Umgangs- und Rechtssprache wird der Regierungschef auch als „Premierminister der Regierung" oder „Premier", das heißt „Erster Minister", bezeichnet. Im Folgenden wird die Bezeichnung Premierminister verwendet.

5.5.2 Regierung: Ernennung, Zusammensetzung und Befugnisse

Die Regierung (Ministerrat) ist ein verfassungsmäßiges Kollegialorgan der doppelten Exekutive in Polen (Artikel 10, Absatz 2 der polnischen Verfassung). Nach der polnischen Verfassung (→3.2) besteht der RM aus dem Premierminister und den Ministern, es können Vizepräsidenten des RM sowie Vorsitzende von Ausschüssen ernannt werden, deren Einrichtung und Art durch das Gesetz bestimmt wird.

Die Regierung in Polen wird vom Staatspräsidenten ernannt, benötigt aber die Unterstützung des Sejm (→4.2). Die Verfassung sieht ein dreistufiges Verfahren vor. Der Präsident nominiert zunächst eine/einen Kandidatin oder Kandidaten für das Amt des Premierministers und ernennt dann den Ministerrat in der von ihm vorgeschlagenen Zusammensetzung. Wenn der Sejm jedoch kein Vertrauensvotum stellt, wird die Regierung nicht ernannt. In diesem Fall kann der Sejm selbst dem

Staatspräsidenten die Zusammensetzung der Regierung vorschlagen, die dann von ihm ernannt werden muss. In beiden Fällen (Vertrauensabstimmung im ersten Schritt und Wahl der Regierungszusammensetzung im zweiten Schritt) entscheidet der Sejm mit absoluter Mehrheit der Stimmen. Gelingt es dem Sejm nicht, eine Regierung zu wählen, geht die Initiative an den Präsidenten zurück. Er ernennt (in der dritten Stufe) den Ministerrat, dessen Bestätigung durch den Sejm nur eine einfache Stimmenmehrheit erfordert. Sollte dies nicht der Fall sein, verkürzt der Präsident die Amtszeit von Sejm und Senat und ordnet Neuwahlen an.

Es muss daran erinnert werden, dass die Gewaltenteilung (Prinzip der Gewaltenteilung →3.3) sowohl in Polen als auch in anderen europäischen Ländern ein theoretisches Modell ist und es in der Praxis keine vollständige Gewaltenteilung gibt. Die Funktionen, Aufgaben und Zuständigkeiten der Regierung überschneiden sich in unterschiedlichem Maße mit den Tätigkeiten des Parlaments und der Judikative. Dies zeigt sich beispielsweise am Initiativrecht der Regierung bei der Gesetzgebung, an der Verpflichtung des Premierministers, Amtshandlungen des Präsidenten gegenzuzeichnen, an den besonderen Zuständigkeiten des Justizministers und am Einfluss der Regierung auf andere Organe, zum Beispiel durch die Aufsicht des Premierministers über die lokale Selbstverwaltung. Darüber hinaus ist es die Regierung, die die aktuelle und langfristige Politik des Staates betreibt, was in bestimmten politischen Realitäten zu schwerwiegenden Konfliktsituationen führen kann (zum Beispiel der Kompetenzstreit zwischen dem Premierminister und dem Staatspräsidenten in den Jahren 2008–2009 über das Recht der Teilnahme und Vertretung Polens in der EU im Rat).

5.5.3 Aufgaben und Zuständigkeiten der Regierung

Der Katalog der Aufgaben und Zuständigkeiten der Regierung in Polen, der in erster Linie die Bestimmungen der Verfassung (Artikel 146) berücksichtigt, kann in mehrere Gruppen unterteilt werden:

- gesetzgeberische Aktivitäten;
- Verwaltung der öffentlichen und staatlichen Angelegenheiten;
- innere Sicherheit und öffentliche Ordnung des Staates sowie äußere Sicherheit und Verteidigung;
- die Verantwortung für die öffentlichen Finanzen und die Eigentumsverhältnisse des Staates (in Polen zum Beispiel steigt die Inflation seit 2021 und erreicht 2022 ihren Höhepunkt, und die Unfähigkeit der staatlichen Institutionen in dieser Hinsicht wird vielfach kritisiert);
- die Durchführung internationaler Politik.

Die Regierung verfügt über alle Zuständigkeiten in Angelegenheiten der Staatspolitik, soweit sie nicht anderen staatlichen und lokalen Behörden vorbehalten sind. Die Regierung ist für die Verwaltung des gesamten Spektrums der staatlichen, öffentlichen und sozialen Angelegenheiten zuständig. Sie betreibt die Innen- und Außenpolitik des Staates, was das Wesen der verfassungsmäßigen Stellung der Regierung ausmacht. Die Regierung gewährleistet die innere Sicherheit des Staates und die öffentliche Ordnung, sorgt für die äußere Sicherheit des Staates, übt die allgemeine Führung in den Beziehungen zu anderen Staaten und internationalen Organisationen aus, handelt internationale Abkommen aus und schließt sie ab. Die Regierung führt Gesetze aus, erlässt Verordnungen, ist für die Umsetzung des Rechts der Europäischen Union verantwortlich, leitet und kontrolliert die staatliche Verwaltung und besteht vor allem in der Harmonisierung ihres Handelns, um die Einheitlichkeit des Regierungshandelns zu gewährleisten, hauptsächlich durch die Person des Premierministers. Zu den besonderen Befugnissen der Exekutive in Situationen außergewöhnlicher Bedrohung, in denen sowohl der Staatspräsident als auch die Regierung zusammenarbeiten, gehören die Anordnung der allgemeinen oder teilweisen Mobilisierung und des Einsatzes der Streitkräfte zur Verteidigung des Staates durch den Staatspräsidenten auf Antrag des Premierministers im Falle einer unmittelbaren Bedrohung von außen (Artikel 136 der Verfassung) sowie die Verhängung des Kriegsrechts und des Ausnahmezustands über das gesamte Staatsgebiet oder einen Teil davon durch eine Verordnung auf Antrag der Regierung (Artikel 229–231). Diese Themen haben im Zeitraum 2020–2023, während der COVID-19-Pandemie, zusätzlich an Bedeutung gewonnen (→3.2.3).

All dies bedeutet, dass ein sehr proaktives Herangehen an alle relevanten staatlichen und gesellschaftlichen Phänomene und Probleme, die Entwicklung von Konzepten zu deren Lösung und die Ausarbeitung von Rechtsakten zur Regelung dieser Phänomene erforderlich ist (Safjan/Bosek 2016: 720–880).

5.5.4 Premierminister, Minister und Regierungsverwaltung

Eine besondere Stellung in der Regierung nimmt der Premierminister ein. Aus systemischer Sicht repräsentiert der Premierminister die Regierung und leitet ihre Arbeit, koordiniert und kontrolliert die Arbeit der Minister und übt die Aufsicht über die lokale Verwaltung in den gesetzlich festgelegten Formen aus. Der hohe Rang des Premierministers im polnischen System der Staatsorgane wird durch die Anordnung der sogenannten „Reihenfolge der Ämter" in Polen bestätigt, in der er nach dem Staatspräsidenten und den Marschällen des Sejm und des Senats die vierte Position einnimmt.

Der Regierungsvertreter in jeder der 16 Woiwodschaften ist der „Woiwode" oder die „Woiwodin" (Landeshauptmann). Die organisatorische und rechtliche Stellung des Woiwodes ist in der Verfassung in Artikel 152 und im Gesetz vom 23. Januar 2009 über den Woiwode und die Regierungsverwaltung in den Woiwodschaften geregelt (das Gesetz wurde mehrmals geändert, unter anderem im Jahr 2022).

Die Minister leiten Abteilungen der Regierungsverwaltung oder nehmen Aufgaben wahr, die ihnen vom Premierminister übertragen werden. Daher kommt die Unterteilung in Ressortminister und Minister ohne Geschäftsbereich (Artikel 149 der Verfassung). Zur Illustration: Die Gewährleistung der staatlichen Sicherheit und der öffentlichen Ordnung ist untrennbar mit der Rechtspflege verbunden. Die Abteilung des Justizministeriums deckt den Bereich der richterlichen Gewalt sowie damit zusammenhängende Angelegenheiten ab – Staatsanwaltschaft, Notariat, Anwaltschaft und Rechtsberater, Vollstreckung von Strafen und gerichtlich verhängten Erziehungs- und Strafvollzugsmaßnahmen, Angelegenheiten der nachgerichtlichen Hilfe, vereidigte Übersetzer und kostenlose Rechtshilfe. Das Justizministerium ist für die Angelegenheiten der Justiz zuständig, jedoch nur insoweit, als sie nicht durch gesonderte Bestimmungen der Zuständigkeit anderer staatlicher Organe vorbehalten sind, und unter Berücksichtigung des Grundsatzes der richterlichen Unabhängigkeit (→6.5).

Die gesamte staatliche Verwaltung ist streng politisch ausgerichtet. Es handelt sich um ein System von Aktivitäten, die durchgeführt werden, um die gesetzlich festgelegten Aufgaben zu erfüllen und gleichzeitig die Programmziele einer bestimmten Regierung und politischen Partei bzw. Koalition zu erreichen. Die Strukturen der Regierung werden weitgehend nach dem Kriterium der Parteizugehörigkeit der Personen geschaffen, die die Regierung bilden und leitende Positionen in der Regierungsverwaltung bekleiden, wobei jedoch das unpolitische Beamtenkorps von dieser Regel ausgenommen ist. Dies hat in der Praxis negative Folgen, einschließlich der Ersetzung von Beamten in der Verwaltung und in Unternehmen mit staatlicher Beteiligung, die vor allem nach Parlamentswahlen oder zur Erreichung bestimmter politischer Ziele der Regierung durchgeführt wird (Safjan/Bosek 2016: 720–880).

Um eine unparteiische und politisch neutrale Erfüllung der staatlichen Aufgaben zu gewährleisten, gibt es in den Regierungsbehörden ein Beamtenkorps, dessen Leiter der Premierminister ist. Das Beamtenkorps besteht aus Angestellten, die in Sachbearbeiterpositionen beschäftigt sind, unter anderem in der Kanzlei des Premierministers, in den Büros der Minister und Vorsitzenden der Ausschüsse des Ministerrats sowie in den Büros der zentralen Regierungsverwaltungsorgane, den Woiwodschaftsbüros und anderen Büros, die den Hilfsapparat der lokalen Regierungsverwaltungsorgane bilden (Safjan/Bosek 2016: 720–880).

5.5.5 Rechenschaftspflicht der Regierung

Im klassischen parlamentarischen Kabinettssystem und den davon abgeleiteten Modellen (wie dem polnischen →5.1) gibt es traditionell zwei Grundtypen der staatlichen Rechenschaftspflicht: die rechtliche und die politische (manchmal auch als parlamentarisch bezeichnet). Die rechtliche Verantwortung kann nach allgemeinen Grundsätzen vor den ordentlichen Gerichten ausgeübt werden (Artikel 156 der Verfassung). Die politische Verantwortung hingegen, sowohl die individuelle Verantwortung der Minister als auch die gesamtschuldnerische Verantwortung der gesamten Regierung, liegt beim Sejm (Safjan/Bosek 2016: 720–880). Die politische Verantwortung ist etwas weiter gefasst als die parlamentarische Verantwortung und bezieht sich in der Regel auf gewählte Mandatsträger und beinhaltet die Akzeptanz des Urteils der Wähler und Wählerinnen. Sie ist verbunden mit der öffentlichen Rechenschaftspflicht, das heißt der Bewertung durch die Bürger und Bürgerinnen bei Wahlen (Arnull 2020: 19).

Die Rechtmäßigkeit des Handelns der Exekutive hingegen kann von den Gerichten überprüft werden; dies ist die rechtliche Verantwortlichkeit. Die wichtigste

Funktion der juristischen Rechenschaftspflicht der Exekutive ist die Gewährleistung des Gesetzesvollzugs, genauer gesagt die Einhaltung und aktive Umsetzung des Rechts (zum Beispiel des EU-Rechts). Die zweite grundlegende Funktion der Institution der exekutiven Verantwortung ist die Gewährleistung der Umsetzung des Legalitätsprinzips und des damit verbundenen Prinzips der Rechtsstaatlichkeit (Grzeszczak 2011: 321).

5.5.6 Regierungskoalitionen (in der Praxis der polnischen Regierungen)

Eine Regierungskoalition ist eine Vereinbarung zwischen politischen Parteien, die bei Parlamentswahlen Mandate erhalten haben, um eine gemeinsame (Koalitions-)Regierung zu bilden. In der polnischen politischen Praxis bedeutet die große politische Vielfalt der Gesellschaft, dass nur Koalitionsregierungen wirklich funktionieren können. Dies liegt daran, dass normalerweise keine Partei über genügend Vertreter und Vertreterinnen im Parlament verfügt, um allein eine Regierung zu bilden. Auch Minderheitsregierungen sind möglich, aber die Praxis zeigt, dass Minderheitsregierungen instabil und vorübergehend sind.

In der Praxis gab es seit 1997, das heißt seit Inkrafttreten der Verfassung, überwiegend Koalitionsregierungen mit wechselnden Zusammensetzungen, die die instabile politische Szene mit wechselnden Parteien widerspiegeln.

Resümee

In diesem Kapitel wird die Entwicklung der Kompetenzen der Exekutive in Polen im Kontext der demokratischen Konsolidierung, aber auch des demokratischen Rückschritts dargestellt. Kurz gesagt hat der Prozess der demokratischen Konsolidierung in den 1990er-Jahren dazu beigetragen, demokratische Institutionen aufzubauen und die interinstitutionellen Beziehungen abzugrenzen. In diesem Zeitraum (1989–1997) entwickelte sich das politische System in Polen von einer semipräsidentiellen zu einer parlamentarischen Demokratie. Doch seit 2015 wird die Gewaltenteilung zwischen Exekutive, Legislative und Judikative zunehmend infrage gestellt. Dabei weitete die Exekutive ihre Kompetenzen zulasten der Legislative und der Judikative aus. Im Laufe dieses Prozesses hat Polen erstmals seit 1989 Rückschritte im Hinblick auf international anerkannte demokratische Standards erlebt.

> **Fragen:**
>
> - Was bedeutet der Begriff „Exekutivgewalt", aus welchen Einheiten besteht sie in Polen?
> - Welches sind die grundlegenden Zuständigkeiten der Regierung in Polen?
> - Was ist die Verantwortung der Exekutive – politisch und rechtlich?
> - Wie haben sich die Kompetenzen des Staatspräsidenten seit 1989 verändert?
> - Was bedeutet die Rolle des Staatspräsidenten als Verfassungsschützer und wie wurde diese Rolle seit 1989 ausgeübt?

Literatur:

Arnull, Anthony/Wincott, Daniel (Hrsg.) (2002): Accountability and Legitimacy in the European Union, Oxford: Oxford University Press.

Bingen, Dieter (1998): Die Republik Polen. Eine kleine politische Landeskunde, Landsberg am Lach: Aktuell.

Ciapała, Jerzy (1999): Prezydent w systemie ustrojowym Polski 1989–1997, Warszawa: Wydawnictwo Sejmowe.

Garlicki, Lech (2019): Polskie prawo konstytucyjne, Warszawa: Wolters Kluwer.

Garlicki, Lech (1997): The presidency in the Polish constitution. In: East European Constitutional Review, Nr. 6(2), S. 81–89.

Grzeszczak, Robert (2011): Władza wykonawcza w systemie Unii Europejskiej, Warszawa: University Press.

Ismayr, Wolfgang (Hrsg.) (2002): Die politischen Systeme Osteuropas, Opladen: Leske+Budrich.

Kahl, Wolfgang/Ludwigs, Markus (Hrsg.) (2021): Grundstrukturen des europäischen und internationalen Verwaltungsrechts in Handbuch des Verwaltungsrechts, Band II: Grundstrukturen des europäischen und internationalen Verwaltungsrechts, Heidelberg: C.F. Müller.

Kołodziejczyk, Tadeusz/Pomianowska, Małgorzata (Hrsg.) (1990): Konstytucje w Polsce 1791–1990, Warszawa: Przemiany.

Michnik, Adam (1989): Wasz prezydent, nasz premier. In: Gazeta Wyborcza, 3.7.1989.

Nałęcz, Tomasz (2017): Strażnicy Rzeczpospolitej. Prezydenci w latach 1898–2015, Warszawa: Polityka.

Osiński, Joachim (2011): Prezydent w państwach współczesnych, Warszawa: SGH.

Raciborski, Jacek/Wiatr, Jerzy (2005): Demokratie in Polen: Elemente des politischen Systems, Opladen: Barbara Budrich.

Sadurski, Wojciech (2018): Poland's constitutional breakdown, Oxford: Oxford University Press.

Safjan, Marek/Bosek, Leszek (Hrsg.) (2016): Konstytucja RP. Komentarz, Bd. II, Warszawa: CH Beck.

Schmidts-Assmann, Eberhard/Mollers, Christoph (2006): The Scope and Accountability of Executive Power in Germany. In: Craig, Paul/Tomkins, Adam (Hrsg.): The Executive and Public Law: Power and Accountability in Comparative Perspective, New York/Oxford: Oxford University Press.

Ziemer, Klaus (2013): Das politische System Polens. Eine Einführung, Wiesbaden: VS Verlag für Sozialwissenschaften.

Ziemer, Klaus/Matthes, Claudia-Yvette (2002): Das politische System Polens. In: Ismayr, Wolfgang (Hrsg.) (2002): Die politischen Systeme Osteuropas, Opladen: Leske+Budrich.

6 Rechtssystem und Gerichtswesen

Zusammenfassung

In diesem Kapitel wird die Klassifizierung der Rechtsschutzorgane dargestellt und die Justizverwaltung in Polen mit besonderer Berücksichtigung des Justizsystems und des Umfanges und der Bedeutung der Veränderungen beschrieben, die seit 2015 im polnischen Justizsystem vorgenommen wurden und die sich als weitgehend unvereinbar mit dem Recht der Europäischen Union, dem System der Konventionen des Europarats und dem Völkerrecht im Allgemeinen sowie mit dem polnischen Recht selbst, insbesondere der Verfassung der Republik Polen, erwiesen haben. Auch die Organe der staatlichen Kontrolle und des Rechtsschutzes werden anhand ausgewählter Beispiele der wichtigsten Organe in der polnischen politischen Realität allgemein charakterisiert (ausgewählt aufgrund ihrer Rolle im Prozess des Abbaus der Rechtsstaatlichkeit – Staatsanwaltschaft, eines breiten Spektrums an Kompetenzen – Oberste Kontrollkammer, oder aufgrund ihrer starken gesellschaftlichen Legitimität – der Ombudsmann).

6.1 Einführung

Rechtsschutz ist eine ständige und organisierte Tätigkeit zum Schutz der Rechtsordnung und der subjektiven Rechte. Die Rechtsschutzorgane zeichnen sich (formell) durch ihre Eigenständigkeit und Unabhängigkeit von anderen Mächten (Exekutive und Legislative), die Befugnis, Entscheidungen im Namen der Republik Polen zu erlassen, und die Unabhängigkeit der Richter aus. Rechtsschutzorgane sind: Organe, die Rechtsstreitigkeiten entscheiden (das sind vor allem Gerichte), Organe zur Kontrolle der Einhaltung der Gesetze (Legalität) und Organe der Rechtshilfe. Bei den gerichtlichen Instanzen handelt es sich um Gerichte (ordentliche Gerichte, Sondergerichte, das Oberste Gericht) und Tribunale (Staatsgerichtshof, Verfassungsgericht) sowie um internationale Gerichte (der Gerichtshof der Europäischen Union – EuGH, der Europäische Gerichtshof für Menschenrechte – EGMR und andere).

Bei den polnischen Rechtmäßigkeitskontrollorganen handelt es sich um Organe, deren Aufgabe es ist, das Verhalten bestimmter Rechtssubjekte daraufhin zu überprüfen, ob es mit dem geltenden Recht im Einklang steht. Zu den Organen der Rechtmäßigkeitskontrolle gehören insbesondere die Staatsanwaltschaft sowie die Oberste Kontrollkammer, der Generalinspektor für den Schutz personenbezogener Daten, der Nationale Rundfunkrat, die Polizei, das Zentrale Büro zur Korruptionsbekämpfung, die Agentur für innere Sicherheit und die Agentur für den Nachrichtendienst, der Grenzschutz, die Stadtwache, der Präsident des Amtes für Wettbewerb und Verbraucherschutz, die Staatliche Arbeitsinspektion, die Soziale Arbeitsinspektion, das Gewerbeaufsichtsamt, die Staatliche Sanitärinspektion und die Finanzkontrollorgane.

Zu den Rechtshilfeeinrichtungen im polnischen Rechtssystem gehören unter anderem: Rechtsanwälte, Rechtsberater, Patentanwälte, Steuerberater, Notare, Gerichtsvollzieher, die Generalanwaltschaft des Staatsschatzes, der Ombudsmann, der Ombudsmann für die Kinderrechte, der Verbraucheranwalt des Bezirks (der

Gemeinde), der Ombudsmann für Finanzen, der Ombudsmann für die Rechte von Patienten und der Ombudsmann für die Rechte von Patienten der psychiatrischen Krankenhäuser sowie andere Rechtshilfeeinrichtungen, zum Beispiel Konsulate und NGOs.

6.2 Unterteilung und Aufbau der polnischen Gerichtsbarkeit

Der Aufbau polnischer Gerichte ist im Groben mit dem Aufbau der deutschen Gerichtsstruktur vergleichbar. Die richterliche Gewalt wird in Polen von der Justiz ausgeübt, das heißt von Gerichten und Tribunalen:

- den allgemeinen Gerichten (die über Zivil- und Strafsachen entschieden),
- den Sondergerichten (zum Beispiel Militär-, Verwaltungs- oder Arbeitsgerichte).

Die Grundlage des polnischen Rechtssystems ist das kontinentale Rechtssystem (basierend auf der Tradition des Zivilrechts), das historisch gesehen am stärksten vom deutschen und französischen Recht beeinflusst wurde.

Der Systemwechsel, der sich 1989 in Polen vollzog, veränderte auch das Verständnis der Rolle von Justiz und Rechtspflege (Grzeszczak 2015: 21–35). Man begann, einen demokratischen Rechtsstaat aufzubauen, was die Notwendigkeit mit sich brachte, das gesamte Rechtssystem zu reformieren. In Polen besteht dieses System heute aus ordentlichen Gerichten (Appellationsgerichten (Sądy apelacyjne), Kreisgerichten (Sądy okręgowe) und Bezirksgerichten (Sądy rejonowe) und speziellen Gerichten wie Militärgerichte, Woiwodschaftsverwaltungsgerichte und das Oberste Verwaltungsgericht), die für alle Angelegenheiten in den Bereichen Strafrecht, Zivilrecht, Familien- und Sorgerecht, Arbeitsrecht und Sozialversicherungen zuständig sind, sofern diese nicht in die Zuständigkeit anderer Gerichte fallen. Die Präsidenten der Gerichte werden vom Justizminister berufen. Die ordentliche Gerichtsbarkeit basiert auf einem Zwei-Instanzen-Modell. In ihrer Rechtsprechung unterstehen alle ordentlichen Gerichte der Aufsicht des Obersten Gerichts. Die Richter sind nicht absetzbar, es sei denn aufgrund eines Gerichtsurteils, und sie werden vom Präsidenten auf Antrag des Nationalen Justizrates berufen.

Die Gerichte sind eine von anderen Behörden, das heißt von der Legislative und der Exekutive getrennte und unabhängige Behörde (Artikel 173 der Verfassung) und können im Namen der Republik Polen Urteile fällen (Artikel 174 der Verfassung). Die Ausübung der Rechtspflege steht in engem Zusammenhang mit dem Zugang der Bürger und Bürgerinnen zu den Gerichten und damit dem sogenannten Recht auf ein Gericht. Sie ist sowohl in der Verfassung als auch in internationalen Rechtsakten geregelt. In Artikel 45, Absatz 1 der Verfassung ist der Grundsatz des Zugangs zu den Gerichten verankert, das heißt jeder hat das Recht auf ein faires und öffentliches Verfahren ohne unangemessene Verzögerung durch ein zuständiges, unabhängiges, unparteiisches und unabhängiges Gericht.

Die Rechtsgrundlagen, die das Rechtssystem in Polen normalisieren, sind:

> **Verfassung der Republik Polen vom 2. April 1997**

> Eine Reihe von Gesetzen, insbesondere das Gesetz über das System der ordentlichen Gerichte vom 27. Juli 2001; das Gesetz über das System der Militärgerichte vom 21. August 1997; das Gesetz über das System der Verwaltungsgerichte vom 25. Juli 2002; das Gesetz vom 8. Dezember 2017 über den Obersten Gerichtshof; das Gesetz vom 12. Mai 2011 über den Nationalen Justizrat oder das Gesetz vom 28.1.2016 über die Staatsanwaltschaft.

Diese Gesetze sind seit 2015 wiederholt geändert worden, oft im Widerspruch zur Verfassung.

Dies hat dazu geführt, dass die Verfassung durch Gesetze geändert wurde, was mit der Rechtsstaatlichkeit unvereinbar ist. Die Veränderungen im Justizwesen halten an, und im Jahr 2023 ist die Rechtslage, die verschiedene Aspekte der Funktionsweise der Justiz in Polen regelt, chaotisch und uneinheitlich.

Die Justizbehörden sind in unterschiedlichem Maße von der Exekutive abhängig geworden. Insbesondere bei der Ernennung und Beförderung von Richtern ist die Einbindung des politisierten Nationalen Justizrates, der anerkanntermaßen nicht den europäischen (und polnischen) Unabhängigkeitsstandards entspricht, problematisch. Darüber hinaus wurde in Urteilen polnischer Gerichte (einschließlich des Obersten Gerichtshofs und des Obersten Verwaltungsgerichts) und europäischer Gerichte (des Gerichtshofs der Europäischen Union und des Europäischen Gerichtshofs für Menschenrechte) festgestellt, dass zwei neu eingerichtete Kammern des Obersten Gerichts (die Disziplinarkammer und die Kammer für Außerordentliche Kontrolle und öffentliche Angelegenheiten) die Unabhängigkeitsstandards nicht erfüllen, was bedeutet, dass diese Kammern keine Gerichte sind und keine Urteile fällen können. Aus diesem Grund hat der EuGH wiederholt das Einfrieren und die Liquidation der Disziplinarkammer angeordnet. Neben der Destruktion eines Großteils des Obersten Gerichtshofs ist auch die Besetzung von parteitreuen Personen in Schlüsselpositionen der Justizverwaltung durch den Justizminister auffällig. Hervorzuheben ist auch, dass die völlige Lähmung des Verfassungsgerichts die ganze Angelegenheit überschattet. Die Krise des Verfassungsgerichts, die ursprünglich (2015) mit der unrechtmäßigen Besetzung (Wahl der Richter) zusammenhing, hat sich zu einer Krise entwickelt, die die systemischen Grundlagen seiner Arbeitsweise und die Unfähigkeit des Gerichts, seine verfassungsmäßigen

Aufgaben in der Praxis zu erfüllen, betrifft. Veränderungen in der Organisation und die starke Politisierung von Polizei und Staatsanwaltschaft, die Einführung strenger Disziplinarstrafen für widerspenstige (entgegen den Erwartungen der staatlichen Autorität agierende) Richter oder die fehlende öffentliche Kontrolle und Information über die Tätigkeit der Sicherheitsdienste vervollständigen das Bild. Zum Jahreswechsel 2021/2022 kam es außerdem zu einem Überwachungsskandal. Die polnische Regierung kaufte die israelische Software PEGASUS und nutzte sie vermutlich, um die parlamentarische Opposition und ausgewählte Juristen und Juristinnen zu belauschen. Darüber hinaus wurden weitere Änderungen und weitreichende Reformen in der Organisation des Justizwesens angekündigt (zahlreiche Pressemitteilungen, zum Beispiel: Mijnssen 2022; Großmann 2022).

6.3 Übersicht über die ordentliche Gerichtsbarkeit

Im Prinzip gibt es in Polen zwei Arten von Gerichten: staatliche Gerichte und Schiedsgerichte. Das staatliche Gerichtssystem besteht aus ordentlichen Gerichten, Verwaltungsgerichten und dem Obersten Gerichtshof. Das System der ordentlichen Gerichte besteht aus den Appellationsgerichten, den Kreisgerichten und den Bezirksgerichten. Ihre Zuständigkeit erstreckt sich auf Straf-, Zivil-, Familien- und Vormundschaftssachen, Arbeits- und Sozialversicherungsrecht. Der Oberste Gerichtshof ist die höchste Instanz der Judikative – die höchste Berufungsinstanz. Die Verwaltungsgerichte üben eine gerichtliche Kontrolle über die öffentliche Verwaltung aus und sind in Woiwodschaftsverwaltungsgerichte und das Oberste Verwaltungsgericht unterteilt. Es gibt 16 Woiwodschaftsverwaltungsgerichte, eines in jeder Woiwodschaft (poln. Verwaltungsbezirk – *województwo* →8.2.).

Das Verfassungsgericht ist auch ein Organ der Judikative, das unter anderem über die Verfassungsmäßigkeit erlassener Rechtsakte, Zuständigkeitsstreitigkeiten zwischen zentralen Verwaltungsorganen, die Verfassungsmäßigkeit der Ziele und Aktivitäten politischer Parteien sowie über Verfassungsbeschwerden von Bürgern und Bürgerinnen entscheidet. In Polen gibt es (Stand Anfang 2023) elf Appellationsgerichte, 46 Bezirksgerichte und 318 Kreisgerichte.

Die Richter in Polen werden vom Staatspräsidenten auf Vorschlag des Nationalen Justizrates auf unbestimmte Zeit ernannt. Sie dürfen weder politischen Parteien noch Gewerkschaften angehören, sind unabhängig und nur der Verfassung und den Statuten unterworfen. Sie genießen Immunität und persönliche Unverletzlichkeit. Die Richter sind unabsetzbar und ihre Absetzung oder Suspendierung wird durch eine gerichtliche Entscheidung angeordnet. Die Gerichte werden von Präsidenten geleitet, die vom Justizminister ernannt werden. Im Finanz- und Wirtschaftsbereich werden die Verwaltungsaufgaben jedoch von Direktoren wahrgenommen, die ebenfalls vom Justizminister ernannt werden.

Die Hauptaufgabe der Justiz ist die Gewährung von Rechtsschutz auf der Grundlage des auf dem polnischen Staatsgebiet geltenden Rechts (es gibt drei Rechtssysteme: das nationale, das internationale und das europäische, daher ist das System polyzentrisch).

6.3.1 Ordentliche Gerichtsbarkeit

Die überwiegende Mehrheit der Verfahren, an denen Bürgerinnen und Bürger beteiligt sind, finden vor den ordentlichen Gerichten statt. Sie entscheiden über Fälle aus den Bereichen Strafrecht, Zivilrecht, Arbeits- und Sozialversicherungsrecht sowie Familien- und Vormundschaftsrecht. Die Gerichte üben die Rechtsprechung in Verfahren aus, die nicht in die Zuständigkeit der Verwaltungsgerichte, der Militärgerichte und des Obersten Gerichtshofs fallen (Artikel 177 der Verfassung). Zu den ordentlichen Gerichten gehören Kreis-, Bezirks- und Berufungsgerichte. Ihre Zuständigkeit ist breit gefächert und umfasst zum Beispiel Zivil-, Handels-, Arbeits-, Konkurs- und Registrierungsverfahren. Organisatorisch sind sie nach dem Kriterium der zu behandelnden Fälle in Abteilungen unterteilt, zum Beispiel Zivil-, Handels-, Grundbuch- und Hypothekenregister, Arbeits-, Konkurs- und Sanierungsabteilungen.

Die ordentliche Gerichtsbarkeit in Polen besteht aus zwei Instanzen (Artikel 176, Absatz 1 der Verfassung). Dies bedeutet, dass eine Person (natürliche Person, Unternehmen), die mit dem Ergebnis ihres Verfahrens nicht zufrieden ist, Berufung gegen das Urteil (das heißt gegen die Entscheidung) einlegen kann. Sie kann sich an ein höheres Gericht (Berufungsgericht) wenden, um eine Änderung des Urteils zu erwirken. Die zweite Instanz (Appellationsgericht) befasst sich mit dem angefochtenen Teil des Falles und kann: die angefochtene Entscheidung aufrechterhalten – was bedeutet, dass sie in Kraft bleibt; sie abändern – was bedeutet, dass eine neue Entscheidung in der Sache getroffen wird; sie aufheben und die Sache an das erstinstanzliche Gericht zurückverweisen – was bedeutet, dass das Verfahren von Anfang an beginnt.

a. Kreisgerichte

Kreisgerichte (Sądy rejonowe) sind die unterste (erste) Instanz und in der Regel für eine oder mehrere Gemeinden zuständig (Gemeinden sind in Polen die Grundeinheiten der Verwaltungsgliederung, das heißt der Selbstverwaltung). Sie fungieren als erstinstanzliche Gerichte in vermögensrechtlichen Angelegenheiten, wenn der Wert des Streitgegenstandes 75.000 PLN (ca. 16.000 Euro) nicht übersteigt. Die Kreisgerichte sind also die bürgernächsten Gerichte und verhandeln alle Fälle mit Ausnahme derer, die dem Bezirksgericht vorbehalten sind. Sie werden vom Justizminister nach Anhörung des Nationalen Justizrates eingerichtet und aufgelöst.

b. Bezirksgerichte

Bezirksgerichte (Sądy okręgowe) sind Gerichte der ersten und zweiten Instanz. Sie fungieren als erstinstanzliches Gericht in bestimmten Kategorien von Fällen, in denen der Wert des Streitgegenstandes 75.000 PLN übersteigt, sowie in Fällen, in denen sich die Zuständigkeit eines regionalen Gerichts aus den gesetzlichen Bestimmungen ergibt (zum Beispiel Fälle, die nicht vermögensrechtliche Angelegenheiten betreffen; Fälle, die den Schutz des Urheberrechts und des geistigen Eigentums betreffen; Fälle, die die Verhinderung und Bekämpfung des unlauteren Wettbewerbs betreffen). Diese Gerichte fungieren darüber hinaus als zweite Instanz und befassen sich mit Berufungen gegen Entscheidungen der erstinstanzlichen Gerichte. Sie werden für den Tätigkeitsbereich von mindestens zwei Kreisgerichten eingerichtet. Diese Gerichte sind in folgende Abteilungen unterteilt: Zivil-, Straf-, Strafvollzugs- und Strafvollstreckungsaufsicht, Arbeits- und Sozialversicherung.

c. Appellationsgerichte

Die Appellationsgerichte (Sądy apelacyjne) wenden ein Rechtsmittel gegen eine gerichtliche Entscheidung an – eine Berufung, und können mit den deutschen Oberlandesgerichten verglichen werden. Sie überprüfen in zweiter Instanz die Entscheidungen der Bezirksgerichte sowie spezielle Fragen, die ihnen durch das Gesetz direkt übertragen wurden, und sind auch erstinstanzliche Disziplinargerichte für Richter des ordentlichen Gerichts. Im Zuständigkeitsbereich von mindestens zwei Bezirksgerichten wird ein Berufungsgericht eingerichtet. Sie sind in folgende Abteilungen unterteilt: Zivil-, Straf-, Arbeits- und Sozialversicherungsabteilung.

d. Oberstes Gericht

Das höchste Organ der polnischen Gerichtsbarkeit (die höchste Instanz) ist das Oberste Gericht in Warschau (Sąd Najwyższy), vergleichbar mit dem deutschen Bundesgerichtshof. Es prüft die von den Berufungsgerichten beschlossenen Aufhebungen von Urteilen und ist damit die letzte Instanz in einem Gerichtsverfahren. Das Oberste Gericht begutachtet Gesetzentwürfe, prüft Anfechtungen von Wahlen und bestätigt die Rechtsgültigkeit von Wahlen, einschließlich der des Präsidenten, sowie von Volksentscheiden.

Das Oberste Gericht funktioniert auf der Grundlage des Gesetzes über das Oberste Gericht aus dem Jahr 2017, das 2019, 2020 und 2021 novelliert wurde, wobei eine weitere Novellierung im Jahr 2022 eine unausweichliche Folge ist – was ein Hinweis auf die außerordentliche Dynamik der Problematik ist. An der Spitze steht der Erste Präsident des Obersten Gerichts, der vom Präsidenten aus den von der Generalversammlung der Richter der Berufungsgerichte vorgeschlagenen Kandidaten für eine Amtszeit von sechs Jahren ernannt wird. Im Jahr 2022 (die Situation ist in dieser Hinsicht dynamisch) ist das Oberste Gericht in fünf Kammern unterteilt: die Zivilkammer, die Strafkammer, die Kammer für Arbeit und Sozialversicherung, die Kammer für außerordentliche Kontrolle und die Kammer für öffentliche Angelegenheiten und Disziplinarangelegenheiten. Die letzten beiden Kammern wurden nach 2015 unter den Bedingungen des mehrfach geänderten Gesetzes über das Oberste Gericht eingerichtet. In zahlreichen Urteilen des EuGH und polnischer Gerichte wurde festgestellt, dass diese Kammern nicht den Standards eines Gerichts nach EU-Recht entsprechen.

Zur Veranschaulichung eine Abfolge (ausgewählter) Urteile zu den genannten Kammern des Gerichts. Es war der EuGH, der am 19. November 2019 ein Urteil in den verbundenen Rechtssachen C-585/18, C-624/18 und C-625/18 A.K. erließ, in dem es unter anderem um den Status des Nationalen Justizrates und des Obersten Gerichts ging. Darin stellte der EuGH fest, dass das Oberste Gericht in Polen die Unabhängigkeit der neuen Disziplinarkammer des Gerichts zu prüfen hat. Unter Bezugnahme auf das oben genannte Urteil des EuGH wiesen die Richter der Kammer für Arbeit und Sozialversicherung des Obersten Gerichts in ihrem Urteil III PO 7/18 vom 5. Dezember 2019 den Antrag des Präsidenten der Disziplinarkammer des Obersten Gerichts auf Überweisung der Rechtssache des Richters an die Disziplinarkammer ab und hoben den Beschluss des Nationalen Justizrates über die Weiterbeschäftigung des Richters auf. In seiner Begründung stellte das Oberste Gericht fest, dass „der derzeitige Nationale Justizrat kein unparteiisches und von den Legislativ- und Exekutivbehörden unabhängiges Organ ist", während die von ihm eingerichtete neue Disziplinarkammer „kein Gericht im Sinne des EU-Rechts und des nationalen Rechts ist" (Urteil vom 19. November 2019, A.K. unter anderem Unabhängigkeit der Disziplinarkammer des Obersten Gerichts) (C-585/18, C-624/18 und C-625/18, EU:C:2019:982, Rn. 74).

e. Verfassungsgerichtshof

Das polnische Verfassungsgericht (Trybunał Konstytucyjny) besteht aus 15 Richtern, die vom Sejm für neun Jahre gewählt werden. Das Gericht urteilt über die Verfassungsmäßigkeit von Gesetzen, internationalen Verträgen und anderen Rechtsakten. Das Verfassungsgericht entscheidet auch bei Kompetenzstreitigkeiten zwischen Zentral- bzw. Verfassungsorganen, es urteilt über die Verfassungsmäßigkeit der Ziele und Tätigkeiten der politischen Parteien und verhandelt Verfassungsbeschwerden. Eine Verfassungsbeschwerde einreichen kann jede Bürgerin und jeder Bürger, die/der ihre/seine durch die Verfassung garantierten Rechte und Freiheiten verletzt sieht. Gegenstand der Beschwerde kann eine Verfassungsvorschrift sein, auf deren Grundlage ein individuelles, den/die Beschwerdeführer/Beschwerdeführerin betreffendes Urteil gefällt wurde.

Von den genannten Eigenschaften des Verfassungsgerichts (wie bei allen Verfassungsgerichten demokratischer Staaten) ist die Normenkontrolle die wichtigste Aufgabe. Das Wesen der Normenkontrolle wird als „Gericht über das Recht" bezeichnet und besteht darin, über die hierarchische (vertikale) Übereinstimmung von normativen Handlungen (Rechtsnormen) einer niedrigeren Ordnung mit normativen Handlungen (Rechtsnormen) einer höheren Ordnung zu urteilen und erstere im Falle einer fehlenden Übereinstimmung aus dem System des verbindlichen Rechts zu eliminieren. Das polnische System der Normenkontrolle räumt der nachträglichen, konsequenten Kontrolle den entscheidenden Vorrang ein – a posteriori, das heißt sie kann nur bereits erlassene Gesetze betreffen. Nur ausnahmsweise kann die Normenkontrolle einen präventiven – a priori (das heißt von vornherein) – Charakter annehmen, und das Subjekt, das sie einleiten kann, ist der Präsident. Die Entscheidungen des Verfassungsgerichtshofs sind allgemein verbindlich und endgültig.

Seit 2015 gibt es eine ernste Krise um das Verfassungsgericht in Polen, die in Wirklichkeit eine Krise der Demokratie, des Systems und der Verfassung ist. Es begann mit der Doppelwahl von fünf Richtern des Verfassungsgerichts, als die Koalition aus Bürgerplattform und Polnischer Bauernpartei noch an der Macht war (2015). Die grundlegenden Elemente, auf die später in diesem Kapitel näher eingegangen wird, sind: die verfassungswidrige Art und Weise der Wahl einiger

Richter, die verfassungswidrige Art und Weise der Vereidigung der Richter durch Präsident Andrzej Duda, die fehlenden Garantien für die Unparteilichkeit der Richter, die sich aus verschiedenen politischen Faktoren ergeben, die Verfassungswidrigkeit der Entscheidung, die Urteile des Verfassungsgerichts nicht zu veröffentlichen, die Urteile, die für die Exekutive und im Interesse der Exekutive gefällt wurden (insbesondere die Urteile aus dem Jahr 2021, die das Verhältnis des polnischen Rechts zum EU-Recht und zum Konventionsrecht des Europarats betreffen, die Infragestellung des Grundsatzes des Vorrangs des EU-Rechts) (Wyrzykowski 2018: 21–35).

f. Staatsgerichtshof

Der Staatsgerichtshof (Trybunał Stanu) besteht aus einem oder einer Vorsitzenden (von Amts wegen ist dies der Präsident des Obersten Gerichts) und 18 Mitgliedern, die vom Sejm für eine Legislaturperiode gewählt werden. Er entscheidet darüber, ob die Personen, die die höchsten Staatsämter ausüben (unter anderem der Staatspräsident, der Premierminister und die Regierungsminister), einen Verfassungs- oder Gesetzesbruch begangen haben oder ob Personen wie zum Beispiel der Präsident der Obersten Kontrollkammer, der Präsident der Polnischen Nationalbank unter anderem sich im Zusammenhang mit der von ihnen ausgeübten Funktion einer Straftat schuldig gemacht haben. Das Staatsgerichtshofgesetz von 1982 wurde mehrfach geändert, nämlich 1993, 2002, 2016 und 2019.

Die Entscheidung, eine Person vor den Staatsgerichtshof zu bringen, wird von der Nationalversammlung, dem Sejm oder dem Senat getroffen. Der Staatsgerichtshof ist befugt, Strafen zu verhängen wie: Verlust des aktiven und passiven Wahlrechts; Verlust aller oder bestimmter Orden, Ehrenzeichen und Ehrentitel; dem Verbot, leitende Positionen oder mit besonderer Verantwortung verbundene Funktionen in staatlichen Einrichtungen und gesellschaftlichen Organisationen zu bekleiden; Entzug des Parlamentsmandats. Wichtig ist, dass das Urteil des Staatsgerichtshofs endgültig ist und der Präsident der Republik eine verurteilte Person nicht begnadigen kann. Der Staatsgerichtshof ist ein wichtiges Element in der Ordnung der Rechenschaftspflicht der obersten Staatsorgane und Beamten für Verfassungs- oder Gesetzesverstöße im Zusammenhang mit ihrer Stellung oder in Ausübung ihres Amtes.

Die Rolle des Staatsgerichtshofs könnte sich nach einem Machtwechsel in Polen, zum Beispiel bei den Parlamentswahlen 2023, als äußerst wichtig erweisen, aber die bisherige Praxis der Arbeit dieses Gremiums deutet auf seine begrenzte Reichweite und Intensität hin, was sich durch den fehlenden politischen Willen erklärt, die scheidenden Regierungen verfassungsrechtlich zur Rechenschaft zu ziehen.

6.4 Sondergerichtsbarkeit

Die Verwaltungs- und die Militärgerichtsbarkeit bilden eine Struktur der Sondergerichtsbarkeit, das heißt Gerichte, die in Polen aufgrund spezifischer Kategorien von Subjekten (Tätern) oder Objekten (bestimmten Fällen) von der allgemeinen Gerichtsbarkeit ausgeschlossen sind.

6.4.1 Verwaltungsgerichtsbarkeit

Gemäß den Regelungen der polnischen Verfassung und dem Gesetz über den Aufbau der Verwaltungsgerichte übt das Oberste Verwaltungsgericht (Naczelny Sąd Administracyjny – NSA) die Kontrolle über das Funktionieren der öffentlichen Verwaltung aus. Es entscheidet über die Gesetzmäßigkeit von Beschlüssen der Organe der territorialen Selbstverwaltung sowie von Rechtsakten der regionalen Organe der Zentralverwaltung. Seit 2002 ist das Oberste Verwaltungsgericht mit Sitz in Warschau die zweite Instanz der Verwaltungsgerichtsbarkeit; die erste Instanz sind die Woiwodschaftsverwaltungsgerichte mit Sitz in den Hauptstädten der 16 Woiwodschaften.

Die Verwaltungsgerichte befassen sich mit der Kontrolle der Rechtmäßigkeit von Verwaltungsentscheidungen sowohl gegenüber staatlichen als auch gegenüber Selbstverwaltungsbehörden. Diese Gerichte entscheiden über Streitigkeiten zwischen Bürgern und Bürgerinnen (oder anderen Rechtssubjekten) und öffentlichen Behörden (staatliche Verwaltung, Selbstverwaltung). Die Woiwodschaftsverwaltungsgerichte entscheiden über Beschwerden gegen Entscheidungen und Beschlüsse von Organen der öffentlichen Verwaltung, die ihren Sitz auf dem Gebiet einer bestimmten Woiwodschaft haben. Die Woiwodschaftsgerichte sind in Abteilungen unterteilt: jede Abteilung behandelt Fälle aus einem anderen Bereich.

Das Oberste Verwaltungsgericht hingegen entscheidet über Berufungen gegen Entscheidungen der Woiwodschaftsverwaltungsgerichte – in drei Kammern: der Finanzkammer, die sich unter anderem mit Steuerfragen befasst; der Wirtschaftskammer, die sich unter anderem mit Fragen der Wirtschaftstätigkeit, des Schutzes des gewerblichen Eigentums, der Haushaltsplanung, der Devisen, der Wertpapiere, des Bankwesens, der Versicherungen, der Zölle, der Preise, der Tarife und der Gebühren befasst; der allgemeinen Verwaltungskammer, die sich unter anderem mit Fragen des Bauwesens, des Umweltschutzes, der Land- und Forstwirtschaft, der Beschäftigung, der Kommunalverwaltung oder der Ausländerpolitik befasst.

6.4.2 Militärgerichte

Die Militärgerichtsbarkeit zeichnet sich durch die Besonderheit der Rechtspflege in den Streitkräften aus. Die Militärgerichte in Polen sind Strafgerichte, die in erster Linie über Straftaten entscheiden, die von Soldaten im aktiven Militärdienst begangen werden. Die Struktur der Militärjustiz besteht aus Garnisonsgerichten und Militärbezirksgerichten. Das militärische Garnisonsgericht ist einem Kreisgericht gleichgestellt, und das militärische Bezirksgericht entscheidet über Berufungen und Beschwerden gegen Entscheidungen des militärischen Garnisonsgerichts. Die Militärkammer des Obersten Gerichtshofs fungiert als zweite Instanz oder Kassationsgericht.

6.5 Der Nationale Justizrat (Krajowa Rada Sądownictwa – KRS)

Der Nationale Justizrat ist ein kollegiales Verfassungsorgan, und seine Bedeutung für das Rechtssystem wird durch die Tatsache belegt, dass er neben dem Senat das erste Organ war, das im Ergebnis der Gespräche am „Runden Tisch" zum

Wiederaufbau des Staatswesens im Jahr 1989 eingerichtet wurde. Es handelt sich um eine besondere Institution, die die Unabhängigkeit der Gerichte und die Unabhängigkeit der Richter schützen soll und somit ein Garant für die Einhaltung der rechtsstaatlichen Grundlagen ist. Bewertet man dieses Gremium unter dem Gesichtspunkt seiner Zuständigkeit und seiner institutionellen Positionierung, so ist es sozusagen zwischen Legislative und Regierung und der Judikative „aufgehängt" und ein Gremium, das das Verhältnis der Judikative zur Legislative bzw. zur Exekutive gestalten und verbinden soll.

Der Gesetzgeber hat den Nationalen Justizrat mit einem relativ geringen rechtlichen Instrumentarium ausgestattet, das die Aufgabe erfüllen soll, die Unabhängigkeit der Gerichte und die Unabhängigkeit der Richter zu wahren. Die Aufgaben des Rates stehen in erster Linie im Zusammenhang mit dem ordnungsgemäßen Funktionieren des nationalen Justizsystems. Der Rat hat die ausschließliche Befugnis, dem Präsidenten Vorschläge für die Ernennung von Richtern für alle Ämter, von den Kreisgerichten bis zum Obersten Gericht, zu unterbreiten, befasst sich mit formellen Angelegenheiten im Zusammenhang mit der Pensionierung von Richtern, führt Gerichtsinspektionen durch und überprüft die Arbeit von Richtern, um ihre Arbeitsethik zu gewährleisten, und gibt Stellungnahmen zur Vereinbarkeit der vom Sejm verabschiedeten Gesetze über die Unabhängigkeit von Richtern und Gerichten mit der Verfassung ab. Im Zweifelsfall hat der Nationale Justizrat das Recht, beim Verfassungsgerichtshof einen Antrag auf Überprüfung der Verfassungsmäßigkeit von normativen Rechtsakten zu stellen, soweit sie die Unabhängigkeit der Gerichte und Richter betreffen. Schließlich ist der Rat befugt, im Rahmen der ihm übertragenen Befugnisse Stellungnahmen abzugeben, Entschließungen zu verabschieden, Standpunkte, Postulate oder Proteste zu formulieren.

Der Rat setzt sich von Amts wegen zusammen aus dem Ersten Präsidenten des Obersten Gerichts, dem Justizminister, dem Präsidenten des Obersten Verwaltungsgerichts, einer vom Präsidenten ernannten Person, 15 Richtern des Obersten Gerichtshofs, der ordentlichen Gerichte, der Verwaltungsgerichte und der Militärgerichte, vier Abgeordneten und zwei Senatoren. Die Amtszeit der gewählten Mitglieder beträgt vier Jahre. Der Vorsitzende des Rates und zwei Stellvertreter oder Stellvertreterinnen werden aus den Reihen der Ratsmitglieder gewählt.

Gerade weil der Nationale Justizrat an der Ernennung von Richtern, einschließlich der Richter des Obersten Gerichtshofs, beteiligt ist, ist er zu einem zentralen Element der neuen Struktur des Justizwesens und der politischen Einflussnahme auf die Besetzung von Stellen geworden.

6.6 Justiz im Griff der Regierung

Kritik an der Justiz gibt es seit Jahren nicht nur in Polen, sondern auch in vielen anderen europäischen Ländern. Insbesondere Rechtspolitiker werfen der Gerichtsbarkeit keine Abrechnung mit den Richtern aus der kommunistischen Ära vor. Darüber hinaus weisen Kritiker auf zahlreiche materielle und verfahrensrechtliche Fehler hin, insbesondere auf die sehr lange Dauer der Verfahren und der Untersuchungshaft sowie auf Verbindungen zu den Behörden und politischen Kräften.

Diese Kritik existiert bereits seit den 1990er-Jahren. Die Ineffizienz des polnischen Justizwesens zeigt sich insbesondere in der Langwierigkeit der Verfahren und der ungleichen Qualität der gerichtlichen Dienstleistungen, die von Gericht zu Gericht sehr unterschiedlich ist. Es muss jedoch betont werden, dass die polnischen Gerichtsverfahren, trotz der von der Partei Recht und Gerechtigkeit seit 2015 eingeführten Änderungen im Justizwesen, immer noch veraltet und zeitaufwendig sind und den Richtern eine Reihe von Verpflichtungen auferlegen, die die Dauer der Verfahren verlängern. Dazu gehören beispielsweise die Verpflichtung, die Anklageschrift, die Erklärungen des Angeklagten und die Zeugenaussagen zu verlesen, das überholte Beweisaufnahmeverfahren und das Diktieren des Protokolls.

34 Jahre nach dem Beginn des politischen Wandels in Polen schien es, als seien die grundlegenden Verfassungsprinzipien und die Mechanismen für ihren gerichtlichen Schutz fest etabliert. Die gegenwärtige Entwicklung beweist jedoch, dass nichts für immer gegeben ist: Frieden und Sicherheit, Wohlstand und wirtschaftliche Entwicklung oder schließlich Freiheit und Demokratie. In Europa erleben wir heute Phänomene, die es zwar schon einmal gab, aber nicht in dieser Intensität und in diesem Ausmaß. Wir können dies als einen Prozess des Abrutschens der Demokratie bezeichnen (*democratic backsliding*). Die Rückabwicklung der Demokratie ist ebenso wie der Aufbau der Demokratie ein Prozess, bei dem die Behörden eines Landes die Instrumente des Rechts, der Politik und der öffentlichen Meinung einsetzen. Der Prozess des Abbaus der Rechtsstaatlichkeit wird in Polen durch eine schrittweise Änderung des Verfassungssystems eingeleitet, bei der liberale und demokratische Merkmale des Systems beseitigt und durch autoritäre ersetzt werden, was zu einer tiefgreifenden und dauerhaften Veränderung des Staatssystems führt (Sadurski 2018).

Es sollte deutlich hervorgehoben werden, dass die Situation in Polen in den letzten Jahren nicht das erste Mal so ist, dass Verstöße gegen die Rechtsstaatlichkeit auf dem EU-Forum diskutiert werden, und es ist nicht das einzige Beispiel für ein Abgleiten der Demokratie. Vielmehr handelt es sich um einen vielschichtigen Prozess, der ein enormes Potenzial für ein systemisches *democratic backsliding* birgt. Seit 2010 werden die Probleme der Rechtsstaatlichkeit in der EU auf dem europäischen Forum breiter und intensiver diskutiert. Dies geschah im Zusammenhang mit institutionellen Veränderungen in einigen Mitgliedstaaten, insbesondere in Bezug auf ihre Verfassungsgerichte, obersten Gerichte und das Justizsystem im Allgemeinen. Diese Änderungen wurden von Ungarn seit 2010 eingeleitet, von Rumänien seit 2012 und von Polen seit 2015 vorgenommen. Es wird weithin angenommen, dass diese Reformen die Rechtsstaatlichkeit bedrohen, verletzen und sogar destabilisieren und damit eine Gefahr für die Demokratie darstellen.

Zu den Elementen, die das Bild einer Krise der polnischen Justiz prägen, gehören: die Krise und Lähmung des Verfassungsgerichts und die Abhängigkeit eines großen Teils der Richter des Obersten Gerichtshofs von der Exekutive, Änderungen im System der allgemeinen Justiz, die Abhängigkeit von Politikern bei der Auswahl von Richtern durch die Politisierung des Nationalen Justizrates oder die Einführung eines restriktiven und umfassenden Systems von Disziplinarstrafen gegen Richter. Bei der Verfassungskrise handelt es sich um eine Systemkrise und um einen Veränderungsprozess, der zu einer Verletzung des Gleichgewichts der Gewalten zulasten der Justiz und zu einer Art „Entmündigung" der Legislative führt und infolgedessen die Verwirklichung des Rechts der Bürgerinnen und Bürger auf ein unabhängiges und unparteiisches Gericht einschränkt; eine Schwächung der Stellung der Einzelperson in den Beziehungen zum Staat und zu den öffentlichen Einrichtungen; zahlreiche Bedrohungen des Schutzes des Rechts auf Privatsphäre und des Rechts auf Versammlungsfreiheit im Zusammenhang mit der COVID-19-Pandemie.

6.6.1 Die Krise um das Verfassungsgericht und das Oberste Gericht

Die Verfassungskrise, die 2015 (an der Wende der siebten und achten Legislaturperiode des Sejm) durch die verfassungswidrige Wahl von machtfreundlichen Richtern ausgelöst wurde, führte dazu, dass Politiker die Kontrolle über das Verfassungsgericht übernahmen und damit die Unparteilichkeit und Unabhängigkeit des zentralisierten polnischen Verfahrens zur Prüfung der Verfassungsmäßigkeit von Gesetzen untergruben. Die Lähmung des Verfassungsgerichts hat der Regierung und der Parlamentsmehrheit die legislative „Freiheit" gegeben, Gesetze zu erlassen, die unter anderem Änderungen im Justizwesen vorsehen. Das Verfassungsgericht selbst wurde zu einer besonderen „Agenda" der Exekutive und fällte häufig Urteile im politischen Interesse der Regierung (zum Beispiel das Urteil über die Verschärfung des Antiabtreibungsgesetzes im Jahr 2019; das Urteil über den Vorrang der polnischen Verfassung vor dem Vertrag über die Europäische Union oder die Gewährung des Rechts der Regierung, Urteile des EuGH zu bewerten und nicht anzuwenden, da sie – ihrer Meinung nach – außerhalb ihrer Zuständigkeit – *ultra vires* – gehandelt hat, was hauptsächlich Verfahren im Rahmen von Vorabentscheidungsfragen – Artikel 267 des Vertrages über die Arbeitsweise der Europäischen Union – betrifft, das heißt Anfragen polnischer Gerichte an den EuGH zur Reform und zum Status der Gerichte in Polen).

In Fällen, die für die Machthaber von entscheidender Bedeutung sind, hat das Verfassungsgericht somit seine Aufgabe, die Rechte des Einzelnen zu schützen, nicht mehr erfüllt. Die Zahl der geprüften Fälle ist zurückgegangen, und die für die Behörden unbequemen Fälle werden verschoben oder die Gremien werden ausgetauscht, um die Wahrscheinlichkeit eines für die Machthaber günstigen Urteils zu erhöhen. Infolgedessen werden viele rechtliche Lösungen von den Machthabern umgesetzt, ohne dass sie befürchten müssen, vom Verfassungsgericht angefochten zu werden. Dies schwächt auch die Neigung, demokratische Mechanismen der Gesetzgebungskontrolle wie interministerielle Konsultationen (viele wichtige Änderungen gehen den Weg der parlamentarischen Entwürfe und sind somit von den Anforderungen ausgenommen, die für von der Verwaltung ausgearbeitete Entwürfe vorgesehen sind) oder öffentliche Konsultationen zu nutzen. Die erwähnte Lähmung des Verfassungsgerichts ermöglichte es der Regierung, die über keine verfassungsmäßige Mehrheit im Parlament verfügte, die Verfassung zu umgehen und (mit den Händen der Mehrheit der Abgeordneten der Regierungspartei im Parlament) die Rechtswirklichkeit durch einfache Gesetze zu ändern.

Infolge der Lähmung des Verfassungsgerichts steht Polen vor dem Dilemma, ob es nach einer möglichen Änderung der politischen Verhältnisse versuchen sollte, die Legitimität und Autorität des Verfassungsgerichts wiederherzustellen, oder ob es lieber anerkennen sollte, dass eine Rückkehr zum Modell vor 2015 weder wünschenswert noch möglich ist. Dieses Dilemma ist aus rechtswissenschaftlicher Sicht sehr viel schwieriger zu lösen, da es gleichzeitig die Berücksichtigung realer politischer Szenarien sowie institutionelle oder politologische Überlegungen erfordert. Die Zukunft der polnischen Verfassungsgerichtsbarkeit scheint sich auf zwei Szenarien zu beschränken. Erstens, die Beibehaltung des bisherigen zentralisierten Modells mit einer Reform in zwei Schritten, das heißt: der Sanierung des Verfassungsgerichts (Zusammensetzung und richterliche Tätigkeit nach 2015) und dem Einbau von Schutzmechanismen zum Schutz vor einer Wiederholung des Angriffs auf die Unabhängigkeit dieses Organs. Zweitens, der Übergang zu einem dezentralisierten Modell nach dem Vorbild einiger nordischer Länder (Finnland, Schweden), das die Abschaffung des Verfassungsgerichtshofs vorsieht und das System der Kontrolle der Verfassungsmäßigkeit auf das Mandat der ordentlichen Verwaltungs- und Militärgerichte zur direkten Anwendung der Verfassung stützt.

Das Oberste Gericht, ein weiteres Organ nach dem Verfassungsgerichtshof, ist ebenfalls Veränderungen unterworfen worden, die darauf abzielen, es von der Exekutive abhängig zu machen. Im Jahr 2017 verabschiedete der Sejm ein neues Gesetz über das Oberste Gericht, das unter anderem das Verfahren für die Ernennung von Richtern festlegte, die Schaffung von drei neuen (machtabhängigen) Kammern vorsah und neue Regeln für die Versetzung von Richtern, die das Alter von 65 Jahren erreicht hatten, in den Ruhestand einführte, was auch für die damalige (für die Machthaber unbequeme) Erste Präsidentin Prof. Małgorzata Gersdorf galt. Um das Oberste Gericht von der politischen Macht abhängig zu machen, wurde die Zusammensetzung zunächst in einer Weise gestaltet, die mit der Verfassung nicht vereinbar ist, indem der Richterschaft die Möglichkeit genommen wurde, ihre Vertreter und Vertreterinnen in dieses Gremium zu wählen, und das Recht, dies zu tun, den Politikern (dem Sejm) übertragen wurde. In der Folge wählte der so entstandene Nationale Justizrat die Kandidaten für die Richter des Obersten Gerichts aus, wobei insbesondere die Kandidaten für die neu zu besetzenden Kammern des Obersten Gerichts Personen waren, die dem regierenden Lager nahestanden.

Am 2. Juli 2018 leitete die Europäische Kommission ein Verfahren gegen Polen (vor dem EuGH) ein, das darauf abzielte, die Unabhängigkeit des Obersten Gerichtshofs zu schützen, und er selbst legte dem EuGH eine Reihe von Vorfragen zu verschiedenen Aspekten seiner Arbeitsweise unter den neuen rechtlichen Gegebenheiten des EU-Rechts vor. Viele dieser Fragen führten zu Urteilen, in denen der EuGH unter anderem feststellte, dass die beiden neu eingerichteten Kammern nicht den Anforderungen an ein unabhängiges Gericht genügten, dass der Nationale Justizrat politisiert war und ebenfalls nicht den Anforderungen an die Unabhängigkeit genügte, sowie dass er die Aussetzung der Tätigkeit der Disziplinarkammer anordnete (im Wege einer einstweiligen Maßnahme verpflichtete das Urteil Polen, die Anwendung der nationalen Vorschriften über die Zuständigkeit der Disziplinarkammer in Disziplinarsachen von Richtern unverzüglich auszusetzen – was jedoch von den polnischen Behörden nicht umgesetzt wurde, und der EuGH verhängte Strafen für die Nichtumsetzung, die von Polen bis 2022 nicht gezahlt und faktisch von den Zahlungen aus dem EU-Haushalt an Polen abgezogen werden).

Unter den zahlreichen Gesetzesänderungen seit 2015 ist eine weitere hervorzuheben: Im Februar 2020 trat das Gesetz zur Änderung des Gesetzes über das System der ordentlichen Gerichte, des Gesetzes über den Obersten Gerichtshof und einiger anderer Gesetze in Kraft, das in eklatantem Widerspruch zum Recht der Europäischen Union und zur polnischen Verfassung steht. Es greift in den Bereich der richterlichen Unabhängigkeit, des EU-Grundsatzes der Loyalität, des Vorrangs und der Wirksamkeit des EU-Rechts und des effektiven Rechtsschutzes ein. Mit dem Gesetz wird versucht, das Urteil des EuGH vom 19. November 2019 in der Rechtssache C-585/18 unter anderem unwirksam zu machen, in dem der Gerichtshof das Oberste Gericht ermächtigt hat, die Unabhängigkeit der Disziplinarkammer und indirekt des Nationalen Justizrates zu beurteilen. Dieses Gesetz stellt ein grundlegendes Prinzip des Rechtssystems der EU infrage, nämlich den Grundsatz des Vorrangs des EU-Rechts. Wie der EuGH in der Rechtssache C-585/18 unter anderem erklärte: Die polnischen Gerichte sollten die Unabhängigkeit der Disziplinarkammer sowie des Nationalen Justizrates im Hinblick auf die Anforderungen des EU-Rechts überprüfen. Im Falle einer negativen Beurteilung, die im Urteil des Obersten Gerichtshofs vom 5. Dezember 2019 vorgenommen wurde, müssen die Gerichte die Bestimmungen über die Zuständigkeit der Disziplinarkammer außer Acht lassen. Die Disziplinarkammer, die nach dem EU-Recht nicht als Gericht angesehen werden kann, muss daher sowohl für die polnischen Gerichte als auch für die Gerichte der anderen Mitgliedstaaten der EU „unsichtbar" werden. Die Bestimmungen des 2020 eingeführten Gesetzes untergraben jedoch diese Annahmen, da sie darauf abzielen, die Möglichkeit auszuschließen, die Unabhängigkeit der Disziplinarkammer des Obersten Gerichts unter Androhung von Disziplinarstrafen infrage zu stellen, selbst im Lichte der Anforderungen des EU-Rechts.

Im Zusammenhang mit diesen Äußerungen des EuGH legte der Generalstaatsanwalt (gleichzeitig Justizminister) 2018 dem Verfassungsgerichtshof einen Antrag zu den Bestimmungen vor, auf deren Grundlage das Oberste Gericht (sowie andere polnische Gerichte) dem Gerichtshof der EU Vorabfragen vorlegten, woraufhin der Verfassungsgerichtshof am 7.10.2021 eine Entscheidung in der Rechtssache K 3/21 erließ, in der er die Bestimmungen des Vertrags über die Europäische Union für verfassungswidrig erklärte. Er schloss nicht aus, dass er in Zukunft die Vereinbarkeit der EuGH-Urteile mit der polnischen Verfassung prüfen werde, „einschließlich ihrer Entfernung aus der polnischen Rechtsordnung". Dies fällt nicht unter die rechtlichen Möglichkeiten seiner Kontrolle. Denn gemäß dem Grundsatz der Kompetenzverteilung zwischen der EU und den Mitgliedstaaten fällt die Auslegung des EU-Vertrags in die ausschließliche Zuständigkeit des EuGH. Die Entscheidung des Verfassungsgerichts in der Rechtssache K 3/21 wurde unter Beteiligung von Personen getroffen, die auf bereits besetzte Sitze gewählt worden waren, was gemäß dem Urteil des Europäischen Gerichtshofs für Menschenrechte vom 7. Mai 2021 in der Rechtssache Xero Flor/Polen (Antrag Nr. 4907/18) bedeutet, dass die Entscheidung des Verfassungsgerichts unter Beteiligung einer Person, die auf einen bereits besetzten Sitz gewählt worden war, gegen Artikel 6, Absatz 1 der Europäischen Menschenrechtskonvention (EMRK) verstößt und ein solches Organ nicht das Erfordernis eines „auf Gesetz beruhenden Gerichts" erfüllt. Mit dem Urteil des Verfassungsgerichts sollen verfassungswidrige Änderungen im Justizwesen nach 2015 legalisiert werden, die mit dem EU-Recht und der EMRK unvereinbar sind, und es soll Druck auf polnische Richter ausgeübt werden, die für sie verbindlichen Urteile des EuGH zu missachten und unter Androhung disziplinarischer Konsequenzen davon abzusehen, den Status der vom politisierten Nationalen Justizrat ernannten Richter zu prüfen. Damit befindet sich Polen faktisch außerhalb des europäischen Rechtsraums. In Polen wurde auch das Recht der Bürgerinnen und Bürger auf einen wirksamen Rechtsbehelf und darauf, dass ihr Fall von einem rechtmäßig ernannten, unabhängigen und unparteiischen Gericht verhandelt wird, gefährlich eingeschränkt (Bogdandy 2021).

Am 17. Juli 2023 erhob die Kommission Klage gegen Polen gemäß Artikel 258 AEUV. In ihrer Beschwerde forderte die Kommission:

1) erklären, dass im Lichte der Auslegung der Verfassung der Republik Polen durch das Trybunał Konstytucyjny (Verfassungsgericht, Polen) in seinen Urteilen vom 14. Juli (Rechtssache P 7/20) und vom 7. Oktober 2021 (Rechtssache K 3/21) hat die Republik Polen gegen ihre Verpflichtungen aus Artikel 19 Absatz 1 Unterabsatz 2 des Vertrags über die Europäische Union verstoßen;

2) erklären, dass im Lichte der Auslegung der Verfassung der Republik Polen durch das Trybunał Konstytucyjny (Verfassungsgericht) in seinen Urteilen vom 14. Juli (Fall P 7/20) und vom 7. Oktober 2021 (Fall K 3). /21) hat die Republik Polen gegen ihre Verpflichtungen aus den allgemeinen Grundsätzen der Autonomie, des Vorrangs, der Wirksamkeit und der einheitlichen Anwendung des EU-Rechts sowie dem Grundsatz der bindenden Wirkung der Urteile des Gerichtshofs verstoßen;

3) erklären, dass das Trybunał Konstytucyjny (Verfassungsgericht) aufgrund von Unregelmäßigkeiten bei den Verfahren zur Ernennung von drei Richtern für dieses Gericht im Dezember 2015 und im Jahr darauf nicht den Anforderungen eines zuvor gesetzlich festgelegten unabhängigen und unparteiischen Gerichts genügt Durch das Verfahren zur Ernennung ihres Präsidenten im Dezember 2016 hat die Republik Polen gegen ihre Verpflichtungen aus Artikel 19 Absatz 1 Unterabsatz 2 EUV verstoßen

6.6.2 Die Reaktion der Europäischen Union

Die Reaktion der EU-Gremien und vieler ihrer Mitgliedstaaten auf die Veränderungen im polnischen Justizsystem war eindeutig kritisch, jedoch ohne nennenswerte Auswirkungen auf die nachfolgenden Entscheidungen der polnischen Regierung, die den Prozess der Abhängigkeit der Gerichte von der Politik fortsetzt. Das EU-Recht verlangt, dass jeder, der sich auf die Bestimmungen des Rechts der EU beruft oder gegen den dieses Recht angewendet wird, Zugang zu einem unabhängigen Gericht hat, das ihm wirksamen Schutz bieten kann. Insbesondere Artikel 19, Absatz 1, Unterabsatz 2 des Vertrages über die Europäische Union (EUV) verpflichtet alle Mitgliedstaaten, die Rechtsbehelfe vorzusehen, die erforderlich sind, um einen wirksamen Rechtsschutz in den vom EU-Recht erfassten Bereichen zu gewährleisten, und Artikel 47 der Charta der Grundrechte bekräftigt das Recht auf einen wirksamen Rechtsbehelf und ein unparteiisches Gericht, wenn eine mutmaßliche Verletzung der durch das Recht der EU garantierten Rechte und Freiheiten vorliegt (Urteil vom 27. Februar 2018, Associação Sindical dos Juízes Portugueses, C64/16, EU:C:2018:117, Rn. 37; vom 25. Juli 2018, Minister for Justice and Equality, C216/18 PPU, EU:C:2018:586, Rn. 52).

Der EuGH und die nationalen Gerichte der Mitgliedstaaten bilden die richterliche Gewalt im EU-Rechtssystem. Die Frage der richterlichen Gewalt ist in der Union eng mit dem Grundsatz der Rechtsstaatlichkeit verbunden. Die Rechtsstaatlichkeit ist in Artikel 2 EUV als einer der Werte aufgeführt, auf die sich die Europäische Union gründet. Die Aufgaben im Zusammenhang mit der Wahrung der Rechtsstaatlichkeit in der EU sind wiederum durch Artikel 19, Absatz 1 EUV getrennt: „Der Gerichtshof der Europäischen Union [...] gewährleistet [...] die Wahrung des Rechts bei der Auslegung und Anwendung der Verträge" und „Die Mitgliedstaaten treffen die erforderlichen Maßnahmen, um einen wirksamen Rechtsschutz in den vom EU-Recht erfassten Bereichen zu gewährleisten". Aus dieser Bestimmung ergibt sich, dass es Aufgabe des EuGH und der nationalen Gerichte ist, dafür zu sorgen, dass das Recht der EU von den Organen und den nationalen Behörden eingehalten und korrekt angewandt wird. Dies ist der sogenannte objektive Aspekt der Rechtsstaatlichkeit. Daraus folgt, dass die Verpflichtung besteht, jeden nationalen Rechtsakt, der mit Rechtsakten der EU unvereinbar ist, aufzuheben oder seine Anwendung zu verweigern.

Die Entstehung des Rechtssystems der Europäischen Union, einer autonomen Rechtsordnung mit dem Grundsatz des Vorrangs und der unmittelbaren Wirkung, hat sich auf den Status der nationalen Gerichte ausgewirkt, die zu den Gerichten des „ersten Kontakts" zwischen dem Einzelnen und dem EU-Recht geworden sind. Es obliegt dem EuGH und den nationalen Gerichten, den Bürgerinnen und Bürgern einen wirksamen Rechtsschutz für die ihnen gewährten Rechte und die gesetzlich geschützten Interessen zu gewährleisten, was Ausdruck des sogenannten subjektiven Aspekts der Rechtsstaatlichkeit ist.

Die Position der polnischen Regierung hinsichtlich der ausschließlichen und autonomen Zuständigkeit Polens (wie auch jedes anderen Mitgliedstaates) für die Gestaltung des Justizsystems ist nach Ansicht der großen Mehrheit der europäischen Rechtslehre ein Missbrauch. Die Annahme des Standpunkts der polnischen Regierung würde bedeuten, dass sich die Organisation der Justiz und die Standards der richterlichen Unabhängigkeit von einem Mitgliedstaat zum anderen radikal unterscheiden könnten, was es unmöglich machen würde, insbesondere den Grundsatz des gegenseitigen Vertrauens und der gegenseitigen Anerkennung richterlicher Entscheidungen zu akzeptieren – die Eckpfeiler der europäischen Integration (Grzeszczak/Karolewski 2019: 23–47; Bogdandy 2021).

6.6.3 Weitere Justizreformen in Polen (2022)

Im Januar 2022 hat das Justizministerium den Plan gefasst, eine grundlegende Reform des polnischen Justizsystems durchzuführen. Es will die derzeitigen Kreis-, Bezirks- und Appellationsgerichte sowie das Oberste Gericht in seiner derzeitigen Form auflösen. Der Kern der vorgeschlagenen Änderungen besteht vor allem in der Verflachung der Struktur der ordentlichen Gerichte durch die Auflösung der Kreisgerichte, die Ersetzung der Berufungsgerichte durch regionale Gerichte, die sich mit den ordentlichen und außerordentlichen Rechtsmitteln befassen, und die Schaffung von „Gerichtsstellen" als Zweigstellen der Bezirksgerichte in jeder Gemeinde. Die angekündigte weitere Umstrukturierung des Obersten Gerichts läuft auf eine Reduzierung auf eine Kammer für Privatrecht und eine Kammer für öffentliches Recht hinaus, verbunden mit einem erheblichen Personalabbau (durch die Überprüfung von Richtern durch den Nationalen Justizrat und ihre Versetzung in den Ruhestand oder an regionale Gerichte). Die Zuständigkeiten des Obersten Gerichts werden sich auf die Prüfung der Gültigkeit von Wahlen und die Anerkennung außerordentlicher Beschwerden beschränken, was im Hinblick auf die Parlamentswahlen in Polen im Jahr 2023 besondere Bedenken aufwirft.

Diese Veränderungen bergen ein erhebliches Risiko für die Zersetzung des Justizsystems und eine radikale Vertiefung des rechtlichen und institutionellen Chaos als Ergebnis zahlreicher revolutionärer Veränderungen, die parallel zu dem bereits instabilen Justizsystem in Polen eingeführt wurden. Infolgedessen wird sich die strukturelle Absenkung der Garantien für die Unabhängigkeit der Gerichte und die Unabhängigkeit der Richter, einschließlich ihrer Unbeweglichkeit und Unversetzbarkeit, vertiefen.

Es muss deutlich hervorgehoben werden, dass die Reform des Justizwesens in einem Rechtsstaat einer Reihe von Einschränkungen unterworfen ist. Zunächst einmal muss es ein legitimes (rechtliches und soziales) Ziel der Reform geben, das auf verfassungsmäßigen Werten beruht. Eine Scheinreform wie die in Polen, die als Vorwand für personelle Veränderungen in der Justiz dient und die Unabhängigkeit der Justiz ernsthaft beeinträchtigt, ist inakzeptabel. Alle gesetzlichen Regelungen, die das Gerichtswesen betreffen, müssen daraufhin geprüft werden, ob und inwieweit sie die Unabhängigkeit und Unparteilichkeit der Richter einschränken können. Die seit 2015 mit unterschiedlicher Intensität durchgeführte Justizreform in Polen hat die Garantien für die richterliche Unabhängigkeit stark eingeschränkt, die Beteiligung von Politikern (insbesondere des Justizministers) an der Ernennung von Richtern und am Beförderungsverfahren stark gestärkt, und die Gestaltung der internen Struktur der Gerichte führt zu ihrer starken Abhängigkeit von der Exekutive. Der polnische Gesetzgeber hat, wie auch die Gesetzgeber in anderen EU-Ländern, keine völlige Freiheit bei der Gestaltung des Justizwesens. Die diesbezüglichen Lösungen müssen die Anforderungen, die sich aus den verfassungsmäßigen Rechten der Bürgerinnen und Bürger, insbesondere dem Recht auf ein Gericht, ergeben, sowie die Grundsätze und Werte, die sich aus dem Recht der Europäischen Union, dem Konventionsrecht des Europarats und dem Völkerrecht ergeben, beachten.

Dies ist eine traurige Feststellung, wenn man bedenkt, dass nicht nur die Europäische Kommission, sondern auch Institutionen, Regierungs- und Nichtregierungsorganisationen wie das Europäische Parlament, die wichtigsten Gremien des Europarats, insbesondere die Venedig-Kommission, der Menschenrechtsausschuss der Vereinten Nationen, das OSZE-Büro für demokratische Institutionen und Menschenrechte sowie Vertreter der Justiz in ganz Europa, einschließlich des Netzes der Präsidenten der obersten Justizbehörden der Europäischen Union und des Europäischen Netzes der Räte für das Justizwesen, sowie zahlreiche Organisationen der Zivilgesellschaft negative Stellungnahmen abgegeben haben, die oft äußerst kritisch waren.

Ausgehend von den rechtlichen Änderungen, die im Zeitraum 2015–2023 im Hinblick auf die Funktionsweise des Verfassungsgerichts, des Obersten Gerichtshofs und der ordentlichen Gerichte gestaltet werden, wird die Frage nach den rechtlichen Folgen der Häufung verfassungswidriger Änderungen gestellt, die nach der Methode der vollendeten Tatsachen umgesetzt werden, was eine Kontrolle ihrer Rechtmäßigkeit unmöglich macht, sowie die Frage nach dem rechtlichen Status der auf diese Weise ernannten Richter und der von ihnen erlassenen Urteile.

6.7 Staatliche Kontroll- und Rechtsschutzorgane

Staatliche Kontrolle – ist ein System von Organen, die zur Prüfung und Bewertung der finanziellen und wirtschaftlichen Tätigkeit des Staatsapparates eingerichtet wurden. In diesem Teil des Kapitels werden ausgewählte Einrichtungen vorgestellt, das heißt der Ombudsmann, die Oberste Kontrollkammer (Najwyższa Izba Kontroli) und der Nationale Rundfunkrat (Krajowa Rada Radiofonii i Telewizji) sowie die Staatsanwaltschaft, die außerhalb des Systems des gerichtlichen Schutzes und der Kontrolle stehen, aber funktionell eng mit ihnen verbunden sind. Das Kriterium für die Auswahl dieser Einrichtungen ist ihr Einfluss auf die Situation in Polen (Oberste Kontrollkammer, Nationaler Rundfunkrat, Staatsanwaltschaft) und ihre gesellschaftliche Legitimität (Ombudsmann).

Ein Element der Rechtsstaatlichkeit ist die gegenseitige Zusammenarbeit der Rechtsschutzorgane. In Polen gibt es diese Zusammenarbeit nicht mehr, einige der Organe sind stark von der Exekutive abhängig (insbesondere der Nationale Rundfunkrat und die Staatsanwaltschaft), während ein kleiner Teil aus verschiedenen Gründen seine Unabhängigkeit bewahrt hat (der Ombudsmann für Bürgerrechte oder die Oberste Kontrollkammer).

6.7.1 Der Ombudsmann für Bürgerrechte

Der Ombudsman (Rzecznik Praw Obywatelskich) wird vom Sejm mit Zustimmung des Senats gewählt. Eine Amtsperiode dauert fünf Jahre ab dem Moment der Vereidigung vor dem Sejm. Er ist für den Schutz der Freiheit, der Menschen- und Bürgerrechte zuständig. Er wird aktiv, wenn er feststellt, dass durch die Tätigkeit oder Untätigkeit von Staatsorganen, Organisationen oder Institutionen, die zur Achtung der Freiheit der Bürgerinnen und Bürger verpflichtet sind, das Recht verletzt wurde. Man kann sich an den Ombudsmann wenden, wenn alle anderen bestehenden Möglichkeiten, die Angelegenheit zu klären, ausgeschöpft wurden. Zur Entlastung des Ombudsmannes gibt es regionale Ombudsmänner, die für ein Gebiet von jeweils ein bis vier Woiwodschaften zuständig sind.

Die Tätigkeit des Ombudsmanns soll sich durch Unabhängigkeit und Autonomie auszeichnen. Die Unabhängigkeit ist ein charakteristisches Merkmal des Bürgerbeauftragten als Organ des Staates – sie sollte eine rechtliche Dimension erhalten (es sollten Garantien festgelegt werden), aber in diesem Fall bezieht sich dieser Sinn in erster Linie auf das Verbot, in die Sphäre der Unabhängigkeit des Ombudsmanns einzugreifen, die an andere Instanzen gerichtet ist. Er hat in Polen eine starke verfassungsrechtliche Stellung. Er hat das Recht, in Einzelfällen intervenieren und von den Behörden Erklärungen zu verlangen. Darüber hinaus hat er das Recht, die staatlichen Institutionen aufzufordern, sich mit einem Problem zu befassen, und er informiert die Betroffenen über die rechtlichen Möglichkeiten, die ihnen in einer bestimmten Situation zur Verfügung stehen. In Zivil- und Verwaltungssachen kann er vor Gericht auf der Seite eines Bürgers/einer Bürgerin intervenieren und Kassationsbeschwerden beim Obersten Gerichtshof und beim Obersten Verwaltungsgericht einreichen. In Strafsachen hat er das Recht, eine Kassationsbeschwerde beim Obersten Gerichtshof einzureichen (neben dem Generalstaatsanwalt ist er die einzige Instanz, die berechtigt ist, eine Kassationsbeschwerde in Fällen einzureichen, die mit einer anderen Strafe als einer Freiheitsstrafe, zum Beispiel einer Geldstrafe, enden). In Fällen von Straftaten, die von Amts wegen verfolgt werden, kann der Ombudsmann den Staatsanwalt auffordern, ein Ermittlungsverfahren einzuleiten. Seit 2018 ist er berechtigt, dem Obersten Gerichtshof außerordentliche Beschwerden in Fällen aus den letzten 20 Jahren vorzulegen (diese Fälle werden von einer neuen Kammer des Obersten Gerichtshofs – Außerordentliche Kontrolle und öffentliche Angelegenheiten – geprüft, die vom neuen Nationalen Justizrat ernannt wird und ausschließlich von Politikern besetzt ist). Er hat das Recht, den Obersten Gerichtshof aufzufordern, die Rechtsprechung zu vereinheitlichen, wenn es zu offensichtlichen Diskrepanzen in den Urteilen kommt. Der Ombudsmann kann Systemprobleme, die sich aus den von ihm untersuchten Fällen ergeben, den Behörden vorlegen. Sie können Mängel des geltenden Rechts, seine Unvereinbarkeit mit den sich verändernden sozialen und wirtschaftlichen Bedingungen sowie die von den Behörden vorgeschlagenen Lösungen betreffen. Zu seinen Kompetenzen gehört auch das Recht, dem Verfassungsgerichtshof Anträge vorzulegen: Er kann sich Verfassungsbeschwerden von Bürgerinnen und Bürgern vor dem Gerichtshof anschließen (das heißt Beschwerden über die Verfassungswidrigkeit von Gesetzen, auf deren Grundlage rechtskräftige Urteile ergangen sind), sowie Anträge zur Prüfung der Verfassungsmäßigkeit von Gesetzen stellen, die noch keinen Bezug zum Fall einer bestimmten Person haben (sogenannte abstrakte Anträge). Bis Ende 2016 war dies eine der stärksten Kompetenzen des Ombudsmannes; nach der Änderung der Arbeitsweise des Verfassungsgerichts ist ihre Bedeutung im Grunde nicht mehr vorhanden.

Die Aktivitäten des Ombudsmannes genießen in Polen eine hohe gesellschaftliche Legitimität, insbesondere vor dem Hintergrund der systemimmanenten Probleme im Zusammenhang mit der Krise der Rechtsstaatlichkeit und der Achtung der verfassungsmäßigen Ordnung. Die Verfassungskrise wirkt sich auf die Art und Weise der Rechtsetzung und -anwendung aus: In vielen Fällen wurden Gesetze nicht im Parlament diskutiert oder öffentlich angehört, und Behauptungen über Verstöße gegen die Verfassung und internationale Abkommen wurden bei ihrer Ausarbeitung und Anwendung nicht berücksichtigt. Darüber hinaus hat die fehlende Unabhängigkeit des Verfassungsgerichts zu einer allmählichen Aushöhlung des Schutzes der bürgerlichen Rechte und Freiheiten in Polen geführt, und das Parlament, dem keine externen rechtlichen Beschränkungen auferlegt wurden, hat (inspiriert durch die es kontrollierende Regierung) allmählich in den Bereich der Rechte und Freiheiten eingegriffen. Die Rolle des Ombudsmannes, der über die Rechte und Freiheiten der Bürger und Bürgerinnen wacht, erweist sich als umso wichtiger. Dieses Rechtsschutzorgan gilt in dieser Krise als einziges (neben der Obersten Kontrollkammer) unabhängiges Organ.

6.7.2 Die Oberste Kontrollkammer

Die Aktivitäten der öffentlichen Behörden auf zentraler und lokaler Ebene sowie die Art und Weise, wie sie öffentliche Mittel verwalten, werden streng kontrolliert. Das Organ, das diese Kontrolle im Namen der Gesellschaft ausübt, ist die Oberste Kontrollkammer, ein verfassungsmäßiger Rechnungsprüfer, der das Recht hat, de lege ferenda Vorschläge zur Verbesserung der Funktionsweise des Staates zu machen.

In Polen besteht ein gewisses Paradoxon, da der Vorsitzende der Obersten Kontrollkammer, der von der parlamentarischen Mehrheit gewählt wurde, in scharfen Konflikt mit den Strukturen der Partei Recht und Gerechtigkeit geriet. Infolgedessen hat die Oberste Kontrollkammer ihre Funktion der unabhängigen staatlichen Kontrolle beibehalten.

6.7.3 Nationaler Rundfunkrat

Der Nationale Rundfunkrat ist ein verfassungsmäßiges Gremium, das außerhalb des Modells der dreigliedrigen Gewaltenteilung steht und (formell – das sollte er sein) von der Regierung unabhängig ist. Es handelt sich um eine für Rundfunkangelegenheiten zuständige Stelle, die gemäß der Verfassung (Artikel 213–215) und dem Rundfunkgesetz von 1992 (geändert 2001, 2004, 2011, 2015, 2016, 2017, 2019 und 2020) die Meinungsfreiheit in Rundfunk und Fernsehen, die Unabhängigkeit der Anbieter von Mediendiensten und Videoplattformen, die Interessen der Empfänger und Nutzer von Diensten sowie die Offenheit und den Pluralismus des Rundfunks gewährleisten soll. Eine der wichtigsten Befugnisse dieses Gremiums besteht darin, die Bedingungen für die Tätigkeit von Radio- und Fernsehsendern festzulegen sowie Anträge zu prüfen und über die Erteilung von Konzessionen für die Verbreitung von Radio- und Fernsehprogrammen zu entscheiden. Für die tatsächliche Unabhängigkeit eines Gremiums wie des Rundfunkrates reichen rechtliche Garantien allein nicht aus (sie sind in der Verfassung und im Gesetz verankert), sondern es bedarf auch eines hohen Maßes an politischer Kultur und einer unabhängigen Haltung der Rundfunkratmitglieder selbst. In der Zeit seit 2015 wurde der Rundfunkrat mit regierungsnahen Personen besetzt und dazu benutzt, die Tätigkeit unabhängiger Medien in Polen einzuschränken, zum Beispiel durch die Blockierung von Konzessionen für TVN, einen Fernsehsender, der der Regierung von PiS nicht genehm ist.

6.7.4 Staatsanwaltschaft

Die Staatsanwaltschaft ist im polnischen Rechtssystem ein staatliches Organ, das für die Aufrechterhaltung der Rechtsstaatlichkeit, die Überwachung der Verfolgung von Straftaten und die Anklageerhebung vor Gericht zuständig ist. Die Verfassung der Republik Polen enthält keine Bestimmungen, die sich direkt auf die systemische Stellung der Staatsanwaltschaft beziehen, sondern führt nur den Generalstaatsanwalt als eine Einrichtung auf, der bestimmte Verfahrenskompetenzen zustehen. Das Fehlen verfassungsrechtlicher Regelungen für die Staatsanwaltschaft ermöglicht eine recht freie Gestaltung ihrer Aufgaben. Die Staatsanwaltschaft ist nicht Teil der Judikative, sondern aufgrund ihrer hierarchischen Unterordnung unter den Generalstaatsanwalt (und den Justizminister) eng mit der Exekutive, funktionell jedoch eng mit der Judikative verbunden. Unter den Bedingungen der Verfassungskrise in Polen ist sie stark politisiert worden. Das Problem, welchen Platz die Staatsanwaltschaft im System der Staatsorgane einnimmt, hat in letzter Zeit viele Diskussionen in Polen ausgelöst. In der Volksrepublik Polen war sie ein Organ, das einzig und allein der kommunistischen Partei unterstand. Das Gesetz über die Staatsanwaltschaft von 1985, das mehrere Male novelliert wurde, veränderte den Charakter der Staatsanwaltschaft und schuf eine demokratische Institution, die Recht und Ordnung hütet und die Kriminalität im Land bekämpft. Infolge der politischen Instrumentalisierung der Staatsanwaltschaft durch die Regierungsparteien hat die polnische Öffentlichkeit jedoch das Vertrauen in diese Institution verloren.

Das höchste Organ der Staatsanwaltschaft ist der Generalstaatsanwalt. Ihm unterstehen alle Staatsanwälte, das heißt die Staatsanwälte der ordentlichen Organisationseinheiten der Staatsanwaltschaft, die Staatsanwälte der militärischen Organisationseinheiten der Staatsanwaltschaft und die Staatsanwälte des Instituts für Nationales Gedenken und der Kommission zur Verfolgung von Verbrechen gegen die Polnische Nation. 1990 wurde die Generalstaatsanwaltschaft abgeschafft – die Funktion des Generalstaatsanwalts übt seitdem von Amts wegen der Justizminister aus. Hier kommt es zu einer Verquickung der Position des Parlamentariers mit der Funktion des Justizministers und der des Generalstaatsanwalts, wodurch diese Funktionen und folglich die Arbeit der gesamten Staatsanwaltschaft in verstärktem Maße politisiert werden. Besonders offensichtlich wurde dieses Phänomen seit 2015.

Die Aufgaben der Staatsanwaltschaft, des Generalstaatsanwalts und der ihm unterstellten Staatsanwälte werden insbesondere durch die Befugnis wahrgenommen, unter anderem das Ermittlungsverfahren in Strafsachen zu führen oder zu überwachen und die Funktion des Staatsanwalts vor den Gerichten auszuüben oder in vielen Kategorien von Straf- und Zivilsachen Klage zu erheben, sowie die Vollstreckung von Entscheidungen über die Untersuchungshaft und andere Entscheidungen über Freiheitsentzug zu überwachen.

6 Rechtssystem und Gerichtswesen

Am 4. März 2016 trat ein neues Gesetz über die Struktur der Staatsanwaltschaft in Kraft, mit dem unter anderem die Funktionen des Generalstaatsanwalts und des Justizministers zusammengelegt, die Nationale Staatsanwaltschaft anstelle der Generalstaatsanwaltschaft wieder eingerichtet, die Bezirksstaatsanwaltschaften anstelle der Berufungsstaatsanwaltschaften eingeführt und die militärischen Organisationseinheiten der Staatsanwaltschaft abgeschafft wurden. Damit ist das polnische Modell der Strafverfolgung einzigartig unter den EU- und Europarat-Ländern. Das System in Polen zeichnet sich insbesondere dadurch aus, dass ein politisch ernanntes Mitglied der Regierung (der Justizminister/die Justizministerin) gleichzeitig als Generalstaatsanwalt mit erweiterten Befugnissen an der Spitze der Staatsanwaltschaft steht. Die Konzentration von so viel Macht in den Händen einer Person hat zur Folge, dass die Staatsanwaltschaft von der Politik abhängig wird und faktisch politisch manipuliert wird.

Resümee

Die Verfasser der Verfassung der Republik Polen, die die Grundlagen des politischen Systems auf der Basis des Prinzips der Dreiteilung der Staatsgewalt schufen, waren sich der Tatsache bewusst, dass die richterliche Gewalt das schwächste Element der Dreiteilung ist. Dies hat vor allem strukturelle Gründe, da diese Befugnis von jedem einzelnen Richterkollegium und nicht von dem als Organ konzipierten Gericht ausgeübt wird, was zu einer Streuung seiner Zentren führt. Als einzige Behörde verfügt sie über keine gesetzgeberische Initiative und keine einheitliche institutionelle und personelle Vertretung auf zentraler Ebene, was eine Partnerschaft mit der Legislative und Exekutive erschwert. Um das Gleichgewicht zwischen den drei Gewalten zu gewährleisten, unterstreicht Artikel 173 der polnischen Verfassung die Besonderheit und Unabhängigkeit der Justiz und damit die Verpflichtung der anderen Gewalten, diese Unabhängigkeit zu respektieren. Diese Garantien haben sich, wie die Praxis nach 2015 gezeigt hat, als unzureichend erwiesen.

Zusammenfassend lässt sich sagen, dass das polnische Justiz- und Rechtsschutzsystem einen chaotischen, von politischen Interessen geprägten Umbau erlebt hat. Die Veränderungen haben zu einer schweren Krise der Rechtsstaatlichkeit und der Qualität der Demokratie geführt. Nicht nur die Rolle der Justiz wurde an den Rand gedrängt, sondern auch die Rolle des Parlaments in seiner Funktion als Gesetzgeber mit angemessener Qualität und als Kontrollinstanz der Regierung. Die wichtigsten Elemente der Krise im Justizwesen sind: die mangelnde Unabhängigkeit des Verfassungsgerichts, die Verringerung der Garantien für die institutionelle Unabhängigkeit der Gerichte, die mit dem Status des Nationalen Justizrats zusammenhängt, die politische Einflussnahme auf die Besetzung von Gerichtsvorsitzenden, die Schaffung neuer Kammern im Obersten Gerichtshof (die Disziplinarkammer und die Kammer für außerordentliche Kontrolle und öffentliche Angelegenheiten) und die Schaffung eines „Abschreckungseffekts" für die Ausübung richterlicher Funktionen durch Richter (aufgrund der Gefahr von Disziplinarverfahren oder anderen beruflichen Schikanen). Ein weiteres wichtiges Element der Veränderungen in Polen ist die starke politische Unterordnung der

Staatsanwaltschaft, wobei der Generalstaatsanwalt die Möglichkeit hat, individuelle Entscheidungen in einzelnen Verfahren zu beeinflussen und nicht die Funktion des Hüters der Rechtsstaatlichkeit in Bezug auf wichtige politisch bestimmte Fälle wahrnimmt, sowie die politische Unterordnung der Sonderdienste, der Polizei und des öffentlichen Dienstes.

Die Staatsanwaltschaft, stark vom Justizminister abhängig, der zugleich als Generalstaatsanwalt fungiert, wird allmählich verdorben. Die Polizei wurde politisiert und verliert das Vertrauen so schnell, wie es seit der Wende im Jahre 1989 noch nie der Fall war, unter anderem durch unverhältnismäßig aggressive Reaktionen während der öffentlichen Demonstrationen. Die unabhängige ordentliche Gerichtsbarkeit verfällt weiterhin in vielerlei Hinsicht: von den geschärften Disziplinarmaßnahmen gegen die Richter, über die Auslosung der Spruchkörperbesetzung (wobei der Algorithmus geheim gehalten wird und die Ziehungsmaschine sich im Justizministerium befindet) und den beispiellosen Personalaustausch – insbesondere von Vorsitzenden der Gerichte bis hin zur Umstrukturierung des Nationalen Justizrates, der für die Benennung und Beförderung der Richter in Polen zuständig ist. Die Wahl des neuen Nationalen Justizrates ist politisch bedingt und wurde durch den EuGH für mit den Voraussetzungen der Unabhängigkeit unvereinbar und mit dem EU-Recht nicht konform erklärt. Folglich sind die Entscheidungen vom Rat mit Rechtsmängeln behaftet, was in der Zukunft zur Anfechtung rechtskräftiger Urteile der Gerichte führen kann, die mit den durch dieses Organ nominierten oder beförderten Richtern besetzt wurden. Ferner wurde kraft des seit 2016 mehrmals abgeänderten Gesetzes über das Oberste Gericht unter anderem eine neue Gerichtskammer ins Leben gerufen – die Disziplinarkammer, die dazu ermächtigt ist, die Immunitäten der Richter zu entziehen und folglich Disziplinarverfahren zu führen. Diese Kammer, aus politisch nominierten Richtern bestehend, wurde für mit dem EU-Recht unvereinbar erklärt und ihre Tätigkeit wurde im April 2020 und erneut im Juli 2021 kraft Beschlusses des EuGH eingestellt. Dazu kommen auch neue Regelungen im Bereich der möglichen Disziplinarmaßnahmen und Sanktionen für nicht auf die Regierung hörende Richter (unter anderem teilweiser Honorarentzug, Versetzung in weit entfernte Gerichte oder sogar Entzug der Berechtigung zur Ausübung des Richteramts), woraus sich die Gesamtlage ergibt – das heißt das Bild eines Staates, der in die Richtung des Autoritarismus abdriftet.

Fragen

- Welche Kompetenzen haben die ordentlichen Gerichte in Polen?
- Ist die Staatsanwaltschaft in Polen Teil der Judikative oder der Exekutive?
- Was ist das Phänomen der gleitenden Demokratie in Polen?
- Welche Vorwürfe erheben die EU-Gremien gegen die Justizreformen in Polen?

Literatur:
Bogdandy, von Armin/Bogdanowicz, Piotr/Canor, Iris/Grabenwarter, Christoph/Taborowski, Maciej/Schmidt, Matthias (Hrsg.) (2021): Defending Checks and Balances in EU Member States. Taking Stock of Europe's Actions, Berlin: Springer Verlag.

Bogdandy, von Armin/Huber, Peter M. (Hrsg.) (2020): Ius Publicum Europaeum, Bd. 7: Verfassungsgerichtsbarkeit in Europa: Vergleich und Perspektiven, Heidelberg: C.F. Müller.

Großmann, Victoria (2022): Die Regierung soll Telefone politischer Gegner vor der jüngsten Wahl mithilfe der Pegasus-Software gehackt haben. Das legen nun auch Dokumente des Rechnungshofs nahe. In: Süddeutsche Zeitung, 4.1.2022.

Grzeszczak, Robert (2015): The European Transformation of the Legislative, Executive and Judicial Power in Poland. In: Karolewski, Ireneusz P./Sus, Monika (Hrsg.): The Transformative Power of Europe, Baden Baden: Nomos.

Grzeszczak, Robert/Karolewski, Ireneusz P. (2019): Paradoxien der Rechtsstaatlichkeit in der EU: Osteuropäische Herausforderungen. In: Kischel, Uwe/Wißmann, Hinnerk (Hrsg.): Herausforderungen des Rechtsstaates, Stuttgart: Boorberg.

Issacharoff, Samuel (2015): Fragile Democracies: Contested Power in the Era of Constitutional Courts, New York: Cambridge University Press.

Lorenz, Astrid/Anders, Lisa H. (Hrsg.) (2021): Illiberal Trends and Anti-EU Politics in East Central Europe, London: Palgrave Macmillan.

Mijnssen, Ivo (2022): Pegasus in Polen: Opposition wirft der Regierung Handy-Spionage und die Beeinflussung der Parlamentswahl vor. In: Neue Zürcher Zeitung, 4.1.2022.

Sadurski, Wojciech (2018): How Democracy Dies (in Poland): A Case Study of Anti-Constitutional Populist Backsliding. In: Sydney Law School Research Paper, Nr. 18(1), https://ssrn.com/abstract=3103491 (1.9.2023).

Sadurski, Wojciech (2019): Poland's Constitutional Breakdown, Oxford: Oxford University Press.

Urteil vom 19. November 2019, A. K. unter anderem Unabhängigkeit der Disziplinarkammer des Obersten Gerichts. C-585/18, C-624/18 und C-625/18, EU:C:2019:982, Rn. 74.

Wyrzykowski, Mirosław (Hrsg.) (2018): Państwo konstytucyjne. Der Verfassungsstaat. Warszawa: CH Beck.

7 Wahllandschaft

Zusammenfassung

In diesem Kapitel wird die Wahllandschaft in Polen dargestellt. Die Analyse konzentriert sich auf die Determinanten der Wahlbeteiligung. Es wird ein Vergleich der Wahlfrequenz in Polen im Vergleich zu anderen mittel- und osteuropäischen Ländern durchgeführt. Die Autoren versuchen dabei, die Gründe für dieses Missverhältnis zu erklären. Es werden überdies die Wahllandschaft und die Wahlpräferenzen der polnischen Gesellschaft dargestellt.

7.1 Historischer Überblick

Ein wichtiger Faktor, der den Zustand der polnischen Demokratie bestimmt, ist unter anderem die Beteiligung der Bürger und Bürgerinnen an den Wahlen. Eine niedrige Wahlbeteiligung wirkt sich auf die Gestaltung der staatlichen Politik, die Art und Weise der Machtausübung der die Regierung bildenden Parteien und ihrer Legitimität aus (Lijphart 1997; Lipset/Raab 1973; Dahl 1989). Dies liegt daran, dass sie sich nicht eindeutig auf die ihnen gewährte öffentliche Unterstützung berufen können. Ein weiteres spezifisches Element der Funktionsweise des polnischen politischen Systems ist eine Art von Wahllandschaft, die tiefe historische Wurzeln hat.

Eine besondere Rolle spielte die kommunistische Ära. Der Wahlprozess, der in Westeuropa dazu diente, die politische Vertretung der Bürger und Bürgerinnen zu bestimmen, war in der Volksrepublik Polen eine Parodie dieses Prozesses. Während der gesamten Zeit der kommunistischen Herrschaft gab es keine freien Wahlen zu den Vertretungsorganen des Staates. Zwischen 1945 und 1989 wurden insgesamt zehn Parlamentswahlen abgehalten. Den ersten Wahlen, die 1947 stattfanden, ging ein brutaler Wahlkampf voraus, in dessen Folge die Behörden gegen die legal agierende Opposition, vor allem gegen die PSL, hart vorgingen. Die Wahlergebnisse wurden gefälscht. Zwischen 1945 und 1989 wurden die Wahlen nach Wahlgesetzen durchgeführt, die die Eintragung mehrerer Wahllisten zuließen, aus denen die Wähler und Wählerinnen wählen konnten. Dazu ist es jedoch nie gekommen, da den Wählern und Wählerinnen nur eine Option vorgelegt wurde. Die von der Führung der kommunistischen Partei aufgestellte Liste der Parlamentsabgeordneten war also de facto schon vor den Wahlen bekannt. In diesem Fall wurde der Wahlerfolg durch die Wahlbeteiligung bestimmt, die angeblich von der Einigkeit der sozialistischen Gesellschaft zeugte. Die offiziellen (gefälschten) Zahlen zur Wahlbeteiligung schwankten zwischen 94 und 99 %, mit Ausnahme der Wahl von 1985, bei der eine Wahlbeteiligung von 79 % verzeichnet wurde. Ein solches Wahlsystem führte zu einer zunehmenden Kluft zwischen den politischen Institutionen und dem gesellschaftlichen Leben. In den folgenden Jahrzehnten des Bestehens der Volksrepublik Polen waren sich die Bürger und Bürgerinnen, auch wenn sie ihre Stimme bei allgemeinen Wahlen abgaben, ihres Scheincharakters bewusst (Siedziako 2018).

7.2 Wahlfrequenz

Seit dem Fall der kommunistischen Diktatur kann Polen als Ausnahme unter den anderen postkommunistischen Staaten Mittel- und Osteuropas, wie Bulgarien, Tschechien, Ungarn, Rumänien und der Slowakei, aber auch den baltischen Staaten Litauen, Lettland und Estland betrachtet werden, was die Wahlbeteiligung bei den Parlamentswahlen angeht, die aus Sicht des politischen Systems in diesen Ländern die wichtigsten sind (Olejnik/Wojtaszyn 2024). Die höchste Wahlbeteiligung in Polen wurde bei den ersten Wahlen im Jahr 1989 verzeichnet. Sie belief sich auf 62,11 % und war deutlich höher (zwischen 9 und 22 Prozentpunkten) als bei allen nachfolgenden Parlamentswahlen in Polen in den Jahren 1991–2019. Vergleicht man sie jedoch mit anderen mittel- und osteuropäischen Ländern, so ist das in Polen erzielte Ergebnis bei Weitem das niedrigste. Bei den ersten Wahlen in Bulgarien lag die Wahlbeteiligung bei 83,87 %, in Rumänien bei 79,29 %, in der Tschechischen Republik bei 76,25 % und in der Slowakei bei 75,41 %. Nur in Ungarn war das Ergebnis ähnlich wie in Polen, wenn auch um etwa 3 % höher – 65,10 % (Olejnik/Wojtaszyn 2024). In diesem Fall lässt sich diese Diskrepanz durch die Art der polnischen Wahlen erklären. Anders als in anderen postkommunistischen Ländern waren diese Wahlen nur teilweise frei. Den kommunistischen Parteien wurde eine Mehrheit der Sitze im Sejm versprochen, unabhängig von der Anzahl der Stimmen, die sie erhielten, damit sie eine neue Regierung bilden konnten. Daher glaubten viele Bürger und Bürgerinnen nicht, dass diese Wahlen den Status quo ändern könnten, und beteiligten sich daher nicht am demokratischen Prozess. Zwischen den Wahlen von 1989 und den darauffolgenden Wahlen war jedoch ein drastischer Rückgang der Wahlbeteiligung zu verzeichnen. Bei den folgenden Wahlen war die Wahlbeteiligung wie folgt: 1991 – 43,20 %; 1993 – 52,08 %; 1997 – 47,93 %; 2001 – 46,18 %; 2005 – 40,57 %; 2007 – 53,88 %; 2011 – 48,92 %; 2015 – 50,92 %; 2019 – 61,74 % (Olejnik/Wojtaszyn 2024). Die Wahlbeteiligung blieb bis 2019 auf einem ähnlichen Niveau. In diesem Zeitraum ist kein dominanter Trend – weder nach oben noch nach unten – zu erkennen. Die Veränderungen zwischen der vorhergehenden und der nachfolgenden Wahl waren in der Regel gering und betrugen nicht mehr als 5–6 Prozentpunkte. Nur in zwei Fällen (1993 um 8 und 2007 um 13 Prozentpunkte) ist die Wahlbeteiligung im Vergleich zu den vorangegangenen Parlamentswahlen deutlich gestiegen. Dieser Anstieg lässt sich dadurch erklären, dass die Parlamentswahlen 1993 und 2007 vorgezogene Neuwahlen waren, denen eine Verfassungskrise vorausgegangen war. In solchen Fällen sind die Bürgerinnen und Bürger etwas mehr an der Politik interessiert und beteiligen sich in größerem Umfang an den Wahlen als unter normalen Umständen (Daniel 2012: 259). Die Wahlen im Jahr 2019 sind ein Ereignis, bei dem sich die Wahlbeteiligung dem Rekord von 1989 annähert. Gegenwärtig ist es jedoch schwierig, eindeutig zu sagen, ob diese hohe Beteiligung der Bürgerinnen und Bürger an den Wahlen ein Indikator für einen neuen Aufwärtstrend oder ein vorübergehendes Ergebnis des gestiegenen Interesses im Zusammenhang mit der starken Polarisierung der polnischen Gesellschaft ist.

7.2 Wahlfrequenz

Im Durchschnitt lag die Wahlbeteiligung bei den völlig freien Parlamentswahlen in Polen bei 49,49 % und war damit die niedrigste unter den postkommunistischen Ländern Mittel- und Osteuropas – mit einem Abstand von 10–18 Prozentpunkten. Darüber hinaus war Polen das einzige Land, in dem im Durchschnitt weniger als die Hälfte der Wahlberechtigten tatsächlich ihre Stimme abgaben (Olejnik/Wojtaszyn 2024).

Ein noch geringeres Interesse der Bürgerinnen und Bürger war mit den Kommunalwahlen verbunden. Die durchschnittliche Wahlbeteiligung bei diesen Wahlen liegt bei 45,15 %. Nur in einem Fall – bei den letzten Wahlen im Jahr 2018 – lag die Wahlbeteiligung über 50 % (54,9 %). Der niedrigste Wert wurde 1994 mit nur 33,78 % erreicht. Die genaue Beteiligung sieht wie folgt aus: 1990 – 42,27 %; 1994 – 33,78 %; 1998 – 45,35 %; 2002 – 44,23 %; 2006 – 45,99 %; 2010 – 47,32 %; 2014 – 47,40 %; 2018 – 54,90 % (Kowalski/Śleszyński 2018: 239–246). Im Vergleich zu Deutschland, wo die Beteiligung bei den Landtagswahlen selten unter 80 % beträgt, ist die Situation in Polen besonders auffällig.

Die Polen und Polinnen sind außerdem eine Gesellschaft, die neben Slowenien, der Slowakei, Bulgarien, Rumänien und Kroatien am wenigsten daran interessiert ist, ihre eigenen Vertreter und Vertreterinnen in das Europäische Parlament zu wählen. Seit dem EU-Beitritt haben in Polen vier Wahlen stattgefunden. In den Jahren 2004, 2009 und 2014 lag die Wahlbeteiligung bei nicht mehr als 25 %: 20,9 %, 24,53 % und 23,83 %. Nur bei der Wahl 2019 wurde mit 45,68 % das bisher höchste Ergebnis erzielt (Parlament Europejski 2019). Dies war wahrscheinlich auf ein Kräftemessen zwischen der Regierungspartei und der Opposition und auf die Aufrufe ihrer Führer zu einer Wahlkonfrontation mit den politischen Gegnern zurückzuführen.

Eine Ausnahme sind lediglich die Präsidentenwahlen. In diesem Fall war die Wahlbeteiligung bei Weitem die höchste aller Wahlen in Polen. Im Jahr 1990 lag die Wahlbeteiligung im ersten Wahlgang bei 60,6 %, im zweiten Wahlgang bei 53,4 %. 1995, als der amtierende Präsident und Chef der Solidarność, Lech Wałęsa, und der postkommunistische Politiker Aleksander Kwaśniewski gegeneinander antraten, war die Wahlbeteiligung mit 64,7 % im ersten und 68,23 % im zweiten Wahlgang die höchste in der polnischen Geschichte. Bei den nächsten Wahlen war die Wahlbeteiligung niedriger: im Jahr 2000, als es nur einen Wahlgang gab, 61,12 %, im Jahr 2005 49,74 % im ersten und 50,99 % im zweiten Wahlgang, im Jahr 2010 54,94 % und 55,31 %. Im Jahr 2015 hingegen war sie in der ersten Runde mit nur 48,96 % so niedrig wie nie zuvor, in der zweiten Runde lag sie mit 55,31 % bereits nahe am Durchschnitt. Der Trend änderte sich erst im Jahr 2020, als 64,51 % der Wähler und Wählerinnen am ersten Wahlgang teilnahmen, während die Beteiligung am zweiten Wahlgang mit 68,18 % so hoch war wie nie zuvor (nur 1995 war sie um 0,05 % höher) (Duch 2020). Die Besonderheit der – für polnische Verhältnisse – hohen Wahlbeteiligung lässt sich dadurch erklären, dass sie von einem hohen Maß an Personalisierung gekennzeichnet ist, die die Gesellschaft viel stärker mobilisiert.

7.3 Wahllandschaft

Das Wahlverhalten der polnischen Bürgerinnen und Bürger ist stark regional differenziert. In diesem Fall ist der historische Hintergrund sowohl der Wahlbeteiligung als auch der Wahlpräferenzen deutlich erkennbar. Nach Ansicht von Forschern und Forscherinnen, die sich mit diesem Thema befassen, spielte die Zeit der Teilungen Polens, in der die Behörden der jeweiligen Teilung die gesellschaftliche Einstellung zum demokratischen Prozess prägten, in dieser Hinsicht eine wichtige Rolle. Vor allem die Art und Weise, wie die Teilungsstaaten (Preußen/Deutschland, Russland und Österreich/Österreich-Ungarn) organisiert waren, ihre politische Kultur und ihre Haltung gegenüber der polnischen Bevölkerung hatten einen erheblichen Einfluss auf die Vielfalt des Wahlverhaltens in den Gebieten, die früher Teil einer bestimmten Teilung waren (Zarycki 2002; Zarycki 2015: 107–124; Kowalski 2000: 35–58; Kowalski 2014: 89–105; Kowalski/Śleszyński 2018: 11–16). Was die Beteiligung der Bürgerinnen und Bürger an den Wahlen anbetrifft, so ist die höchste Aktivität in Südostpolen zu beobachten, das heißt in den ehemals von Österreich annektierten Gebieten, wo die Polinnen und Polen von allen Teilungsgebieten die größte Autonomie genossen. Dies betrifft vor allem Galizien: die Woiwodschaft Małopolska (mit der Hauptstadt in Krakau – Kraków), die Woiwodschaft Podkarpacie (mit der Hauptstadt in Rzeszów) und den südöstlichen Teil der Woiwodschaft Schlesien. Etwas problematischer ist die Situation in den von Preußen/Deutschland annektierten Gebieten, in denen ein relativ großer (für polnische Verhältnisse) oder durchschnittlicher Anteil der Bevölkerung an den Wahlen teilnimmt. Dies betrifft den nordwestlichen Teil Polens: die Woiwodschaft Wielkopolska (mit der Hauptstadt in Posen – Poznań), den östlichen Teil der Woiwodschaft Pomorze (mit der Hauptstadt in Danzig – Gdańsk) und den nordwestlichen Teil der Woiwodschaft Kujawsko-Pomorskie (mit den Hauptstädten in Bromberg – Bydgoszcz und Thorn – Toruń). Die niedrigste Wahlbeteiligung ist in den Gebieten der ehemaligen russischen Teilung zu verzeichnen, hauptsächlich in der Woiwodschaft Lubelskie (mit der Hauptstadt in Lublin), der Woiwodschaft Łódzkie (mit der Hauptstadt in Lodz – Łódź) und dem nördlichen Teil der Woiwodschaft Mazowieckie (nordöstlich von Warschau – Warszawa). Ähnlich verhält es sich im Westen und Nordosten Polens, in den ehemaligen deutschen Ostprovinzen, die nach dem Zweiten Weltkrieg in den Grenzen des polnischen Staates lagen und heute die Woiwodschaften Ermland und Masuren (mit der Hauptstadt in Allenstein – Olsztyn), Westpommern (mit der Hauptstadt Stettin – Szczecin) und Lubuskie (mit den Hauptstädten in Grünberg – Zielona Góra und Landsberg – Gorzów) bilden.

Auch demografische, soziale und wirtschaftliche Faktoren beeinflussen die Wahlbeteiligung. So sind beispielsweise Unterschiede zwischen städtischen und ländlichen Gebieten festzustellen: In städtischen Gebieten ist die Wahlbeteiligung höher. Außerdem gehen eher Männer zur Wahl, Menschen im Alter von 46 bis 65 Jahren, Personen mit höherem wirtschaftlichen Status und Bürgerinnen und Bürger, die regelmäßig an Religionsveranstaltungen teilnehmen.

Die Wahlpräferenzen der Bürger und Bürgerinnen können auch unter Berücksichtigung einer Reihe von Faktoren wie Geografie, aber auch sozialer Status,

Alter, Bildung, Religiosität und kulturelle Zugehörigkeit analysiert werden. Ursprünglich fand der wichtigste politische Wettstreit zwischen Parteien christlicher (rechter oder rechtsliberaler) und linker Prägung statt. Im 21. Jahrhundert hat sich die Situation jedoch geändert, und die Trennungslinie verläuft nun zwischen rechten und liberalen (linksliberalen) Parteien. Das System der Wahlpräferenzen überschneidet sich bis zu einem gewissen Grad mit der herkömmlichen Aufteilung des Landes in „Polen A" und „Polen B", wobei die Unterschiede im wirtschaftlichen und sozialen Entwicklungsniveau berücksichtigt werden, die sich unter anderem aus dem historischen Hintergrund der Situation in den einzelnen Teilungsgebieten ergeben. Die Gebiete der preußisch-deutschen Teilung waren damals wirtschaftlich etwas weiter entwickelt als die Gebiete der russischen und österreichischen Teilung. Gegenwärtig verläuft die traditionelle Trennungslinie an dem Fluss Weichsel (Wisła).

Bei einer detaillierten Analyse der Wahllandschaft ist festzustellen, dass sich die Wählerschaft der rechten Parteien geografisch gesehen vor allem in Galizien, in den ehemaligen österreichischen Teilungsgebieten (den Woiwodschaften Małopolska und Podkarpackie) sowie in den ehemaligen russischen Teilungsgebieten, hauptsächlich im östlichen Teil der Woiwodschaft Mazowieckie und im westlichen Teil der Woiwodschaft Podlaskie, konzentriert. Kleinere Wählergruppen finden sich auch in relativ gut urbanisierten Gebieten um die größten Städte (mit Ausnahme von Posen).

Die Anhänger des linken Flügels leben in Polen hauptsächlich in den westlichen und nördlichen Gebieten – ehemaligen deutschen Ostprovinzen, die Polen nach dem Zweiten Weltkrieg zugesprochen wurden – in den Woiwodschaften Westpommern und Niederschlesien (mit der Hauptstadt in Breslau – Wrocław). Relativ zahlreiche Wählergruppen gibt es auch in Zentralpolen (Woiwodschaften Wielkopolska und Kujawien-Pommern) sowie im östlichen Teil Zentralpolens an der Grenze zu Weißrussland.

Die liberale Option stellt die zweitgrößte Wählergruppe (nach der Rechten) dar. Die Wähler und Wählerinnen befinden sich hauptsächlich in den größten Städten: Warschau, Krakau, Lodz, Breslau, Posen und Danzig. Sie dominieren auch im westlichen Teil des Landes sowie in der Woiwodschaft Ermland und Masuren im Norden und in den Woiwodschaften Schlesien und Oppeln im Süden.

Die größten Konzentrationen von Wählern und Wählerinnen der Bauernbewegung befinden sich in den zentralen und östlichen Teilen des Landes.

Die Einwohnerinnen und Einwohner kleiner und mittlerer Städte und Dörfer sind hauptsächlich Anhänger der rechten Parteien und in geringerem Maße der Volksparteien. Die Einwohnerinnen und Einwohner der größten Städte wählen eindeutig liberale Parteien, während die Einwohnerinnen und Einwohner mittlerer und großer Städte für die Linke stimmen.

Auf der Grundlage der demografischen und sozialen Analyse kann versucht werden, ein Wählerprofil für bestimmte politische Parteien zu erstellen. Daraus lässt sich schließen, dass die Anhänger des rechten Flügels aus den Kreisen kommen, die sich zur katholischen Religion, zu traditionellen Werten und konservativen Ansichten bekennen. Es handelt sich hauptsächlich um ältere Personen mit Sekundar- oder Grundschulbildung und relativ schlechter finanzieller Lage. Eine Art Gegensatz zum Wähler der Rechten ist der statistische Wähler der liberalen Parteien. Dabei handelt es sich in der Regel um eine junge Person mit höherer Bildung und einer zufriedenstellenden materiellen Situation. Menschen, die linke Parteien wählen, sind in der Regel mittleren Alters – nach 45 Jahren –, haben eine sekundäre Ausbildung und eine relativ schlechte materielle Situation. Ihr charakteristisches Merkmal ist der erklärte Atheismus oder zumindest die Nichtteilnahme an religiösen Praktiken. Die statistische Wählerschaft der Volksparteien ähnelt in gewisser Weise dem Profil der Wählerschaft der Rechten. Es handelt sich hauptsächlich um ältere Menschen mit Grund- oder Sekundarschulausbildung. Sie geben an, religiös zu sein und sich an religiösen Praktiken zu beteiligen, und ihre materielle Situation ist relativ schlecht (Ruszkowski et al. 2020).

Resümee

Die aktive Beteiligung der Bürger und Bürgerinnen am öffentlichen Leben ist eine der Voraussetzungen für eine stabile Demokratie (Tocqueville 1976). Dabei haben Formen, die traditionell mit demokratischer Politik in Verbindung gebracht werden, wie etwa Wahlen, eine feste Rolle und Bedeutung. Seit der zweiten Hälfte des 20. Jahrhunderts hat das unkonventionelle öffentliche Engagement zugenommen, zu dem beispielsweise Protestaktivitäten gehören (Welzel/Inglehart/Klingemann 2003).

Die politischen, wirtschaftlichen und sozialen Veränderungen, die 1989 in Polen stattfanden, haben das sozialistische System, das seit dem Ende des Zweiten Weltkrieges aufgebaut worden war, vollständig verändert. Als Ergebnis demokratischer Prozesse bildete sich ein Mehrparteiensystem ohne eine dominierende Partei, das sich in einem stetigen Wandel befindet (→4.4). Die Veränderungen von 1989 haben vor allem die Wahlen verändert, die frei und allgemein sind. Gegenwärtig gibt es mehrere Arten von Wahlen: Parlaments-, Präsidentschafts-, Europa- und Kommunalwahlen sowie deren spezielle Variante, die Referenden. Aufgrund des demokratischen Charakters von Wahlen verfügen die Gruppen, die die meisten Stimmen erhalten, über eine ausreichende gesellschaftliche Legitimation und nehmen für sich in Anspruch, die Ansichten der Mehrheit der Bevölkerung widerzuspiegeln. Aufgrund der niedrigen Wahlbeteiligung kann jedoch die soziale Legitimation infrage gestellt werden. Die Wahlbeteiligung in Polen ist bei allen Arten von Wahlen eine der niedrigsten, nicht nur im Vergleich mit westlichen Ländern, sondern auch im Vergleich mit anderen mittel- und osteuropäischen Ländern. In den letzten Jahren ist jedoch ein Anstieg der Wahlbeteiligung zu verzeichnen. Die Beobachtung nachfolgender Wahlen wird eine Antwort auf die Frage ermöglichen, ob es sich dabei um einen dauerhaften Trend handelt, der auf eine stärkere Beteiligung der Gesellschaft am demokratischen Prozess hindeutet, oder nur um eine Reaktion auf die Polarisierung der Gesellschaft durch die politischen Eliten.

Resümee

Fragen:

- Wie ist die Wahlbeteiligung in Polen im Vergleich zu den westeuropäischen oder mittel- und osteuropäischen Ländern?
- Was sind die Gründe der niedrigen Wahlfrequenz?
- Welche Mechanismen bestimmen die Wahlpräferenzen der polnischen Bürgerinnen und Bürger?

Literatur:

Bartkowski, Jerzy (2003): Tradycja i polityka. Wpływ tradycji kulturowych polskich regionów na współczesne zachowania społeczne i polityczne, Warszawa: ŻAK.

Dahl, Robert Alan (1989): Democracy and Its Critics, New Haven, London: Yale University Press.

Dalton, Russel J. (2002): Citizen Politics in Western Democracies. Public Opinion and Political Parties in Advanced Industrial Democracies, New York–London: CQ Press.

Daniel, Łukasz (2012): Wpływ nowych przepisów prawa wyborczego na wynik wyborów parlamentarnych 2011 r. In: Daniel, Łukasz/Kornaś, Jerzy (Hrsg.): Dylematy polskiej demokracji, Kraków: Uniwersytet Ekonomiczny w Krakowie, S. 257–272.

Duch, Wojciech (2020): Historia frekwencji wyborczej w Polsce. Rekord wolnych wyborów niepobity od 100 lat. In: Historia.org.pl, https://historia.org.pl/2020/07/13/historia-frekwencji-wyborczej-w-polsce/ (5.6.2022).

Dudek, Antoni (2005): Dzieje dziesięciomilionowej „Solidarności" (1980–1981). In: Borowski, Adam (Hrsg.): Droga do niepodległości. Solidarność 1980–2005, Warszawa: Volumen, S. 19–63.

Garlicki, Leszek (2007): Wybory i prawo wyborcze. In: Garlicki, Leszek, Polskie prawo konstytucyjne, Warszawa: Liber, S. 145–171.

Gwiazda, Anna (2015): Democracy in Poland. Representation, Participation, Competition and Accountability Since 1989, Abingdon/London/New York: Taylor & Francis.

Kobierzycki, Tadeusz/Kania, Marcin (2017): „Ja" – migracja i emigracja wewnętrzna. Rozważania na marginesie filozofii moralnej H. Elzenberga. In: Przegląd Filozoficzny – Nowa Seria, Nr. 4(104), S. 1230–1493.

Kowalski, Mariusz/Śleszyński, Przemysław (Hrsg.) (2018): Atlas Wyborczy Polski, Warszawa: IGiPZ PAN.

Kowalski, Mariusz (2000): Geografia wyborcza Polski. Przestrzenne zróżnicowanie zachowań wyborczych Polaków w latach 1989–1998, Warszawa: IGiPZ PAN.

Kowalski, Mariusz (2014): Czy Wielkopolska była prawicowa? Przestrzenne zróżnicowanie zachowań wyborczych w Polsce w latach dwudziestych XX wieku. In: Prace i Studia Geograficzne, Nr. 54, S. 89–105.

Kumor, Bolesław (1979): Rola Kościoła w utrzymaniu jedności Narodu Polskiego i idei niepodległości. In: Kumor, Bolesław/Obertyński, Zdzisław (Hrsg.): Historia Kościoła w Polsce, Bd. 2, Teil. I, Poznań/Warszawa: Pallottinum, S. 398–414.

Lewis, Paul (2000): Political Parties in Post-Communist Eastern Europe, London: Routledge.

Lijphart, Arend (1997): Unequal Participation: Democracy's Unresolved Dilemma. In: The American Political Science Review, Nr. 91(1), S. 1–14.

Lipset, Seymour Martin/Raab, Earl (1973): The politics of unreason: Right-wing extremism in America 1790–1970, New York: Harper & Row.

Markiewka, Tomasz S. (2021): Po co nam protesty, które nie obalają PiS. In: Krytyka Polityczna, https://krytykapolityczna.pl/kraj/po-co-nam-protesty-ktore-nie-obalaja-pis-u/ (1.9.2023).

Millard, Frances (2012): Democratic Elections in Poland 1991–2007, London: Routledge.

Ogrodziński, Piotr (1991): Pięć tekstów o społeczeństwie obywatelskim. Warszawa: ISP PAN.
Olejnik, Maciej/Wojtaszyn, Dariusz (2024): Why Poles do not vote? The historical paradigm as a cause of low voter turnout in Poland (in Druck).
Parlament Europejski (2019): Wyniki wyborów europejskich w 2019 r., https://www.europarl.europa.eu/election-results-2019/pl/frekwencja/ (22.5.2022).
Ruszkowski, Paweł/Przestalski, Andrzej/Maranowski, Paweł (2020): Polaryzacja światopoglądowa społeczeństwa polskiego a klasy i warstwy społeczne, Warszawa: Collegium Civitas.
Sekuła, Paulina (2013): Aktywność protestacyjna Polaków w latach 1989–2009. In: Polityka i Społeczeństwo, Nr. 3 (11), S. 85–99.
Siedziako, Michał (2018): Bez wyboru. Głosowania do Sejmu PRL (1952–1989), Warszawa: IPN.
Topolski, Jerzy (1995): Polska dwudziestego wieku 1924–1995, Poznań: Wydawnictwo Poznańskie.
Tocqueville, Alexis de (1976): O demokracji w Ameryce, Warszawa: Państwowy Instytut Wydawniczy.
Welzel, Christian/Inglehart, Ronald/Klingemann, Hans-Dieter (2001): Human Development as a General Theory of Social Change: A Multi-Level and Cross-Cultural Perspective, Berlin: Wissenschaftszentrum Berlin für Sozialforschung.
Ziemer, Klaus (Hrsg.) (2003): Wahlen in postsozialistischen Staaten, Opladen: Leske+Budrich.
Zarycki, Tomasz (2002): Region jako kontekst zachowań politycznych, Warszawa: Scholar.
Zarycki, Tomasz (2015): The electoral geography of Poland: between stable spatial structures and their changing interpretations. In: Erdkunde, Nr. 69(2), S. 107–124.

8 Dezentralisierung und Verwaltungssystem

> **Zusammenfassung**
>
> Dieses Kapitel befasst sich mit der Gestaltung des Verwaltungssystems. Nach 1989 wurde eine Reihe von Maßnahmen eingeleitet, um die polnische Verwaltung umzugestalten. Die Überwindung des Erbes des Sozialismus war mit der Einführung von Reformen verbunden, die die Verwaltungsstruktur an die Entwicklungen in den westlichen Ländern anpassten, insbesondere nach dem Beitritt zur Europäischen Union im Jahr 2004. Darüber hinaus wird die Entwicklung der Regionalpolitik vorgestellt, bei der die verschiedenen Ebenen der lokalen Verwaltung mit der Zentralverwaltung zusammenarbeiten.

8.1 Einführung

Eine moderne und effiziente Verwaltung spielt für moderne demokratisch verfasste Rechtsstaaten eine wichtige Rolle. Sie ist verantwortlich für die Umsetzung der nationalen Politik auf den unterschiedlichen Ebenen des Staates und Ansprechpartner für alle Belange des Bürgers. Indirekt trägt ihr effizientes und transparentes Handeln und die dabei an den Tag gelegte Bürgernähe zum Institutionenvertrauen der Bürger und Bürgerinnen bei oder – im negativen Fall – mindert dieses. Das Ziel bei nahezu allen Dezentralisierungsmaßnahmen in Europe ist unter anderem *good governance*, das heißt ein verantwortliches und transparentes Regierungshandeln und die klare Trennung der Kompetenzen der verschiedenen Verwaltungsebenen, was geteilte Verantwortung nicht ausschließt. Zusätzlich sollten die einzelnen Ebenen in einem dezentralisierten Verwaltungsaufbau mit ausreichenden Mitteln ausgestattet sein, so wie es die Europäische Charta der kommunalen Selbstverwaltung vom 15. Oktober 1985 in Artikel 9 festhält (Savy/Pauliat/Scnimon 2017: 7–10). Diese Erwartungen hinsichtlich der Kompetenzverteilung, der Transparenz und der finanziellen Ausstattung gelten auch bezüglich der Dezentralisierungsmaßnahmen und des Verwaltungsaufbaus, wie er sich in Polen nach dem Ende des Sozialismus im Jahr 1989 entwickelt hat. Dabei mussten die polnischen Regierungen der 1990er-Jahre drei große Ziele realisieren. Erstens mussten sie das Erbe des Sozialismus überwinden und das bedeutete auf dem Feld der Verwaltung das Vertrauen der Bürger und Bürgerinnen in eine unabhängige, dem Bürger und der Bürgerin dienende Verwaltung aufzubauen, also keine Klientel- oder Günstlingswirtschaft zu verfolgen und sich vom ideologischen Ballast der Vergangenheit freizumachen. Zweitens musste Polen an die westliche Entwicklung anknüpfen, die seit den 1980er-Jahren in Richtung Dezentralisierung verlief. In Ländern wie Frankreich oder Großbritannien, aber auch in der Bundesrepublik Deutschland wurde die Dezentralisierung zugunsten einer höheren Effizienz und Bürgernähe sukzessive gestärkt. Schließlich galt es drittens, den Verwaltungsaufbau und die geplanten Reformen an die Erfordernisse der EU anzupassen und das hieß insbesondere, die polnischen Verwaltungsebenen in die Lage zu versetzen, EU-Strukturmittel im Rahmen der EU-Kohäsionspolitik zu absorbieren.

8.2 Verwaltungsaufbau und Verwaltungsreformen von 1990 und 1998

Alle Überlegungen, nach 1989 einen modernen Verwaltungsaufbau in Polen umzusetzen, mussten sich mit dem Erbe des Sozialismus, aber auch mit älteren Traditionen der regionalen und lokalen Selbstverwaltung auseinandersetzen.

Verwaltungstraditionen reichen dabei in Polen bis in die frühe Neuzeit zurück. Erste Woiwodschaften wurden bereits Anfang des 14. Jahrhunderts in Polen eingerichtet, aber aufgrund des Verlustes der eigenen Staatlichkeit Polens nach den Teilungen des Landes Ende des 18. Jahrhunderts entwickelten sich in den drei Teilungsgebieten in der Zeit bis zum Ende des Ersten Weltkrieges unterschiedliche Verwaltungstraditionen, die nach 1918 erst mühsam zusammengeführt werden mussten. In der Zwischenkriegszeit existierten im polnischen Staat nach Festlegung der Grenzen und der Eingliederung des Wilnaer Gebietes 1922 insgesamt 16 Woiwodschaften und 283 Kreise, und dies auf einer erheblich größeren Fläche als im heutigen Polen (Piasecki 2009: 126). Allerdings wurde eine wirkliche Selbstverwaltung der Woiwodschaften nur im ehemaligen preußischen Teilungsgebiet eingeführt. In den anderen Landesteilen blieben die Woiwodschaften somit lediglich Verwaltungseinheiten (Wytrążek 2009: 66). Eine Ausnahme stellte allerdings die Woiwodschaft Schlesien dar, die in der Zwischenkriegszeit als einzige Woiwodschaft über eine gewisse Autonomie in der Rechtsprechung und der Verwaltung verfügte, womit einem ausgeprägten Regionalbewusstsein Rechnung getragen wurde. Die März-Verfassung des Jahres 1921 sah insgesamt die unterschiedlichen Ebenen der Selbstverwaltung auf Woidwodschafts-, Kreis- und Gemeindeebene als Gegengewicht zur Zentralregierung in Warschau, wobei das Spannungsverhältnis zwischen regionaler und zentraler Verwaltung auch in der Zwischenkriegszeit bestand (Babiak/Ptak 2010: 29–31).

Die Bemühungen des polnischen Staates, ein einheitliches und effizientes Verwaltungssystem aufzubauen, wurden durch den Ausbruch des Zweiten Weltkrieges und die deutsche bzw. sowjetische Besatzung abgebrochen. Die nach 1945 neu entstandene Volksrepublik Polen wandte sich dann von den Traditionen der Zweiten Polnischen Republik der Zwischenkriegszeit ab und war angesichts der sowjetischen Dominanz dazu gezwungen, das sowjetische Gesellschaftsmodell zu implementieren. Die grundlegenden Prinzipien der Selbstverwaltung – Subsidiarität und Dezentralisierung (Wytrążek 2009: 9) – wurden damit aufgekündigt. Die Prinzipien der Parteilichkeit und das System der Nomenklatura, das heißt der Auswahl zuverlässiger, der Parteilinie folgender Personen auf bestimmte Positionen dominierten nun. Zwar blieben die Woiwodschaften formal bestehen, aber die Idee der Selbstverwaltung wurde den genannten Prinzipien untergeordnet. Faktisch bedeutete dies eine starke Zentralisierung. Statt regionaler Parlamente gab es Nationalräte auf den unterschiedlichen Ebenen der Verwaltung, aber auf allen Ebenen dominierten die Vertreter und Vertreterinnen der PZPR. Die Anzahl der Woiwodschaften veränderte sich dabei mehrfach. Zunächst waren es im Jahr 1946 in der veränderten territorialen Gestalt Polens 14, dann ab 1950 17 Woiwodschaften. Schließlich wurde 1975 die Zahl der Woiwodschaften auf 49 erhöht und zugleich wurden die 392 Kreise abgeschafft. Ab diesem Zeitpunkt gab es nur noch einen zweigliedrigen Verwaltungsaufbau (Woiwodschaften und Gemeinden) und zudem wurden durch die Vergrößerung der Anzahl der Woiwodschaften politische Traditionen abgeschnitten. Allerdings wurden so mehr Positionen für Parteikader geschaffen und insgesamt die regionale Selbstverwaltung geschwächt (Piasecki 2009: 132–136).

Die bereits seit Beginn der 1980er-Jahre von der Gewerkschaft Solidarność erhobene Forderung nach einer Erneuerung der territorialen Selbstverwaltung im Rahmen einer sich selbst verwaltenden Republik (Samorządna Rzeczpospolita) konnte vor dem Systemwechsel nicht umgesetzt werden. Gleichwohl wurden Reformen insbesondere der lokalen Selbstverwaltung in oppositionellen Milieus bereits vor 1989 diskutiert, sodass hier der Boden für die ab 1989 erfolgenden Reformen bereitet wurde (Piasecki 2009: 137–138).

Die Vorstellungen der Opposition über Reformen der territorialen Selbstverwaltung und den Verwaltungsaufbau des Landes schlugen sich auch in den Verhandlungen zwischen Opposition und Regierung am Runden Tisch im Frühjahr 1989 nieder, aber diese Gespräche brachten hinsichtlich der territorialen Selbstverwaltung lediglich die Unterschiede beider Seiten zutage, ohne dass in diesem Punkt konkrete Vereinbarungen getroffen wurden. Die Solidarność-Seite hatte sich für eine eigenständige Selbstverwaltung auf lokaler Ebene ausgesprochen, während die Regierungsseite die lokale Selbstverwaltung weiterhin als ausführendes Organ der staatlichen, zentralen Verwaltung betrachtete.

Mit Antritt der ersten demokratischen Regierung unter Tadeusz Mazowiecki im August 1989 nahmen Reformen in diesem Bereich jedoch Fahrt auf. Bereits ein Beschluss des frisch gewählten Senats vom 29. Juli 1989 hatte die Notwendigkeit der Stärkung der Selbstverwaltung auf Gemeinde- und Städteebene hervorgehoben und ab dem Spätsommer 1989 wurde in beiden Parlamentskammern an entsprechenden Gesetzen gearbeitet. Mit Jerzy Regulski wurde im September 1989 ein dezidierter Vertreter und Experte für Selbstverwaltungsfragen zum ersten Bevollmächtigten der Regierung für die Reformen der territorialen Selbstverwaltung ernannt, um die Reformen zu koordinieren. Einer der wichtigsten Experten auf Regierungsseite und einer der Väter der Verwaltungsreformen der Jahre 1990 und 1998 war Michał Kulesza (Piasecki 2009: 144–145).

Zu den wichtigsten Fürsprechern einer Stärkung von Selbstverwaltung und Dezentralisierung gehörten auch Institutionen wie die Stiftung zur Förderung der lokalen Demokratie (Fundacja Rozwoju Demokracji Lokalnej) oder die Ende der 1980er-Jahre gegründete Stefan Batory-Stiftung (Piasecki 2009: 146). Schließlich wurden mit der Wochenzeitschrift „Wspólnota" (Gemeinschaft) und dem 1991 wieder erscheinenden wissenschaftlichen Monatsjournal Samorząd Terytorialny (Territoriale Selbstverwaltung) auch wichtige Reflexionsebenen für die Entwicklung von Selbstverwaltung und Dezentralisierung geschaffen.

Bereits in den 1980er-Jahren sind dabei in oppositionellen Kreisen, die sich mit einer Reform der Selbstverwaltung befassten und denen unter anderem Jerzy Regulski angehörte, Prinzipien formuliert worden, die bei der Reform des Jahres 1990 greifen sollten. Erstens sollte die Selbstverwaltung von der zentralen Regierungsverwaltung getrennt werden und zweitens sollte den Gemeinden das kommunale Vermögen rückerstattet werden. Die Gemeinde sollte das Hauptrückrat der anzustrebenden Reform sein und daran knüpfte man ab dem Sommer 1989 an.

Nach nur wenigen Monaten Vorbereitung wurde am 8. März 1990 die Verfassung geändert und das Gesetz über die territoriale Selbstverwaltung (seit 1998 unter der Bezeichnung Gesetz über die Selbstverwaltung der Gemeinde) im Parlament verabschiedet. Zusätzlich mussten an die 100 Gesetze novelliert werden, unter anderem, um die Aufgaben der Gemeinden von denen der zentralen staatlichen Verwaltung abzugrenzen. In der Verfassung wurden unter anderem der geänderte, höhere Stellenwert der territorialen Selbstverwaltung und die zentrale Rolle der Gemeinde festgehalten, während die aus sozialistischen Zeiten stammenden Nationalräte ersatzlos gestrichen wurden. Auch das Gesetz über die territoriale Selbstverwaltung benennt die Gemeinde als zentrale Einheit für die Ausübung der öffentlichen Verwaltung auf lokaler Ebene. Zudem wird sie mit entsprechenden Mitteln ausgestattet, das heißt sie erhält kommunales Eigentum. Die unterschiedlichen lokalen Ebenen werden, je nachdem, ob es sich um ein kleines Dorf, eine Stadt oder eine Stadt mit über 100.000 Einwohner handelt, von einem Gemeindevorsteher, einem Bürgermeister oder einem Stadtpräsidenten geleitet. Die ersten Wahlen zu den Gemeinderäten fanden bereits am 27. Mai 1990 statt, und zwar noch auf Grundlage der administrativen Einteilung aus der Zeit der Volksrepublik Polen. Eine Veränderung beispielsweise durch Zusammenführung von Gemeinden erfolgte erst durch ministeriale Verordnungen in den Jahren 1990 und 1991. Das Gesetz vom 8. März 1990 veränderte somit grundlegend den Aufbau des Staates. Das zuvor gültige Prinzip der einheitlichen Staatsgewalt wurde zugunsten einer eigenständigen lokalen Selbstverwaltung aufgegeben. Das Gesetz spricht von einer „Selbstverwaltungsgemeinschaft" (Wspólnota samorządowa), die ihre Vertretungsorgane (Gemeinde- und Stadträte) wählt, die wiederum bis 2002 ihre Gemeindevorsteher, Bürgermeister respektive Stadtpräsidenten wählten. Alle Angelegenheiten der Gemeinde sind seit 1990 von der Gemeinde selber zu regeln. Das betrifft die Infrastruktur (Schule, Wegenetz, Kanalisation etc.), die öffentliche Ordnung und Sicherheit, die Raumplanung und Aspekte des Umweltschutzes. Die Amtsaufsicht wird vom Woiwoden und letztlich auch von der Regierung bzw. dem Sejm ausgeübt (Obłąkowska-Kubiak 2015: 36–38). Zur Finanzierung der genannten Aufgaben stehen den Gemeinden die kommunalen Liegenschaften zur Verfügung, die jedoch zunächst inventarisiert werden mussten, bevor sie den Gemeinden überantwortet werden konnten (Wytrążek 2009: 153). Zudem können die Gemeinden eigene Abgaben erheben, wobei dazu die in einem Referendum ausgedrückte Zustimmung der Einwohner notwendig ist. Darüber hinaus erhalten die Gemeinden anteilig Steuereinnahmen und direkte Subventionen und Zuwendungen seitens des Staates. Dennoch bleibt die Finanzierung der gemeindlichen Aufgaben nach wie vor eine Schwachstelle, da die Aufgaben stärker zunehmen als die Finanzmittel. Zuständig für die zentrale staatliche Verwaltung bleibt in den Woiwodschaften nach wie vor der Woiwode als ein von der Zentralregierung ernannter Spitzenbeamter. Für die Kontrolle der Finanzen aller Selbstverwaltungseinheiten in den Woiwodschaften sind die regionalen Rechnungskammern (Regionalne Izby Obrachunkowe – RIO) zuständig, die im Gesetz über die territoriale

Selbstverwaltung vom 8. März 1990 bereits erwähnt werden. Die Grundlage für ihre Tätigkeit wurde dann durch ein Gesetz vom 7. Oktober 1992 gelegt und auch die Verfassung von 1997 benennt sie in Artikel 171. Insgesamt sind heute 16 RIO tätig, die ihre Tätigkeit im Landesrat der regionalen Rechnungskammern abstimmen (Krajowa Rada Regionalnych Izb Obrachunkowych – KRRIO). Der Landesrat legt Sejm und Senat zum 30. Juni jährlich einen Bericht über seine Tätigkeit und damit auch über das Finanzgebaren der Selbstverwaltung vor (KRRIO 2018).

Die ersten freien Wahlen zu den lokalen Selbstverwaltungen hatten noch unter vielfältigen Unzulänglichkeiten zu leiden. Parteien mussten sich erst noch herausbilden und auch die Wahlbeteiligung war mit 42,27 % enttäuschend niedrig. Neben den Kandidaten der Bürgerkomitees der Gewerkschaft Solidarność, die sich im ersten Wahlgang 41,4 % der Mandate sichern konnten, waren unabhängige Kandidaten mit 38 % erfolgreich, das heißt, die Bürger und Bürgerinnen waren durchaus gewillt, ihre lokalen Angelegenheiten in die eigenen Hände zu nehmen (Piasecki 2009: 171).

Bereits bei der Verabschiedung des Gesetzes über die territoriale Selbstverwaltung im März 1990 waren sich die Schöpfer der Reform bewusst, dass nach der lokalen Selbstverwaltung auch die regionale Selbstverwaltung folgen musste. Allerdings bestand über das Ausmaß der regionalen Selbstverwaltung und die Reichweite der angedachten Dezentralisierung keine Einigkeit unter den politischen Parteien. Berater des auf Tadeusz Mazowiecki am 4. Januar 1990 folgenden Ministerpräsidenten Jan Krzysztof Bielecki vom Liberal-Demokratischen Kongress (Kongres Liberalno-Demokratyczny – KLD) hatten einen weitreichenden Plan der Dezentralisierung entwickelt, der große Regionen mit Gesetzgebungskompetenzen, einem Zweikammersystem und eigenem Budget vorsah. Dafür fanden sich aber lediglich in den Regionen Schlesien und Großpolen Unterstützer. Dennoch hatten gerade Parteien mit einer Solidarność-Genese grundsätzlich eine positive Einstellung gegenüber einer Stärkung der Selbstverwaltung. Sie knüpften dabei an die Traditionen großer Teile der Opposition zu Zeiten der Volksrepublik Polen an, die den Gedanken der sich selbst verwaltenden Republik stets stark gemacht hatten. Demgegenüber waren die Vertreter und Vertreterinnen der politischen Linken, sofern sie aus der ehemals herrschenden PZPR hervorgegangen waren, gegenüber der Selbstverwaltung skeptischer. Hier schlug einerseits Anfang der 1990er-Jahre die Sorge vor einem weiteren Einflussverlust durch, andererseits aber auch eine gewisse etatistische Tradition, die bei der Linken stärker ausgeprägt war und die letztlich einen zentralen Staat präferierte (Piasecki 2009: 149, 177).

Die 1997 angenommene neue Verfassung widmete der Selbstverwaltung unter Punkt VII „Die örtliche Selbstverwaltung" (Samorząd Terytorialny) einen eigenen Abschnitt, was die Bedeutung der Selbstverwaltung herausstreicht. Gleichwohl bleibt die Verfassung in ihren Aussagen widersprüchlich. Artikel 15, Absatz 1 lautet: „Die Gliederung des Staatsgebietes der Republik Polen gewährleistet die Dezentralisierung der öffentlichen Gewalt." Artikel 16, Absatz 2 verweist konkreter auf die Rolle, die die Selbstverwaltung auszufüllen hat: „Die örtliche Selbstverwaltung nimmt an der Ausübung der öffentlichen Gewalt teil. Den ihr im Rahmen der Gesetze zufallenden wesentlichen Teil der öffentlichen Aufgaben realisiert die Selbstverwaltung im eigenen Namen und in eigener Verantwortung." Schließlich verweist Abschnitt VII auf die örtliche Selbstverwaltung, wie es in der offiziellen Übersetzung des Sejm heißt, und unterstreicht die zentrale Rolle der Gemeinde in Artikel 164, Absatz 1. Allerdings wird auf andere potenzielle Einheiten der Selbstverwaltung in Absatz 2 des gleichen Artikels verwiesen: „Andere Einheiten der regionalen oder der lokalen und regionalen Selbstverwaltung bestimmt das Gesetz." Hinzu kommt, dass wir es im Fall Polens trotz der in der Verfassung verankerten territorialen Selbstverwaltung mit einem unitarischen Staat und nicht mit einer Föderation zu tun haben. Artikel 3 der Verfassung ist hier unmissverständlich: „Die Republik Polen ist ein einheitlicher Staat." Stark verankert ist damit die Rolle der Gemeinde als zentrales Element der territorialen bzw. örtlichen Selbstverwaltung, während die Ausführung der regionalen Selbstverwaltung dem Gesetzgeber überlassen ist. Das schließt auch Tendenzen nicht aus, die Reichweite der Selbstverwaltung und damit die Dezentralisierung wieder zugunsten des Zentralismus zurückzudrehen.

Die neue Verfassung unterstrich zwar die Bedeutung der territorialen Selbstverwaltung, aber sie änderte zunächst nicht das bestehende administrative System. Dafür waren weitere Gesetze notwendig. Zunächst blieb damit der Woiwode als von der Zentralregierung ernannter und abrufbarer Beamter die entscheidende Instanz in den Woiwodschaften. Auch die Landtage als Vertretung der Gemeinden hatten keinen entscheidenden Einfluss auf die Besetzung dieses Amtes, sie konnten lediglich Stellung zum Kandidaten beziehen (Wytrążek 2009: 155).

Schon vor der Verabschiedung der neuen polnischen Verfassung im Jahr 1997 war daher insbesondere in den Regionen klar, dass der Ausbau der territorialen Selbstverwaltung, diesmal auf regionaler Ebene, weiter vorangetrieben werden musste, letztlich auch, um den in der Verfassung verankerten Gedanken der Selbstverwaltung, insbesondere Artikel 15, Absatz 1, vollumfänglich zu realisieren. Die Debatten über die weitere Ausgestaltung der Selbstverwaltung waren in den ersten Jahren der Transformation auch deshalb schwierig, da die Regierungen wenig stabil waren. Bis zum Amtsantritt von Jerzy Buzek (AWS – Akcja Wyborcza Solidarność – Wahlaktion Solidarność) im Herbst 1997 nach der durch die AWS gewonnenen Parlamentswahlen konnte kein Regierungschef die volle Amtszeit von vier Jahren absolvieren. Gleichwohl gingen unter den verschiedenen Regierungen die Diskussionen über die anstehende Selbstverwaltungsreform weiter. Insbesondere die Größe und Anzahl der Woiwodschaften war ein strittiger Punkt, da eine Reduzierung der Anzahl der Woiwodschaften auf Widerstand in den davon negativ berührten Städten traf, die einen Bedeutungsverlust und auch ökonomische Nachteile befürchteten. Dem standen jedoch Überlegungen gegenüber, ökonomisch tragfähige Woiwodschaften einzurichten, die untereinander im Wettbewerb stehen sollten. Schließlich wurde auch intensiv die Frage diskutiert, ob es eine parlamentarische Kammer für Vertreter und Vertreterinnen der Selbstverwaltungen geben sollte, womöglich durch eine entsprechende Umgestaltung des 1989 wieder restituierten Senats (Piasecki 2009: 177–182).

Mit dem Wahlsieg der Wahlaktion Solidarność, die ab Herbst 1997 unter dem neuen Ministerpräsidenten Jerzy Buzek gemeinsam mit der liberalen Freiheitsunion (Unia Wolności – UW), beides Parteien mit Solidarność-Genese, regierte, wurde die Reform der Selbstverwaltung nun entschieden vorangetrieben. Dabei ließ sich die Regierung von zwei Zielen leiten. Zum einen sollte der Staat über eine nachhaltige Dezentralisierung wieder in die Hände des Bürgers gelegt werden und zum anderen musste sich Polen mit Blick auf die im April 1994 beantragte Mitgliedschaft in der EU an die Erfordernisse der EU-Kohäsionspolitik anpassen und diese erforderte entsprechende Verwaltungseinheiten bzw. NUTS-Strukturen für die Absorption der EU-Strukturmittel. Die ursprünglich von der Regierung favorisierte Variante mit zwölf Woiwodschaften konnte sich jedoch nicht behaupten, da sich Abgeordnete der Regierungsparteien lokalen Interessen unterordneten. Nachdem auch noch Präsident Aleksander Kwaśniewski sein Veto gegen die 12er-Variante eingelegt hatte, verständigte man sich schließlich auf 16 Woiwodschaften, ein Kompromiss, dem auch die größte Oppositionspartei im Sejm, der SLD, zustimmte. Die Diskussion über die Anzahl der geplanten Kreise war ähnlich kontrovers, aber letztendlich einigte man sich auf 308 Landkreise und 65 Städte mit Kreisrecht. Eine Reform im Jahr 2002 schuf sieben weitere Kreise, der Kreis Warschau wurde hingegen im Herbst 2002 aufgehoben, sodass Polen aktuell über 314 Kreise und 66 Städte mit Kreisrecht verfügt (Piasecki 2009: 183–186).

Mit den Gesetzen über die Selbstverwaltung der Woiwodschaften, über die zentrale Verwaltung in den Woiwodschaften und über die Selbstverwaltung der Kreise vom 5. Juni 1998 wurden die Kompetenzen und die Finanzen der Selbstverwaltung festgelegt und ein Teil der bisher zentralen Aufgaben an die Selbstverwaltungsorgane auf Kreis- und Woiwodschaftsebene übertragen. Ein Gesetz vom 24. Juli 1998 führte die dreiteilige Verwaltungsstruktur des Landes ein und benannte als wesentliche Institutionen der Verwaltungsstruktur die Gemeinden, die Kreise und die Woiwodschaften. Zudem wurde mit diesem Gesetz die Anzahl der Woiwodschaften auf 16 festgelegt. Die Verwaltungsreform trat zum 1. Januar 1999 in Kraft. Bereits im Oktober 1998 fanden auf Grundlage einer neuen Wahlordnung zu den Gemeinde- und Kreisräten sowie zu den Landtagen (Sejmiki), die gleichfalls im Juli 1998 verabschiedet worden war, Wahlen zu den Vertretungen der Selbstverwaltungen statt. Die Selbstverwaltung auf Woiwodschaftsebene wird dabei vom Woiwodschaftsmarschall geleitet, der vom Sejmik gewählt wird. Er ist, im Gegensatz zum von Warschau ernannten Woiwoden, kein politischer Beamter, sondern der höchste Vertreter der regionalen Selbstverwaltung (Wytrążek 2009: 163–164).

Von entscheidender Bedeutung für das wachsende Selbstbewusstsein der lokalen und regionalen Selbstverwaltungseinheiten war die Einführung der Direktwahl der Gemeindevorsteher, Bürgermeister und Stadtpräsidenten per Gesetz vom 20. Juni 2002. Von nun an waren in den Augen der Wähler und Wählerinnen nicht mehr kollektiv die Gemeinde- oder Stadträte für das Wohlergehen der Bürger und Bürgerinnen verantwortlich, sondern die jeweiligen gewählten Spitzen der Verwaltung. Die Position der lokalen Selbstverwaltung wurde dadurch zweifellos gestärkt. Zudem entstand so in den großen Städten in Person populärer Stadtpräsidenten auch ein Gegengewicht gegen die Zentralregierung in Warschau.

Schließlich wurde 2003 ein Gesetz über die Einkünfte der territorialen Selbstverwaltungen verabschiedet, das trotz vieler Novellen bis heute Gültigkeit hat. Die Einkünfte der Selbstverwaltungseinheiten waren zuvor lediglich in den jeweiligen Gesetzen über ihre Konstituierung enthalten. Die Einkünfte der Selbstverwaltungseinheiten setzen sich danach aus eigenen Einnahmen, staatlichen Subventionen und zweckgebundenen Zuwendungen zusammen. Zu den eigenen Einnahmen zählen auch Anteile an der Einkommenssteuer, näheres regelt das Gesetz bzw. Rechtsverordnungen, oder beispielsweise der Zufluss von EU-Mitteln. Auch das Gesetz über die öffentlichen Finanzen vom August 2009 betrifft die Selbstverwaltungseinheiten. In ihm wird der Umgang mit öffentlichen Mitteln festgelegt, das heißt Budgetierung, Umgang mit Defiziten, Transparenz der öffentlichen Mittel, Kontrolle, Verschuldung, Kreditaufnahme, langjährige Finanzplanung und dergleichen mehr. Weitere Gesetze legen Prinzipien für die Kommunalwirtschaft, für das Rechnungswesen und für öffentliche Ausschreibungen fest (Misiąg 2015: 8).

Mit den Gesetzespaketen von 1990 und 1998 über die lokale und die regionale Selbstverwaltung hat Polen nach dem politischen Wandel des Jahres 1989 einen entscheidenden Schritt hin zur weiteren Demokratisierung des Landes und für mehr Bürgernähe gemacht. Dennoch bleiben kritische Punkte.

Zunächst einmal existieren die zentrale staatliche Verwaltung und die lokale und regionale Selbstverwaltung nebeneinander, was trotz entsprechender Gesetze, die die Kompetenzen trennen, nicht immer unproblematisch ist. Das Gesetz über die Selbstverwaltung der Woiwodschaften legt zwar in Artikel 14 in 16 Punkten detailliert fest, welche Aufgabenbereiche von der Selbstverwaltung der Woiwodschaften abzudecken sind, aber alle diese Bereiche wie beispielsweise öffentliche Erziehung oder Familienpolitik sind auch Gegenstand der nationalstaatlichen Politik. Konflikte sind hier vorprogrammiert, insbesondere wenn die Warschauer Regierung und die aus regionalen Wahlen hervorgegangene Woiwodschaftsselbstverwaltung unterschiedlichen politischen Lagern angehören.

Zudem ist die finanzielle Ausstattung der Selbstverwaltungseinheiten ungenügend. Der entsprechende Passus der polnischen Verfassung in Artikel 167, Absatz 1 lautet: „Den Einheiten der örtlichen Selbstverwaltung wird ein den ihnen zufallenden Aufgaben entsprechender Anteil an den öffentlichen Einnahmen gewährleistet." Das lässt einigen Interpretationsspielraum hinsichtlich des ausreichenden Anteils an den öffentlichen Einnahmen. Darüber hinaus können Subventionen und Zuwendungen kaum als eigene Einnahmen bezeichnet werden, wie sie in Artikel 167, Absatz 2 der Verfassung vorgesehen sind. Schließlich können nur die Gemeinden eigene Steuern erheben, nur sie verfügen also tatsächlich über eigene Einnahmen, insbesondere aus der Steuer auf Grundbesitz, während die Kreise und die Woiwodschaften vor allem von den Subventionen und Zuwendungen sowie anteiligen Steuereinnahmen leben. Gebühren für verschiedene Dienstleistungen machen hier nur einen kleinen Teil der Einnahmen aus. Seit dem Beitritt zur EU im Jahr 2004 stellen hingegen EU-Mittel einen wichtigen Teil der Einnahmen der

Selbstverwaltung dar (Misiąg 2015: 9–10, 16–23). Daher ist der aktuelle Konflikt um die Einhaltung des Prinzips der Rechtsstaatlichkeit zwischen Polen und der Europäischen Kommission, der auch zu Beginn des Jahres 2023 noch anhält, gravierend für die polnische Selbstverwaltung, da aufgrund des Konfliktes weder Strukturmittel noch Mittel aus dem Wiederaufbaufond von der EU nach Polen fließen.

Problematisch scheint auch die unterschiedliche Größe und Wirtschaftskraft der Woiwodschaften. Der ursprüngliche Plan, zwölf starke Woiwodschaften zu etablieren, scheiterte an regionalen Befindlichkeiten und Widerständen. Zudem wurde die zentrale Woiwodschaftsverwaltung nicht in erwartetem Maße verschlankt, da viele weitere staatliche Stellen und Agenturen als Kompensation in ehemaligen Woiwodschaftshauptstädten angesiedelt wurden. Die Unterschiede in der Größe und Wirtschaftskraft sind in der Tat gewaltig. Während die Woiwodschaft Masowien mit der Hauptstadt Warschau im Jahr 2021 etwa 5,5 Millionen Einwohner verzeichnete, kam die Woiwodschaft Oppeln gerade auf 950.000 Einwohner. Auch der Anteil der Woiwodschaften am Bruttosozialprodukt des Landes ist sehr unterschiedlich. Während die Hauptstadtregion im Jahr 2021 17,5 % zum polnischen BSP beitrug (Masowien ohne die Hauptstadt 5,3 %), waren es im Fall der Woiwodschaft Oppeln lediglich 2 %. Gerade die östlich gelegenen Woiwodschaften fallen gegenüber dem Westen des Landes mit seinen großen Städten Krakau, Breslau oder Posen sowie gegenüber der Hauptstadtregion deutlich ab (GUS 2022). Um diese Unterschiede nicht zu groß werden zu lassen, ist im Jahr 2003 mit dem Gesetz über die Einkünfte der territorialen Selbstverwaltungen auch ein Ausgleichsmechanismus installiert worden. Erstens erhalten ärmere Gemeinden, Kreise oder Woiwodschaften in Abhängigkeit von ihren Einkünften pro Kopf direkte Zuwendungen aus dem Staatshaushalt. Bei Gemeinden, die ja eigene Steuern erheben, wird überdies die Steuersituation mitberücksichtigt. Zweitens überweisen wohlhabendere Selbstverwaltungseinheiten einen Teil ihrer Einkünfte an den Staat, der diese wiederum unter den ärmeren Selbstverwaltungseinheiten aufteilt. Dieses System hat eine Reihe von Schwächen. So sind die Daten, auf die sich bei der Abschätzung der Einkommenssituation bezogen wird, nie ganz aktuell, sondern beziehen sich auf die Einkommenssituation zwei Jahre zuvor. Zudem werden die realen Kosten und Bedürfnisse der Selbstverwaltungseinheiten bei diesem Mechanismus überhaupt nicht berücksichtigt (Swianiewicz 2021: 2–6). Bemühungen, dieses System zu reformieren, sind allerdings bisher am mangelnden politischen Willen in Warschau gescheitert. Damit kommt der Regionalpolitik eine große Rolle zu, um die genannten Unterschiede auszugleichen.

8.3 Regionalpolitik

Die Etablierung der territorialen Selbstverwaltung ist in Polen nach 1989 durch die Entwicklung der Regionalpolitik ergänzt worden, in deren Rahmen die verschiedenen Ebenen der Selbstverwaltung mit der zentralen Verwaltung zusammenarbeiten. Für eine effiziente Regionalpolitik mussten erstens weitere gesetzliche Grundlagen geschaffen werden, zweitens musste sich die Politik für ein Entwicklungsmodell für den polnischen Staat entscheiden und drittens waren die polnischen juristischen und politischen Rahmenbedingungen mit der Kohäsionspolitik der EU abzustimmen.

Das Gesetz über die Prinzipien der Unterstützung der Regionalentwicklung vom 12. Mai 2000 diente der Vorbereitung Polens auf den Beitritt zur EU und verlor mit dem Beitritt und der endgültigen Umsetzung der Vorbeitrittsmittel seine Gültigkeit. Die bis heute gültigen Grundlagen für die Regionalpolitik wurden mit dem Gesetz über die Prinzipien der Durchführung der Landesentwicklungspolitik vom 6. Dezember 2006 gelegt. Bereits in Artikel 2, Absatz 1 dieses Gesetzes werden als Ziel der Regionalpolitik eine stetige und ausgeglichene Entwicklung und die sozioökonomische Kohäsion des Landes angegeben. Verantwortlich für die Durchführung der Landesentwicklungspolitik sind laut Gesetz der Ministerrat, die Selbstverwaltungen auf Woiwodschafts-, Kreis- und Gemeindeebene und die Metropolverbände. Ein entsprechendes Gesetz über die Schaffung von Metropolverbänden aus dem Jahr 2015 wurde allerdings aufgrund zahlreicher Unzulänglichkeiten 2017 wieder abgeschafft. Lediglich für die Woiwodschaft Schlesien wurde im Jahr 2017 per Gesetz ein eigener Metropolverband eingerichtet. Die genannten Institutionen sind nun angehalten, gemeinsame Entwicklungsstrategien zu entwerfen und zu implementieren. Auf Woiwodschaftsebene beruft der Woiwode als Vertreter der Regierung eine ständige Konferenz mit Vertretern und Vertreterinnen der unterschiedlichen Ebenen der Selbstverwaltung, gegebenenfalls ministerialer Vertreter und Vertreterinnen sowie Repräsentanten und Repräsentantinnen der Zivilgesellschaft ein. Für die Umsetzung der Landesentwicklungsstrategie sind wiederum operative Programme verantwortlich. Ziele, Finanzierung und Umsetzung der Entwicklungsstrategie werden auf mehrere Jahre festgelegt und von den genannten Vertretern und Vertreterinnen ausgehandelt, wobei das Ergebnis in Vertragsform festgehalten wird. Zur Abstimmung und Koordination wurde gleichfalls per Gesetz vom 5. Mai 2005 eine Gemeinsame Kommission der Regierung und der territorialen Selbstverwaltung (Komisja Wspólna Rządu i Samorządu Terytorialnego) geschaffen. Darüber hinaus legt das Gesetz auch das Prozedere für die Entsendung polnischer Vertreter und Vertreterinnen in den Ausschuss der Regionen der EU fest (Piasecki 2009: 253; Jacolik 2018).

Strategische Dokumente zur Modernisierung des Landes sind somit erforderlich, letztlich auch, um die Strukturmittel der EU im Rahmen der Kohäsionspolitik abrufen zu können. Dafür müssen die Mitgliedsländer entsprechende Dokumente erarbeiten und mit Brüssel beschließen. Seit 1989 sind dabei von den polnischen Regierungen eine Vielzahl an strategischen Dokumenten verabschiedet worden, wobei deren Hierarchie und Gültigkeit nicht immer ganz klar ist (Szmigiel 2010: 196–198). Diese Dokumente beziehen sich einerseits auf die Gesamtentwicklung des Landes, aber es sind andererseits auch Strategien beispielsweise für die städtische Entwicklung oder die Entwicklung des Humankapitals verabschiedet worden. Die polnischen strategischen Dokumente für die aktuelle Phase der Kohäsionspolitik 2021–2027 sind die „Strategie für eine verantwortliche Entwicklung bis zum Jahr 2020 (mit einer Perspektive bis 2030)" (Strategia na rzecz odpowiedzialnego Rozwoju do roku 2020 (z perspektywą do 2030 r.)) sowie die „Strategie für Regionalentwicklung 2030. Sozial sensible und territorial nachhaltige Entwicklung" (Krajowa Strategia Rozwoju Regionalnego 2030. Rozwój społecznie wrażliwy i terytorialnie zrównoważony). Auf dieser Grundlage sollen Polen im Zeitraum 2021–2027 seitens der EU aus den Strukturfonds 76,5 Milliarden Euro zufließen. Hinzu kommen 35,4 Milliarden Euro aus dem Europäischen Aufbauplan (davon 23,9 Milliarden Euro als Zuschuss), den die EU zur Überwindung der Folgen der COVID-19-Pandemie geschaffen hat. Gegenwärtig erhält Polen allerdings aufgrund des anhängigen Artikel-7-Verfahrens der EU-Kommission aufgrund der von Brüssel monierten Reformen im Bereich des Justizwesens noch keine Mittel aus den beiden Töpfen (Garsztecki 2022: 277–279). Das ist umso bedauerlicher, als die EU-Mittel in der Vergangenheit einen beträchtlichen positiven Effekt auf die Landesentwicklung Polens gehabt haben. Das Bruttosozialprodukt per Capita betrug in Polen im Jahr 2020 bereits 75,7 % des EU-Durchschnitts und die EU-Kohäsionspolitik zeichnet dafür nach Angaben einer vom zuständigen Ministerium für Strukturfonds und Regionalpolitik herausgegebenen Publikation zu über 15 % verantwortlich (Ministerstwo 2022: 5–6).

Eine zentrale Bedeutung für die Implementierung der Regionalpolitik und die Erreichung des Zieles einer stetigen und ausgeglichenen Landesentwicklung kommt zusätzlich dem gewählten Politikansatz zu. Dabei konkurrieren in Polen im Wesentlichen zwei Ansätze miteinander. Der eine Ansatz rekurriert auf neoliberale ökonomische Vorstellungen und möchte die Konkurrenzfähigkeit der Regionen stärken. Der Schwerpunkt liegt dabei auf den Wachstumsregionen, deren Wachstumserfolge sich in die Fläche ausbreiten sollen. Diesem Polarisierungs-Diffusionsmodell steht ein Ansatz gegenüber, der vor allem die Unterschiede zwischen den Regionen und die zum Teil noch erheblichen sozioökonomischen Rückstände einzelner Regionen in Polen abmildern möchte. Der Gedanke der Kohärenz der Landesentwicklung steht hier im Mittelpunkt. Angesichts einer bereits in der Zwischenkriegszeit geführten Debatte über „Polen A", besser entwickelte Landesteile im Westen des Landes, und „Polen B", weniger entwickelte Landesteile im Osten des Landes, sind die Diskussionen über den richtigen Entwicklungsansatz nicht frei von historischen Exkursen (Sagan 2012). Es scheint, dass die aktuelle Regierung in Polen, die seit den Parlamentswahlen vom Herbst 2015 von PiS geführt wird, wieder stärker den Kohärenzgedanken forciert. Gerade von ökonomischer Seite wird hingegen das Polarisierungs-Diffusionsmodell verteidigt, da es entgegen anderer Annahmen nur zeitweise zu einer Zunahme der regionalen Unterschiede gekommen sei. Es gelte, die Diffusionseffekte sowie das endogene Potenzial der Regionen zu stärken (Gorzelak/Smętkowski 2019: 44–45).

Ungeachtet dessen ist seit dem Regierungswechsel im Herbst 2015 auch eine Tendenz in Richtung der Stärkung der Regierung zulasten der territorialen Selbstverwaltung festzustellen (Sobczak 2017: 114). Damit wird der Widerspruch der territorialen Selbstverwaltung in einem unitarischen Staat erneut deutlich. Auf der einen Seite wird der territorialen Selbstverwaltung in der polnischen Verfassung eine starke Stellung eingeräumt, auf der anderen Seite fehlt es den Selbstverwaltungen an den Mitteln, der Regierung selbstbewusst entgegenzutreten. Hier ist insbesondere die nach wie vor ungenügende Finanzausstattung zu nennen, da gerade die regionalen Selbstverwaltungen in den Woiwodschaften kaum eigene

8 Dezentralisierung und Verwaltungssystem

Einnahmen generieren und auch bei der Umsetzung der EU-Strukturmittel ist die Warschauer Regierung der stärkere Akteur (Szmigiel 2010: 197). Zu den Herausforderungen für das System der territorialen Selbstverwaltung sollte daher in den kommenden Jahren erstens das Streben nach einer besseren finanziellen Ausstattung und zweitens die Stärkung der endogenen Entwicklungspotenziale der Woiwodschaften gehören. Umfragen zeigen regelmäßig, dass das Vertrauen der Bürger und Bürgerinnen in die Selbstverwaltungen sehr groß ist. Eine Erhebung des Meinungsforschungsinstituts CBOS aus dem Herbst 2022 zeigte wie auch in den letzten Jahren mit 69 % eine sehr hohe Zufriedenheit der Bürger und Bürgerinnen mit der Tätigkeit der Selbstverwaltungen. Dies zeigt zugleich, dass die Stärkung der territorialen Selbstverwaltung in Polen nach 1989 trotz der angeführten Kritikpunkte insgesamt erfolgreich gewesen ist.

Resümee

Polen hat nach dem Ende des Sozialismus zwei große Verwaltungsreformen in den Jahren 1990 und 1998 durchgeführt, die das Land weiter demokratisiert und bürgernäher gemacht haben. Derzeit gibt es in Polen 16 Woiwodschaften, 314 Landkreise und 66 Städte mit Kreisrechten sowie 2.477 Gemeinden, darunter 302 städtische Gemeinden, 677 städtisch-ländliche Gemeinden und 1.498 ländliche Gemeinden. Die Bedeutung der Selbstverwaltung wird durch die Bestimmungen der Verfassung von 1997 unterstrichen. Die Einrichtung der lokalen Selbstverwaltung wurde durch die Entwicklung der Regionalpolitik ergänzt. Trotz der einschlägigen Bestimmungen zur Trennung der Zuständigkeiten von Warschauer Regierung und Selbstverwaltung sind viele dieser Zuständigkeiten doppelt vorhanden (zum Beispiel im Bereich der öffentlichen Erziehung oder der Familienpolitik). In einer Situation, in der die Zentralregierung und die aus regionalen Wahlen hervorgegangene Woiwodschaftsselbstverwaltung unterschiedlichen politischen Lagern angehören, schafft dies nun Raum für Kompetenzkonflikte. Die Regierung von PiS treibt die Tendenz zur Stärkung der Regierung zulasten der territorialen Selbstverwaltung voran. Grundlage für die Auseinandersetzungen sind oft Fragen der Finanzierung der Arbeit der Gebietskörperschaften. Eine gewisse Rolle spielen dabei Mittel aus dem EU-Budget, was – im Kontext des aktuellen Rechtsstaatskonflikts – zusätzliche Finanzierungsschwierigkeiten schafft. Trotz zahlreicher Kritikpunkte ist zu betonen, dass die Stärkung der kommunalen Selbstverwaltung ein Erfolg ist, was auch durch Meinungsumfragen bestätigt wird.

Fragen:

- Ist der Staatsaufbau der Dritten Polnischen Republik zentralistisch, föderal oder eine Mischform?
- Welcher Stellenwert kommt der lokalen und regionalen Selbstverwaltung im konstitutionellen System Polens zu?

- Welche Rolle spielt die EU-Kohäsionspolitik für die regionale Selbstverwaltung Polens?
- Welches sind die Ziele der polnischen Regionalpolitik und welche Entwicklungsansätze werden diskutiert?

Literatur:
Babiak, Jerzy/Ptak, Arkadiusz (2010): Samorząd terytorialny w II Rzeczypospolitej. In: Babiak, Jerzy/Ptak, Arkadiusz (Hrsg.): Władza lokalna w procesie transformacji systemowej, Kalisz-Poznań: Wydawnictwo Naukowe UAM, S. 23–36.
Garsztecki, Stefan (2009): Polnische Selbstverwaltung – Traditionen und aktuelle Entwicklungen. In: Bingen, Dieter/ Ruchniewicz, Krzysztof (Hrsg.): Länderbericht Polen. Geschichte, Politik, Wirtschaft, Gesellschaft, Kultur, Bonn: Bundeszentrale für politische Bildung, S. 205–218.
Garsztecki, Stefan (2022): Modernisierung und regionale Entwicklungspläne in Polen. In: Flade, Falk/Steinkamp, Anna M./Walerski, Konrad (Hrsg.): Transformation in Polen und Ostdeutschland. Voraussetzungen, Verlauf und Ergebnisse, Wiesbaden: Harrassowitz, S. 269–282.
Gorzelak, Grzegorz/Smętkowski, Maciej (2019): Rozwój regionalny, polityka regionalna, Warszawa: Forum Obywatelskiego Rozwoju.
GUS (2022): Regiony Polski 2022. Regions of Poland 2022, Warszawa: GUS.
Jacolik, Magdalena (2018): Kompetencje podmiotów polityki rozwoju oraz ich wzajemne stosunki w procesie prowadzenia polityki rozwoju. In: Refleksje, Nr. 17, Poznań, S. 25–35.
KRRIO (2018): 25 lat regionalnych izb obrachunkowych, Warszawa: KRRIO.
Ministerstwo Funduszy i Polityki Regionalnej (2022): Wpływ polityki spójności na rozwój społeczno-gospodarczy Polski i regionów w latach 2004–2020, Warszawa: MFiPR.
Misiąg, Wojciech (2015): Finanse samorządowe po 25 latach – stan i rekomendacje, Warszawa: BGK.
Obłąkowska-Kubiak, Katarzyna (2015): Restytucja samorządu terytorialnego. In: Itrich-Drabarek, Jolanta/Borowska, Elżbieta/Morawski, Antoni/Przastek, Daniel (Hrsg.): Samorząd terytorialny w Polsce – reforma czy kontynuacja?, Warszawa: Elipsa, S. 29–46.
Piasecki, Andrzej K. (2009): Samorząd terytorialny i wspólnoty lokalne, Warszawa: PWN.
Sagan, Iwona (2012): Polnische Regional- und Metropolenpolitik. Kohärenz oder Konkurrenz? In: Polen-Analysen, Nr. 103.
Savy, Robert/Pauliat, Hélène/Senimon, Michel (2017): The Process of Decentralisation in Europe. In: Ruano, José Manuel/Profiroiu, Marius (Hrsg.): The Palgrave Handbook of Decentralisation in Europe, Cham: Palgrave Macmillan, S. 1–14.
Sobczak, Jacek (2017): Ewolucja zadań samorządu województwa w procesie decentralizacji i centralizmu. In: Chrzanowski, Mateusz/Sobczak, Jacek (Hrsg.): Samorządy w procesie decentralizacji władzy publicznej. Self-governments in the process of decentralization of public authority, Lublin: Pro Scientia Iuridica, S. 109–119.
Swianiewicz, Paweł (2021): Mechanizm wyrównawczy dochodów JST w Polsce. Wraz z propozycjami zmian, Analiza CELowa Nr. 2, Warszawa: Centrum Ekspertyzy Lokalnej.
Szmigiel, Kinga (2010): Ocena roli samorządów wojewódzkich w kreowaniu i wdrażaniu polityki regionalnej w Polsce. In: Prace Naukowe Uniwersytetu Ekonomicznego we Wrocławiu – Research Papers of Wrocław University of Economics, Nr. 143, S. 193–204.
Wytrążek, Wojciech (2009): Samorząd terytorialny w XX wieku w Polsce, Lublin: Wydawnictwo KUL.

9 Interessengruppen und Zivilgesellschaft

Zusammenfassung

In diesem Kapitel wird eine Auswahl wichtiger Faktoren vorgestellt, die den aktuellen Entwicklungsstand und die Funktionsweise von Zivilgesellschaft und Interessengruppen im polnischen politischen System bestimmen. Die historischen und kulturellen Faktoren, die die Form und Entwicklung von Interessengruppen beeinflussen, wirken sich auf die Funktionsweise der Zivilgesellschaft aus. Ausgehend von den historischen Bedingungen werden die Rolle der Kräfte und Zentren, die die polnische gesellschaftspolitische Szene prägten, zum Beispiel die Gewerkschaften und die katholische Kirche, und die Entwicklung ihrer Bedeutung analysiert. Darüber hinaus werden die charakteristischen Merkmale des Dritten Sektors und des Ehrenamts sowie die gesellschaftspolitische Szene, in der gut organisierte rechtsnationale Organisationen arbeiten, betrachtet.

9.1 Einführung

Die Tradition des sozialen Engagements in der polnischen Gesellschaft ist relativ reichhaltig. Sie stammt aus der Zeit der Adelsrepublik. Während der Teilungen Polens spielte sie eine besondere Rolle. Kirchliche Organisationen oder bürgerliche Vereine und Stiftungen – vor allem im österreichischen und preußischen Teilungsgebiet – setzten sich für Waisenkinder, Behinderte, Arme und Obdachlose ein. Nach der Wiederherstellung der Unabhängigkeit und der Gründung des polnischen Staates im Jahr 1918 setzten sie ihre Tätigkeit ohne die von den Teilungsmächten auferlegten Einschränkungen fort. Gleichzeitig entwickelten die wissenschaftlichen Zentren Forschungsarbeiten auf dem Gebiet der Sozialpolitik. Nach dem Zweiten Weltkrieg wurde die Entwicklung der Zivilgesellschaft weitgehend eingeschränkt. Die kommunistischen Behörden fürchteten die Entwicklung von Organisationen, die vom Staat unabhängig waren, und verhinderten deren Entstehen, indem sie Gesetze einführten, welche die von der Staatsmacht unabhängige Selbstorganisation der Gesellschaft verboten. Paradoxerweise entwickelte sich in dieser Periode der polnischen Geschichte das soziale Engagement der Polinnen und Polen, die sich innerhalb der ab den 1970er-Jahren spontan entstandenen antikommunistischen politischen, sozialen und kulturellen Organisationen betätigten.

9.2 Gewerkschaften

Eine der wichtigsten Errungenschaften der Zivilgesellschaft während der Zeit der Volksrepublik Polen war die Gründung der Unabhängigen, Selbstverwalteten Gewerkschaft „Solidarität" (Niezależne Samorządne Związki Zawodowe – NSZZ „Solidarność") (Ash 1984; Holzer 1985). Die kommunistischen Behörden maßen – in der deklaratorischen Sphäre – allen Fragen der Arbeiterklasse große Bedeutung bei, aber in der Realität versuchten sie, alle Formen der sozialen Selbstorganisation zu begrenzen und zu kontrollieren. Aus diesem Grund wurde die Gewerkschaftsbewegung, die eine reiche Vorkriegstradition hatte, marginalisiert. Sie wurde in einer einzigen Fassadenorganisation, dem Zentralrat der Gewerkschaften (Centralna Rada Związków Zawodowych – CRZZ), zentralisiert, der einer strengen staatlichen Kontrolle unterworfen war, seine Aufgabe nicht mehr erfüllte und zum Instrument der PZPR und Teil des totalitären Systems wurde.

Das staatliche Monopol in diesem Bereich wurde erst durch die Gründung der NSZZ „Solidarność" im Jahr 1980 und ihrer anschließenden offiziellen Registrierung gebrochen, wodurch sie zur ersten und einzigen unabhängigen Gewerkschaftsorganisation wurde, die in kommunistischen Ländern tätig war. In kurzer Zeit entwickelte sich die Gewerkschaft zu einer großen sozialen Bewegung mit fast 10 Millionen Mitgliedern. Während des Kriegsrechts wurde 1982 die Tätigkeit der Solidarność verboten. Die PZPR führte dann zum Neuaufbau staatsabhängiger Gewerkschaften, die seit 1984 von der Dachorganisation „Gesamtpolnischer Gewerkschaftsverständigung" (Ogólnopolskie Porozumienie Związków Zawodowych – OPZZ) geleitet wurde. Die neue Organisation übernahm die Aufgaben und das Vermögen aller bis dahin aktiven Gewerkschaften des Landes, einschließlich der verbotenen Solidarność.

Nach der politischen Wende wurden neue rechtliche Möglichkeiten für die Tätigkeit der Gewerkschaften geschaffen. Sie arbeiten derzeit auf der Grundlage von Artikel 59 der polnischen Verfassung und dem Gesetz vom 23. Mai 1991 über Gewerkschaften (geändert 2018) (Konstytucja 1997; Ustawa o związkach zawodowych 2022). Jene garantieren den Arbeitnehmern und Arbeitnehmerinnen die Vereinigungsfreiheit in Gewerkschaften und deren Unabhängigkeit von staatlichen und lokalen Behörden, Arbeitgebern und Arbeitgeberinnen sowie anderen Organisationen. Die Gründung einer Gewerkschaft ist in Betrieben möglich, in denen mindestens zehn Beschäftigte sind, die als Gründungsmitglieder tätig werden möchten. In der Praxis schließt diese Regelung eine große Gruppe von Arbeitnehmern und Arbeitnehmerinnen von der Teilnahme an gewerkschaftlichen Organisationen aus. In Polen dominieren nämlich Kleinstbetriebe mit weniger als zehn Beschäftigten, die rund 96 % aller Unternehmen ausmachen. Etwa 38 % aller Beschäftigten arbeiten in diesen Unternehmen (Skowrońska/Zakrzewski 2020: 5–6).

Zu den Aufgaben der Gewerkschaft auf betrieblicher Ebene gehört in erster Linie die Vertretung der Interessen ihrer Mitglieder gegenüber dem Arbeitgeber oder der Arbeitgeberin. Sie befassen sich auch mit individuellen Arbeitnehmerangelegenheiten und kontrollieren die Einhaltung des Arbeitsrechts am Arbeitsplatz. Auf nationaler Ebene haben sie außerdem das Recht, Stellungnahmen zur Gesetzgebung abzugeben, sich an kollektiven Streitigkeiten zu beteiligen und Tarifverträge zu unterzeichnen. Bei der Kontrolle der Einhaltung des Arbeitsrechts können sich die Gewerkschaften auch an das zuständige Organ der staatlichen und kommunalen Verwaltung oder an den Arbeitgeber bzw. die Arbeitgeberin wenden, um die Beseitigung von Verstößen zu fordern.

Die Beteiligung der Polinnen und Polen an den Aktivitäten der Solidarność während der kommunistischen Ära könnte zu der Annahme führen, dass sie sich nach der demokratischen Transformation des Landes, als die entsprechenden rechtlichen und organisatorischen Voraussetzungen realisiert waren, mit ähnlichem Engagement den Gewerkschaften angeschlossen haben. Dies ist jedoch nicht geschehen. Das Interesse an gewerkschaftlichen Aktivitäten ist in Polen – im Vergleich zu anderen europäischen Ländern – deutlich geringer und nimmt weiter ab. Nach den Untersuchungen des Zentrums zur Erforschung der Gesellschaftlichen Meinung (Centrum Badania Opinii Społecznej – CBOS, Badora 2019) waren 1991 – 28 %, 2000 – 20 % und 2019 bereits nur noch 12,9 % der Arbeitnehmer und Arbeitnehmerinnen gewerkschaftlich organisiert. Ausschlaggebend dafür waren – neben rechtlichen und strukturellen Einschränkungen in Bezug auf die Größe der Belegschaft – vor allem Veränderungen in der Struktur des Arbeitsmarktes und der Rückgang der traditionellen wirtschaftlichen Branchen und Bereiche. Die hohe Arbeitslosigkeit in den ersten zwanzig Jahren nach der Wiederherstellung der staatlichen Souveränität führte dazu, dass die Arbeitnehmer und Arbeitnehmerinnen durch die möglichen Reaktionen und Konsequenzen der Arbeitgeber und Arbeitgeberinnen im Falle einer Gewerkschaftsbildung eingeschüchtert wurden. Dies galt insbesondere für private Unternehmen, in denen nur ein kleiner Teil der Belegschaft gewerkschaftlich organisiert war. Nach Angaben des CBOS waren dies beispielsweise 2019 nur 18 % der Beschäftigten in privaten Unternehmen. Die meisten Gewerkschaften waren und sind vor allem in den größten staatlichen Betrieben tätig – 74 % (Badora 2019: 2–4). Auch die Aufklärung der Öffentlichkeit in diesem Bereich ist ein Problem. Die meisten Arbeitnehmerinnen und Arbeitnehmer wissen nichts über die bestehenden Gewerkschaftsorganisationen in ihren Unternehmen, ihre Zuständigkeiten, ihre Aktivitäten und ihre Wirksamkeit. Besonders junge Berufseinsteiger in neuen Branchen sind sich der Vorteile, die die Mitgliedschaft in einer Gewerkschaft für sie persönlich haben könnte, nicht bewusst. Dies gilt vor allem für Hightech- und IT-Unternehmen, aber auch für Handel und Dienstleistungen, die eher gewerkschaftsfern sind. Im Gegensatz dazu ist der gewerkschaftliche Organisationsgrad in traditionellen Sektoren wie der staatlichen Verwaltung, dem Bildungswesen, der Wissenschaft und dem Gesundheitswesen sowie in den Bereichen Verkehr, Bergbau und Industrie am höchsten (Badora 2019: 2–3).

Die zwei größten Dachorganisationen der einzelnen Gewerkschaften in den Unternehmen sind laut CBOS die NSZZ „Solidarność" mit Sitz in Gdańsk mit 6,3 % der Beschäftigten und die Ogólnopolskie Porozumienie Związków Zawodowych (OPZZ) mit Sitz in Warschau mit 3,4 %. 2,2 % aller Beschäftigten sind Mitglieder des 2002 gegründeten Gewerkschaftsforums (Forum Związków Zawodowych – FZZ), 1 % sind Mitglieder in anderen, kleineren Organisationen (Badora 2019: 1–2). Ein charakteristisches Merkmal der polnischen Gewerkschaftslandschaft ist die Existenz von Bauerngewerkschaften. Sie arbeiten auf der Grundlage eines eigenen Rechtsstatus – dem Gesetz über Gewerkschaften der Individualbauern von 1989. Dazu gehören: die NSZZ der Individualbauern, die „Solidarność", die Nationale Union der Landwirte, Kreise und landwirtschaftlichen Organisationen (Krajowy Związek Rolników, Kółek i Organizacji Rolniczych – KZRKOR), die Gewerkschaft der Landwirtschaft „Selbstverteidigung" (Związek Zawodowy Rolnictwa „Samoobrona"), und seit kurzem strebt eine neue soziale Bewegung, die sich auf die Aktivitäten von „Samoobrona" und der landwirtschaftlichen „Solidarność" aus der kommunistischen Zeit beruft – AgroUnia – danach, sich dieser Gruppe anzuschließen.

Vertreter und Vertreterinnen von NSZZ „Solidarność", OPZZ und FZZ repräsentieren die Arbeitnehmer und Arbeitnehmerinnen im Rat für den sozialen Dialog (Rada Dialogu Społecznego), der durch ein Gesetz aus dem Jahr 2015 eingerichtet wurde und die seit 1994 bestehende Trilaterale Kommission für soziale und wirtschaftliche Angelegenheiten (Komisja Trójstronna do spraw Społeczno-Gospodarczych) ersetzt. Der Rat für den sozialen Dialog ist die grundlegende Institution für den sozialen Dialog in Polen, in dem Vertreter und Vertreterinnen der Arbeitnehmer und Arbeitnehmerinnen, der Arbeitgeber und Arbeitgeberinnen, der Regierung sowie Vertreter und Vertreterinnen des Präsidenten, der Polnischen Nationalbank, des Zentralen Statistikamtes und des Obersten Arbeitsinspektors zusammenkommen. Ziel dieser Organisation ist es, eine Vereinbarung über Löhne und Sozialleistungen, die Steuerbelastung und die Steigerung der Wettbewerbsfähigkeit der polnischen Wirtschaft und des sozialen Zusammenhalts auszuarbeiten. Der Rat soll auch das Prinzip der sozialen Teilhabe und der Solidarität in den Arbeitsbeziehungen und anderen für den sozialen Frieden wichtigen Fragen umsetzen (Gardawski et al. 2012: 8).

Polnische Organisationen sind auch auf internationaler Ebene aktiv. Die NSZZ „Solidarność" ist im Trade Union Advisory Committee bei der OECD vertreten. Sowohl OPZZ als auch „Solidarność" gehören der International Labour Organization (ILO) und dem International Trade Union Confederation (ITUC) an, dem größten Gewerkschaftsverband der Welt. Alle drei größten Organisationen – NSZZ „Solidarność", OPZZ und FZZ – sind darüber hinaus Mitglieder des European Trade Union Confederation (ETUC), in dem die größten europäischen Gewerkschaftsorganisationen zusammengeschlossen sind (Gardawski et al. 2012: 11). Im Dezember 2021 leitete der ETUC auf Antrag des Französischen Demokratischen Gewerkschaftsbundes (Confédération Française Démocratique du Travail – CFDT) ein Verfahren zum Ausschluss von NSZZ „Solidarność" aus seinen Reihen ein. Die französischen Gewerkschaften werfen der „Solidarność" vor, rechtsextreme Ideen und Politiker – Marine Le Pen und Eric Zemmour – zu unterstützen (Szymczak 2021).

Die Gewerkschaften in Polen haben tatsächlich politische Verbindungen (was jedoch nicht immer die Ansichten der Mitglieder widerspiegeln muss), die noch in der kommunistischen Zeit wurzeln. Die „Solidarność", die aus einer freien und antikommunistischen sozialen Bewegung hervorgegangen ist, ist politisch eher rechtskonservativ und pflegt ihre Verbindungen zur katholischen Kirche und zu Parteien am rechten Rand der politischen Szene. Solidarność-Aktivisten waren Mitbegründer der Wahlaktion „Solidarität" (Akcja Wyborcza „Solidarność" →8.2, 7.3.2), der politischen Gruppierung, die von 1997 bis 2001 in Polen regierte, und stehen nun der Regierungspartei Recht und Gerechtigkeit (→4.4) nahe. Die OPZZ steht dagegen in der Tradition der linken, ehemals kommunistischen Arbeiterbewegung. Politisch stellt sie sich an die Seite sozialdemokratischer Gruppierungen, vor allem des postkommunistischen Demokratischen Linksbündnisses SLD (→2.2.1). Das Gewerkschaftsforum FZZ steht nicht eindeutig für eine der politischen Kräfte, sondern trifft gelegentlich Vereinbarungen mit verschiedenen politischen Gruppierungen und ist eine politisch neutrale Alternative zu den beiden großen Organisationen (Gardawski 2001). Ein Teil der landwirtschaftlichen Gewerkschaften identifiziert sich mit den Bauernparteien, zum Beispiel der PSL, ein anderer Teil fühlt sich keiner politischen Formation zugehörig und bevorzugt spektakuläre Protestaktionen, verbunden mit dem Abladen von Produkten oder landwirtschaftlichen Abfällen auf öffentlichen Plätzen, dem Blockieren von Straßen, Autobahnen und Bahngleisen. Aus einer solchen Protestbewegung hat sich die politische Partei Samoobrona Rzeczpospolitej Polskiej (Selbstverteidigung der Republik Polen) entwickelt, die in den Jahren 2006–2007 gemeinsam mit der Partei Recht und Gerechtigkeit und der Liga Polnischer Familien eine Koalitionsregierung bildete.

Nach den jüngsten Daten des Statistischen Zentralamtes (GUS 2020: 115–119) waren die Gewerkschaften hauptsächlich an der Überwachung der Funktionsweise des Sozialfonds (57,3 %) und an der Ausarbeitung von Tarifverträgen, Arbeitsvorschriften oder Verhaltenskodizes (53,7 %) beteiligt. Anschließend verbrachten sie einen großen Teil ihrer Zeit damit, Stellungnahmen abzugeben oder Entscheidungen zu Fragen einzelner Mitarbeiter zuzustimmen (40,2 %). Insgesamt 8,7 % der Gewerkschaften führten 2017 Protest- und Streikmaßnahmen durch. Die Tätigkeit der Gewerkschaften ist jedoch in der Öffentlichkeit wenig bekannt, und ihr Image ist nicht eindeutig umrissen. In den von CBOS im Jahr 2019 durchgeführten Umfragen konnte die größte Gruppe der Befragten (41 %) die Frage nach der Bewertung der Tätigkeit der Gewerkschaften in Polen nicht beantworten – 38 % der Befragten bewerteten die Auswirkungen ihrer Tätigkeit positiv und 21 % negativ. Bei spezifischen Fragen waren die meisten Befragten nicht in der Lage, sich zu den detaillierten Aktivitäten der einzelnen Gewerkschaftszentren zu äußern (Badora 2019: 7–9).

9.3 Die katholische Kirche

Die römisch-katholische Kirche hat in Polen eine sehr wichtige Bedeutung. Sie verdankt ihre Stellung vor allem dem Beitrag des Katholizismus zur nationalen Identität. In der Zeit der Teilungen war die Kirche eine tragende Säule des Polentums und unterstützte die nationalen Bestrebungen der Polinnen und Polen, die sich mit dem Katholizismus identifizierten, was zur Bildung des spezifischen Klischees „Pole = Katholik" führte. Eine solche Botschaft wurde dann in der Zeit der fehlenden nationalen Souveränität – während der deutschen Besatzung im Zweiten Weltkrieg und vor allem während der Kommunismus-Ära – verstärkt. Die katholische Kirche unterstützte das Streben nach Unabhängigkeit, antikommunistische Einstellungen der Gesellschaft und alle Formen des Widerstands gegen die totalitäre Herrschaft. Mit dieser Haltung wurde sie zu einem Vertreter der politischen Interessen der Mehrheit der Bevölkerung. Gleichzeitig war sie eines der wichtigsten Elemente der illegalen Zivilgesellschaft, indem sie die bestehende Dichotomie von „wir-sie/ Staat-Gesellschaft" (→10.1) aufrechterhielt. Eine wichtige Rolle bei der Stärkung der Position dieser Institution spielte das Pontifikat von Karol Wojtyła, der als Papst Johannes Paul II. während der kommunistischen

Zeit eine unbestrittene moralische und politische Autorität war (Drobinski/Urban 2020).

Die Verdienste, die sich die Kirche bei der Überwindung des kommunistischen Systems und gleichzeitig bei der Verteidigung der nationalen Identität der Gesellschaft in der Kommunismus-Ära erworben hat, prädestinierten sie dazu, auch nach der politischen Wende von 1989 eine wichtige gesellschaftliche Rolle zu spielen. Unter Ausnutzung ihrer Position und unter Verweis auf ihre enge Zusammenarbeit mit Vertretern und Vertreterinnen der früheren Opposition, die später führende Mitglieder der Regierungsparteien wurden, nahmen die Hierarchen Einfluss auf die Transformationsprozesse und auf die Gestaltung der politischen Situation. Das prägnanteste Beispiel war die Einführung des Religionsunterrichts an Schulen im Jahr 1990 – ohne öffentliche Debatte. Der nächste Schritt war der Abschluss eines Konkordats mit dem Vatikan im Jahr 1998, der alle Bereiche der Mitwirkung der Kirche im öffentlichen Leben Polens vom Religionsunterricht bis zur Militärseelsorge regelte (Kowalczyk 2014; Mechtenberg 2010). Durch die Reprivatisierung erhielt die Kirche ihr Vorkriegsvermögen zurück und wurde – nach dem Staat – der zweitgrößte Eigentümer von Immobilien (Hennig 2016). Die Aktivitäten der katholischen Kirche erstreckten sich auch auf die Medien (Guzek 2016). Heute sind in Polen mehrere hundert Zeitungen und Zeitschriften (zum Beispiel „Gość Niedzielny", „Tygodnik Powszechny") sowie mehrere Dutzend Radio- und Fernsehsender (zum Beispiel Telewizja Trwam, Radio Maryja, Radio Plus) unter der Aufsicht der Kirche tätig. Ein Sonderfall in den Strukturen der polnischen katholischen Kirche ist das Mediennetzwerk in Toruń, zu dem der Fernsehsender Radio Maryja, der Fernsehsatellitenkanal Telewizja Trwam, die Tageszeitung „Nasz Dziennik", eine private Hochschule für Sozial- und Medienkultur, die Stiftung „Lux Veritatis", eine Vielzahl von lokalen Gemeindegruppen namens „Rodziny Radia Maryja" (Familien von Radio Maryja), sowie Vereine, Stiftungen und ein Unternehmen für erneuerbare Energien gehören. Der Gründer des Netzwerkes ist Tadeusz Rydzyk, ein Pater des Redemptoristenordens (Żurek 2009). Programminhalte – besonders im Radio Maryja, dem größten Medium des Netzwerkes – weisen einen europaskeptischen, antisemitischen und fremdenfeindlichen Charakter auf. Trotz der in zahlreichen Beschwerden geäußerten Kritik am Inhalt der Sendungen und der vom Vatikan geäußerten Zweifel und Einwände hat sich der polnische Episkopat auf Rügen gegen Tadeusz Rydzyk beschränkt und duldet den Fortbestand des Senders. Die Medien von Pater Rydzyk mischen sich auch einseitig und parteiisch in die Politik ein. Im Wahlkampf wurden von ihnen die konservativen Parteien unterstützt zum Beispiel Liga der Polnischen Familien (LPR) und PiS. Aufgrund des Einflusses seiner Medien auf das Zielpublikum ist Tadeusz Rydzyk selbst zu einer der wichtigsten Figuren der polnischen Rechten geworden, und wichtige politische Persönlichkeiten werben um seine Unterstützung. Führende Vertreter und Vertreterinnen der Regierung sind bei den von Radio Maryja organisierten kirchlichen Veranstaltungen stets anwesend. Nach der Machtübernahme durch die PiS im Jahr 2015 erhielt das Unternehmen über 325.000.000 Zloty (etwa 80.000.000 Euro) direkt von den einzelnen Ministerien für die Umsetzung verschiedener Projekte, die von den einzelnen Unternehmen, die Teil des Netzwerks von Pater Rydzyk sind, durchgeführt wurden/werden, zum

Beispiel für die Werbung für Regierungsprogramme, geothermische Energie, den Bau eines Museums (Tomaszkiewicz 2021).

Während sie ihre eigene Politik betrieben und sich im öffentlichen Leben engagierten, schienen viele Hierarchen die Veränderungen in der Gesellschaft nicht zu bemerken. Obwohl die Laizisierung nicht so schnell voranschreitet wie in anderen Ländern der EU (2021 gehören – laut CBOS – mehr als 87 % der Bevölkerung Polens der katholischen Kirche an), ist eine stark ablehnende Haltung gegenüber dem politischen Engagement der Kirche und Kritik an der Tätigkeit des Klerus zunehmend sichtbar geworden. Sowohl die Mehrheit der Bischöfe als auch der Priester änderten widerwillig ihre Art der Beeinflussung der Gläubigen, wobei sie die während der kommunistischen Zeit entwickelten Mechanismen beibehielten. Indem sie ihren Standpunkt darlegten, sprachen sie – ihrer Meinung nach – im Namen des Volkes und erwarteten gleichzeitig, als Autoritätspersonen zu bestimmten Entscheidungen konsultiert zu werden – nicht nur in Glaubensfragen, sondern auch in politischen Angelegenheiten (auf lokaler oder nationaler Ebene). Sie lehnten jede Form von Kritik ab und betrachteten sie als einen Angriff auf die Kirche und den katholischen Glauben (Vetter 2021: 193–201). Die Gläubigen erhalten in vielen Kirchen weiterhin Anweisungen, beispielsweise Wahlempfehlungen. Bei Parlamentswahlen standen viele Priester rechtskonservativen Parteien nahe. Wie im Falle des Medienimperiums von Pater Rydzyk gewann die Partei Recht und Gerechtigkeit die Gunst der Hierarchen, was sich in Wahlergebnissen widerspiegelte. Auf der anderen Seite sind kirchenkritische, antiklerikale Parteien, wie zum Beispiel Ruch Palikota/Twój Ruch (2010–2015) oder Wiosna, meist im Parlament vertreten.

In jüngerer Zeit befindet sich die katholische Kirche im Krisenzustand. Ein im Jahr 2019 gedrehter Dokumentarfilm „Tylko nie mów nikomu" („Sag es nur niemandem" – Reg. Tomasz Sekielski, Polen, 2019), in dem das Ausmaß der sexuellen Missbrauchsfälle in der polnischen Kirche aufgezeigt wurde, löste eine breite Diskussion in der Gesellschaft aus. Zum ersten Mal in der Geschichte der polnischen Kirche wurden das Problem der Pädophilie innerhalb des Klerus, das Verschweigen von Taten und Tätern durch Vorgesetzte, das strukturelle Ignorieren unbequemer Fakten und die Geringschätzung der Opfer offen diskutiert. Die Atmosphäre rund um die Kirche wurde zusätzlich durch die Frauenstreiks gegen die Verschärfung der Abtreibungsgesetze von 2020 und 2021 angeheizt (Vetter 2021: 235–238), die sich auch gegen die Kirche und ihre Rolle in der Gesellschaft richteten. Die katholischen Hierarchen wichen zunächst einer öffentlichen Diskussion darüber aus. Wenn sie sich zu diesem Thema äußerten, versuchten sie, ihre Schuld zu relativieren. Der Pädophilie-Skandal in Polen löste jedoch eine Reaktion des Vatikans aus. Papst Franziskus bestrafte wegen schwerer Verfehlungen viele bekannte Bischöfe – wichtige Persönlichkeiten in der polnischen katholischen Kirche (Białczyk 2021). Die Pädophilie-Skandale wirkten sich unmittelbar auf den Rückgang der Zahl der Gläubigen – insbesondere in den Großstädten – aus und wurden zu einem zusätzlichen Problem für die konservative Regierung von PiS, die enge Beziehungen zur Kirche pflegt. Bislang nutzte die regierende Partei erfolgreich die kirchliche Unterstützung, um auf die Einstellungen der Gesellschaft und auf Wahlentscheidungen einzuwirken (Vetter 2021: 213–250). Dies hat zu einer Situation geführt, in der die polnische Politik in einem deutlich stärkeren Maße als in anderen Staaten der Europäischen Union mit der katholischen Kirche verflochten ist.

Die Zahl der Menschen, die eine Religion ausüben, ist rückläufig: laut CBOS-Angaben aus dem Jahr 2021 lag der Prozentsatz der Menschen, die regelmäßig mindestens einmal in der Woche die Kirche besuchen, 1992 bei fast 70 %, 2021 waren es ungefähr 43 % (Grabowska 2021: 2–3). Trotzdem sind die örtlichen Kirchengemeinden – vor allem in kleinen Städten und Dörfern – oft Zentren des gesellschaftlich-kulturellen Lebens. Nach den neuesten Zahlen des Instituts für die Statistik der Katholischen Kirche (Instytut Statystyki Kościoła Katolickiego) waren im Jahr 2018 65.500 aktive kirchliche Gemeindeorganisationen mit rund 2.600.000 Mitgliedern aktiv (GUS 2020: 30). Neben der Beteiligung an den religiösen Zeremonien bieten die kirchlichen Einrichtungen den Gläubigen die Teilnahme an verschiedenen sozialen Initiativen sowie Formen der karitativen Hilfe an. Die Pfarreien bieten sowohl die Teilnahme an Veranstaltungen zur Vertiefung des Glaubens an, wie zum Beispiel Rosenkranzkreise, Liturgischer Altardienst, Eucharistische Gemeinschaften, Erneuerung im Heiligen Geist und Akademische Pastoral, als auch an kulturellen oder sportlich-touristischen Veranstaltungen. Seit Jahren nehmen viele Polinnen und Polen an Pilgerfahrten zu religiösen Stätten im In- und Ausland teil. Neben der Teilnahme an Veranstaltungen, die von örtlichen kirchlichen Einrichtungen organisiert werden, engagieren sich einige Gläubige auch bei sozialen Aktivitäten zum Nutzen der Religionsgemeinschaft. Wie aus den Meinungsumfragen hervorgeht, arbeiten etwa 30 % der Befragten freiwillig und unentgeltlich zum Wohle der örtlichen Pfarrei und der Gemeindemitglieder (Reinigungsarbeiten, Spendensammlungen, Bau- und Instandhaltungsarbeiten, Beteiligung an der Liturgie, meist musikalischer Art). Etwa 70 % der Befragten unterstützen ihre Kirchengemeinde in gewissem Umfang auch finanziell (GUS 2020: 98–102).

Ein wichtiges Merkmal der Tätigkeit der katholischen Kirche in Polen ist die karitative Tätigkeit – nach dem Staat ist sie die zweitgrößte Institution, die sich mit der Unterstützung von Bedürftigen befasst. Die karitativen Tätigkeiten werden auf der Ebene der diözesanen Einrichtungen, der Ordensgemeinschaften und der lokalen Gemeindeorganisationen ausgeübt. Die größte von ihnen ist Caritas Polska, aber auch die Tätigkeit von Orden ist von großer Bedeutung, zum Beispiel der Bruder Albert Hilfsverein. Begünstigte der Hilfe sind vor allem Kinder und Jugendliche, Obdachlose, Behinderte und ältere Menschen.

Bei der Analyse der Situation und der Bedeutung der katholischen Kirche in Polen ist festzustellen, dass es sich um eine Institution handelt, die, trotz ihrer hierarchischen Struktur und ihres Bestrebens, die Homogenität zu erhalten, nicht eindimensional ist. Die Vielfalt der Meinungen und ein zunehmender Pluralismus kommen oft zum Vorschein. So ist in den letzten Jahren eine synkretistische Religiosität (*religious syncretism*) mit schamanischen Elementen stärker geworden, die sich unter anderem in der zunehmenden Akzeptanz von Exorzismen ausdrückt (Kobyliński 2023). In wichtigen Fragen ist die Kirchenhierarchie genauso gespalten oder pluralistisch wie die öffentliche Meinung. Neben dem fundamentalistischen Medienimperium von Pater Rydzyk und der konservativen Haltung der Mehrheit der Hierarchie gibt es Befürworter des religiösen Synkretismus und Vertreter des Klerus, die zunehmend Klarheit in der Funktionsweise der Institution, Überprüfung von Priestern hinsichtlich ihrer Kollaboration mit dem kommunistischen System, eine positive Haltung zu Flüchtlingen und ihrer Behandlung und vor allem die Aufarbeitung des Problems der Pädophilie und des sexuellen Missbrauchs fordern. Vor allem viele katholische Intellektuelle rufen zu einer Erneuerung der Kirche auf (Vetter 2021: 270–275).

9.4 Der Dritte Sektor und Ehrenamt

Ein sehr wichtiges Element der Zivilgesellschaft ist die Beteiligung an ehrenamtlicher gemeinnütziger Tätigkeit. Viele Forscher und Forscherinnen betonen, dass die Beteiligung von Polinnen und Polen an dieser Tätigkeit im Vergleich zu westeuropäischen Ländern relativ gering ist (Gliński 2007: 125–148; Gliński et al. 2002). In dieser Hinsicht engagieren sich die Bürgerinnen und Bürger Polens zum Großteil im Sektor der Nichtregierungsorganisationen (Non-Governmental Organisation – NGO). Sie arbeiten auf der Grundlage des rechtlichen Rahmens, der im „Gesetz über gemeinnützige Tätigkeit und Freiwilligenarbeit" von 2003 festgelegt wurde (Ustawa o działalności pożytku publicznego i o wolontariacie 2003). Nach den neuesten verfügbaren Daten des Zentralen Statistikamtes waren 2018 rund 73.600 registrierte Non-Profit-Organisationen – Vereine, Stiftungen und ähnliche soziale Organisationen mit rund 7.500.000 Mitgliedern – aktiv. Neben den offiziell registrierten Organisationen waren auch weniger formalisierte Einrichtungen im gemeinnützigen Sektor tätig. Im Jahr 2018 waren etwa 6.000 solcher Einrichtungen aktiv (GUS 2020: 77).

Der größte Teil der NGOs – 30,6 % – ist in den Bereichen Sport und Tourismus tätig. Die häufigste Tätigkeit in diesem Bereich ist die Veranstaltung von Sportkursen, die Organisation von Wettkämpfen und der Betrieb von Sporteinrichtungen (24 %), in geringerem Maße die Organisation von Tourismus- und Freizeitveranstaltungen und der Betrieb von Tourismuseinrichtungen (4 %). Es gibt auch eine große Anzahl von Einrichtungen, die im Bereich der Rettungsdienste tätig sind (16,9 %). Zu dieser Gruppe gehören in erster Linie die Freiwilligen Feuerwehren sowie andere freiwillige Rettungseinheiten: der Freiwillige Wasserrettungsdienst (Wodne Ochotnicze Pogotowie Ratunkowe – WOPR) und der Freiwillige Bergrettungsdienst (Górskie Ochotnicze Pogotowie Ratunkowe – GOPR). Relativ häufig ist der Haupttätigkeitsbereich mit Kultur und Kunst verbunden (12,6 %), zu dem Theater, Musik und Film gehören, sowie der Schutz historischer Denkmäler und Stätten des nationalen Gedächtnisses und die Pflege nationaler, regionaler und kultureller Traditionen. 9,8 % der NGO-Aktivitäten beziehen sich auf den Bereich Bildung, Erziehung und wissenschaftliche Forschung. Sie unterstützen hauptsächlich Bildungs- und Erziehungseinrichtungen oder Schüler (GUS 2020: 80–82).

Ein wichtiger, wenn auch nicht so zahlreich unterstützter Tätigkeitsbereich des Dritten Sektors ist die soziale und humanitäre Hilfe (7,3 %) (GUS 2020: 82). Zu dieser Gruppe gehören einige der bekanntesten polnischen NGOs, zum Beispiel das Polnische Rote Kreuz (Polski Czerwony Krzyż – PCK), die Polnische Humanitäre Aktion (Polska Akcja Humanitarna – PAH), die Stefan-Batory-Stiftung (Fundacja im. Stefana Batorego), die Beobachtungsstelle für Pressefreiheit (Centrum Monitoringu Wolności Prasy), das Komitee für den Schutz der Rechte des Kindes (Komitet Ochrony Praw Dziecka), das Zentrum für Frauenrechte (Centrum Praw Kobiet), La Strada – Stiftung gegen Menschenhandel und Sklaverei (Fundacja Przeciwko Handlowi Ludźmi i Niewolnictwu) sowie polnische Abteilungen internationaler Netzwerke, zum Beispiel die Helsinki Stiftung für Menschenrechte (Helsinki Foundation for Human Rights), Amnesty International und das Citizens' Network Watchdog Polska. Sie knüpfen an die Tradition der Menschenrechtsorganisationen aus der kommunistischen Zeit an, wie zum Beispiel das Komitee zur Verteidigung der Arbeiter (Komitet Obrony Robotników – KOR) und die Bewegung zur Verteidigung der Menschen- und Bürgerrechte (Ruch Obrony Praw Człowieka i Obywatela – ROPCIO), und führen ihre satzungsgemäßen Tätigkeiten ungeachtet der Schwierigkeiten aus, die ihnen die Machthaber manchmal bereiten. Etwas weniger Organisationen sind in der Gesundheitsversorgung tätig (4,2 %) (GUS 2020: 82). Zu den häufigsten Aktivitäten gehören Prävention, Gesundheitsförderung und Gesundheitserziehung sowie Blutspenden.

Die Gruppe der Umwelt-NGOs ist mit nur 2,8 % relativ klein (GUS 2020: 82). Es handelt sich jedoch um einen spezifischen Teil des Dritten Sektors mit einer relativ hohen Mitgliederzahl. Nach den neuesten verfügbaren Daten hat jede Organisation im Durchschnitt 243 Mitglieder, wobei die durchschnittliche Mitgliederzahl aller NGOs bei nur 13 liegt (GUS 2020: 39). Die meisten Mitglieder sind junge Leute, und viele Organisationen stehen der Linksradikal- oder Anarchiebewegung nahe. Die Tätigkeit von Umweltorganisationen findet oft unter schwierigen Bedingungen statt. Polen besitzt zwar eine große Anzahl naturbelassener und geschützter Landstriche – etwa ein Drittel der Landesfläche besteht aus Naturschutz- und Landschaftsschutzgebieten, wie NATURA 2000 –, noch immer aber wird gegen die umweltpolitischen Versäumnissen der kommunistischen Zeit und den ersten Jahrzehnten des kapitalistischen Umbruchs, insbesondere in den Bereichen Luft, Abwasser und Abfall angekämpft. Die Umweltgruppen sind – trotz beträchtlicher Umweltprobleme und ökologischer Herausforderungen – oft marginalisiert. Die Umweltaktivistinnen und -aktivisten, die sich nach der politischen Wende 1989 dem dominierenden Modernisierungsdiskurs in der Bevölkerung widersetzten, wurden oft als „Ökoterroristen" diffamiert. Die meisten Regierungen nach 1989 haben die Durchführung von Umweltprogrammen behindert oder verzögert. Trotz dieser Haltung der staatlichen Behörden erzielte die Umweltbewegung einige spektakuläre Erfolge. Zu den bekanntesten Aktionen der Umweltszene gehörten der landesweite Protest (2003–2004), der sich gegen ein Straßenbauvorhaben im Rospuda-Tal im Nordosten Polens richtete, und der Protest gegen das Fällen von Bäumen in Urwaldgebieten in Białowieża an der polnisch-weißrussischen Grenze (2016–2018). In beiden Fällen arbeiteten die Aktivistinnen und Aktivisten mit den Organen der Europäischen Union zusammen, um die Machthaber zu zwingen, umweltschädigende Aktivitäten einzustellen. Neben den Niederlassungen der bekanntesten internationalen Organisationen wie Greenpeace oder ClientEarth gibt es zahlreiche landesweite NGOs, die sich in der Umweltbewegung engagieren, darunter solche mit langen historischen Wurzeln: die Gesellschaft für Tierschutz (Towarzystwo Opieki nad Zwierzętami) und die Liga für Naturschutz (Liga Ochrony Przyrody), sowie solche, die nach 1989 gegründet wurden: Pracownia na Rzecz Wszystkich Istot, Klub Gaja, Institut für Öko-Entwicklung (Instytut na rzecz Ekorozwoju), Polnischer Ökologie-Club (Polski Klub Ekologiczny), Club der Naturforscher (Klub Przyrodników), Polnische Gesellschaft für Naturschutz „Salamandra" (Polskie Towarzystwo Ochrony Przyrody „Salamandra"), Polnische Gesellschaft der Naturfreunde „pro Natura" (Polskie Towarzystwo Przyjaciół Przyrody „pro Natura"). Außerdem gibt es viele kleine NGOs und Initiativen, die sich mit lokalen Problemen befassen (Kałuża/Wierczimok 2015).

Die Organisationen des Dritten Sektors üben überwiegend ausschließlich unbezahlte satzungsgemäße Tätigkeiten aus (70,8 %), obwohl einige von ihnen zusätzlich bezahlte Dienstleistungen anbieten: 21,7 % unter den bezahlten satzungsgemäßen Tätigkeiten und 4,7 % unter den unternehmerischen Tätigkeiten. Die Zielgruppe der Aktivitäten sozialer Organisationen sind hauptsächlich Privatpersonen (90,4 %), insbesondere Kinder und Jugendliche (53 %), und die vorherrschende Form der Aktivität ist die Organisation von Freizeit und Erholung (70,8 %). Darüber hinaus gibt es wichtige Aktivitäten zur Förderung der Zusammenarbeit zwischen Organisationen und zur Mobilisierung und Aufklärung der öffentlichen Meinung, vor allem im Bereich des Rechts und seines Schutzes sowie der Menschenrechte (GUS 2020: 82–84).

Ein großer Teil der NGOs (36 %) ist hauptsächlich auf der Mikroebene tätig, das heißt in der unmittelbaren Umgebung oder Gemeinde. Auf lokaler Ebene gibt es auch Organisationen, die sich auf das Gebiet eines Landkreises (21 %) oder einer Woiwodschaft (18 %) konzentrieren. Im Bereich des gesamten Landes sind 18 % der Organisationen tätig, und 6 % der Organisationen sind international aktiv (GUS 2020: 33).

Bei den Organisationen des Dritten Sektors handelt es sich in erster Linie um Mitgliederorganisationen, zumeist um Vereine, die ihre Tätigkeit gemäß dem durch das Gesetz von 2003 (Ustawa o działalności pożytku publicznego i o wolontariacie 2003) vorgegebenen Rechtsrahmen in erster Linie auf die soziale Arbeit ihrer Mitglieder und auf Einnahmen aus Mitgliedsbeiträgen stützen. Tatsächlich machen die Mitgliedsbeiträge nur 4,3 % ihrer Einnahmen aus. Die wichtigste Finanzierungsquelle für NGOs sind Subventionen, die 60 % des Budgets betragen. Sie stammen hauptsächlich aus öffentlichen Quellen und werden von lokalen Verwaltungen (20,1 %), von der staatlichen Verwaltung (10 %) und von der Europäischen Union und öffentlichen ausländischen Quellen (8,3 %) bereitgestellt. Obwohl die öffentlichen Mittel die größte Unterstützung des Dritten Sektors darstellen, ist zu betonen, dass ihr Anteil an der Finanzierung des Sektors in Polen allerdings geringer ist als in den Ländern Westeuropas. Der Rest des Haushalts stammt aus nichtöffentlichen Quellen (15,5 %), darunter sind vor allem Spenden und Zuschüsse von anderen Organisationen (14,3 %), während die Einnahmen aus Spenden nur 1,2 % ausmachen. Im polnischen Finanzierungssystem wurde auch eine Möglichkeit vorgesehen, nach der ein/eine Steuerzahler/Steuerzahlerin 1 % seiner/ihrer Einkommensteuer einer ausgewählten Organisation zuweisen kann. Dies weckte die Spendenbereitschaft der polnischen Bürgerinnen und Bürger. Nach Angaben des Finanzministeriums wurde im Jahr 2021 1 % der Steuer aus der Steuererklärung für 2020 von 15.300.000 Steuerzahlern überwiesen, die einen Betrag von mehr als 970.000.000 Zloty (ca. 220.000.000 Euro) spendeten. Zu den NGOs, die am meisten profitieren, gehören vor allem Organisationen, die kranken oder behinderten Menschen helfen. Zu den weiteren Quellen des Budgets der Organisationen des Dritten Sektors gehören vor allem die Einnahmen aus bezahlter satzungsgemäßer Tätigkeit (16,7 %), aus wirtschaftlicher Tätigkeit (13,3 %), aus öffentlichen Ausschreibungen (1,5 %) sowie aus Zinsen und Dividenden (0,7 %) (GUS 2020: 69–73).

Die wirtschaftlichen Schwierigkeiten der meisten NGOs sind das größte Problem für die Entwicklung des Dritten Sektors. Neben den wenigen Organisationen mit relativ stabilen Budgets besteht die Mehrheit aus kleinen Organisationen mit sehr schwachen finanziellen Grundlagen. Daraus ergibt sich häufig die Notwendigkeit, alternative Finanzierungsquellen für die Aktivitäten in Form von Anleihen oder Darlehen zu erschließen: 2018 nahmen sie Darlehen oder Kredite in Höhe von mehr als 290.000.000 Zloty (ca. 66.000.000 Euro) auf. Ein weiteres Problem, das die Entwicklung des Dritten Sektors einschränkt, ist das Fehlen einer ausreichenden Zahl von Menschen, die bereit sind, gemeinnützige Arbeit zu leisten (Freiwilligenarbeit). Im Jahr 2018 waren in Polen rund 3.000.000 Menschen freiwillig für NGOs aktiv (GUS 2020: 93–95).

Ein weiteres Hindernis für die Tätigkeit von Organisationen des Dritten Sektors sind die Beschränkungen, die sich aus gesetzlichen Vorschriften und Verfahren ergeben. Die meisten polnischen Regierungen nach 1989 erklärten ihre Unterstützung für die Entwicklung der Zivilgesellschaft. Auch die Partei Recht und Gerechtigkeit, die als einzige Partei im Wahlkampf 2015 die Unterstützung für Nichtregierungsorganisationen zu einem Versprechen gemacht hatte, legte darauf besonderen Wert, zumindest im deklaratorischen Bereich. Die Umsetzung dieser Forderung wich jedoch von den Erwartungen der meisten NGOs ab. Im Jahr 2017 wurden das Nationale Freiheitsinstitut – Zentrum für die Entwicklung der Zivilgesellschaft (Narodowy Instytut Wolności – Centrum Rozwoju Społeczeństwa Obywatelskiego – NIW-CRSO) und das Komitee für Angelegenheiten der Gemeinnützigkeit (Komitet do spraw Pożytku Publicznego – KPP) gegründet, die der Regierung eng unterstellt sind. Der Hauptzweck dieser Einrichtungen besteht in der Verwaltung von Programmen zur Förderung der Entwicklung der Zivilgesellschaft und in der Überwachung der Zusammenarbeit zwischen der staatlichen Verwaltung und dem Dritten Sektor. Eingerichtet wurde auch ein neuer Fonds für die Entwicklung zivilgesellschaftlicher Organisationen. Rund 20.000.000 Euro sollte das Institut jährlich an NGOs verteilen. Durch eine neue Glücksspielabgabe sind die Mittel um 40 % gestiegen. Nach der neuen Gesetzgebung sollen NGOs von der Regierung zentral gefördert werden, und nicht wie bisher dezentral von den Ministerien und Lokalverwaltungen. Viele Organisationen des Dritten Sektors zeigten sich besorgt über die Zentralisierung der staatlichen Stellen, die öffentliche Mittel an Nichtregierungsorganisationen verteilen, im Nationalen Freiheitsinstitut, was ihrer Ansicht nach zu einer Einschränkung der Handlungsfreiheit von NGOs führen könnte, und darüber, dass die Mittel überwiegend an regierungsfreundliche Organisationen verteilt werden. Diese Bedenken wurden vor allem von dem einflussreichsten und zahlenstärksten Dachverband – der Gesamtpolnischen Föderation der Nichtregierungsorganisationen (Ogólnopolska Federacja Organizacji Pozarządowych – OFOP) – geäußert. Einige der Organisationen, vor allem die konservativen, nationalen und rechten Milieus im Dritten Sektor, unterstützen aber diese Regierungsinitiative. Sie führten sogar zur Gründung der Konföderation der Nichtregierungsinitiativen der Republik Polen (Konfederacja Inicjatyw Pozarządowych Rzeczypospolitej – KIPR) als Gegengewicht zur OFOP. Dies hat zu einer Spaltung in der polnischen NGO-Szene geführt. Sie signalisiert auch das Aufkommen von staatlich organisierten Nichtregierungsorganisationen (Government-Organized Non-Governmental Organizations – GONGO) in Polen, die von der Regierung gefördert werden, aber offiziell weiterhin als unabhängig funktionieren. Das Nationale Freiheitsinstitut – Zentrum für die Entwicklung der Zivilgesellschaft führt Wettbewerbe durch und vergibt Stipendien im Rahmen des Fondsprogramms für Bürgerinitiativen 2014–2020, des Entwicklungsprogramms für Bürgerorganisationen 2018–2030 und des Förderprogramms für die Entwicklung von Pfadfinderorganisationen 2018–2030. Den verfügbaren Daten zufolge wurden im Jahr 2020 1.704 Begünstigten-Finanzmittel in Höhe von 170.000.000 PLN (ca. 39.000.000 Euro) gewährt, darunter 402 Begünstigte im Rahmen des NGO-Nothilfeprogramms COVID-19 mit Finanzmitteln in Höhe von 9.900.000 PLN (2.250.000 Euro). Einige unabhängige Internetportale, vor allem Onet.pl, teilten nach einer Analyse der Liste der Begünstigten mit, dass bei einigen der geförderten Organisationen politische Verbindungen zur Regierungspartei festgestellt werden konnten. Sie nannten vor allem katholische, rechtsgerichtete und konservative Organisationen. Ursprünglich plante die polnische Regierung, dass NIW-CRSO alle für NGOs verfügbaren Mittel, einschließlich der Zuschüsse im Rahmen des Europäischen Wirtschaftsraums und Norwegens, verwalten sollte. Dem haben die Geberländer Island, Liechtenstein und Norwegen nicht zugestimmt. Für die Verwaltung dieser Mittel wurden zwei spezielle Konsortien gegründet, denen ausschließlich NGOs angehören. Der Betreiber des Programms „Aktive Bürger – Nationaler Fonds" ist ein Konsortium, das aus drei Organisationen besteht: der Stefan-Batory-Stiftung, der Stiftung Werkstatt für soziale Innovation und Forschung „Werft" (Pracownia Badań i Innowacji Społecznych „Stocznia") und der Stiftung Akademie der Bürgerorganisationen (Fundacja Akademia Organizacji Obywatelskich), während der Betreiber des Programms „Aktive Bürger – Regionalfonds" ein Konsortium ist, das sich aus folgenden Organisationen zusammensetzt: der Stiftung zur Unterstützung der lokalen Demokratie (Fundacja Rozwoju Demokracji Lokalnej), der Stiftung für die Entwicklung der Informationsgesellschaft (Fundacja Rozwoju Społeczeństwa Informacyjnego), der Stiftung Bildung für Demokratie (Fundacja Edukacja dla Demokracji). Im Zusammenhang mit der Entwicklung der Zivilgesellschaft ist eine solche Lösung sehr wichtig – sie beweist, dass es in Polen gut funktionierende Organisationen mit angemessenen organisatorischen Kapazitäten gibt, die in der Lage sind, Programme mit Millionenbudgets auf nationaler und regionaler Ebene effizient umzusetzen (Ambroziak 2017).

Ein Phänomen innerhalb der NGOs ist die Stiftung Großes Orchester der Weihnachtshilfe (Fundacja Wielka Orkiestra Świątecznej Pomocy – WOŚP). Die 1993 gegründete nichtstaatliche Wohltätigkeitsorganisation organisiert am ersten oder zweiten Sonntag im neuen Jahr die jährliche gesamtpolnische (seit einigen Jahren auch internationale) große Spendensammlung, die mit der Organisation von kulturellen, insbesondere musikalischen Veranstaltungen verbunden ist. Die Freiwilligen sammeln im ganzen Land und in allen Ländern der Welt, in denen es eine polnische Minderheit gibt, Geld für die medizinische Versorgung von bestimmten Gruppen von Kranken. Jedes Jahr beteiligen sich immer mehr polnische Bürgerinnen und Bürger an der Aktion (die Mehrheit der Bevölkerung des Landes), und die gesammelten Beträge sind sehr hoch. Im Jahr 2021 sammelte WOŚP fast 55.000.000 Euro (WOŚP 2022).

Ein weiteres Phänomen, das mit der karitativen Tätigkeit der Gesellschaft zusammenhängt, ist das große Ausmaß der Hilfe von Bürgerinnen und Bürgern für die Flüchtlinge aus der Ukraine nach dem von Russland Anfang 2022 entfesselten Angriffskrieg. Die Polinnen und Polen haben eine außergewöhnliche Solidarität mit ihren östlichen Nachbarn gezeigt. Alle lokalen Verwaltungen, Hunderte von Organisationen und Stiftungen sowie Privatpersonen beteiligten sich an der spontanen Hilfsaktion. Viele Bürgerinnen und Bürger boten den Flüchtlingen ihre Wohnungen oder den kostenlosen Transport von der Grenze an und brachten Lebensmittel, Hygieneartikel, Medikamente und Kleidung an die Grenze. Über das Internet und in vielen Orten des Landes wurden zahlreiche Spenden- und Geldsammlungen organisiert. Es wurden auch Organisationen und sogar Privatpersonen eingesetzt, die in die Ukraine reisten, vor allem nach Lemberg, um benötigte Güter in die eine Richtung zu transportieren und bedürftige Ukrainerinnen und Ukrainer in die andere Richtung zu befördern. Der Umfang der spontanen Hilfe war so groß, dass trotz der Tatsache, dass 4,9 Millionen Menschen (Stand: Juli 2022, laut Grenzschutzamt – Straż Graniczna 2022) in Polen aufgenommen wurden, keine Flüchtlingszentren im Land eingerichtet wurden und die Bedürftigen in Unterkünften untergebracht wurden, die von Hilfsorganisationen, NGOs und vor allem Privatpersonen organisiert wurden. Ebenso groß wie die materielle Hilfe war die moralische Unterstützung. In den meisten polnischen Städten fanden Demonstrationen zur Unterstützung und Solidarität mit dem ukrainischen Volk statt, an denen Hunderttausende Polinnen und Polen teilnahmen.

Ein charakteristisches Merkmal der polnischen Zivilgesellschaft – eingebettet in die Tradition des Widerstands gegen die fremde Obrigkeit: während der Teilungen, der deutschen Besatzung und des Kommunismus – ist die spezifische Protestkultur. Die Aktivitäten der Partei Recht und Gerechtigkeit nach ihrer Machtübernahme im Jahr 2015 haben diese Art von Aktivitäten der polnischen Bürger und Bürgerinnen wiederbelebt. Eine der ersten Manifestationen war die Gründung des Komitees zur Verteidigung der Demokratie (Komitet Obrony Demokracji – KOD) im November 2015. Die Organisation bezieht sich direkt auf das Komitee zur Verteidigung der Arbeiter, eine antikommunistische Organisation, die während der kommunistischen Zeit tätig war, und leitet aus deren Aktivitäten die Muster ihrer Tätigkeit ab. Die Grundtätigkeit dieser sozialen Bewegung ist die Organisation von Straßenprotesten gegen die im Lande funktionierende und zur Vereinnahmung staatlicher Institutionen führende verfassungswidrige Politik der Regierungspartei, während sie sich gleichzeitig für Medienfreiheit, Gewaltenteilung und Demokratie einsetzt. Den Gründern der Bewegung – Krzysztof Łoziński und Mateusz Kijowski – zufolge war das Ziel ihrer Aktionen nicht der Sturz der Regierung von PiS, sondern vielmehr diese dazu zu bringen, institutionalistische demokratische Maßnahmen und Spielregeln einzuhalten. Die Organisation betonte ihre Unabhängigkeit und Überparteilichkeit, aber ihre Aktivitäten wurden offiziell von Oppositionsparteien, vor allem von liberalen und linken Parteien sowie von vielen politischen und kulturellen Persönlichkeiten und Prominenten unterstützt. Die Aktivitäten von KOD wurden 2017 von dem Korruptionsskandal im Zusammenhang mit Unregelmäßigkeiten bei der Ausgabe von Spendengeldern überschattet, in den einer der Mitbegründer, Mateusz Kijowski, verwickelt war (Wilgocki 2017). Der Platz des KOD als Anführer des Protests gegen die Aktivitäten der Regierungspartei wird allmählich von der 2016 gegründeten sozialen Bewegung Bürger der Republik Polens (Obywatele RP) eingenommen, die sich vor allem mit der Verteidigung der Unabhängigkeit der Justiz und der Stigmatisierung rechter und neonazistischer Aktivitäten im öffentlichen Raum befasst. Darüber hinaus gibt es zahlreiche Organisationen, die sich an verschiedenen Formen des Protests beteiligen, zum Beispiel Demokratische Republik Polen (Demokratyczna RP), Solidarische Bürger in Aktion (Obywatele Solidarni w Akcji), Erneuerung (ODnowa), Flugbrigade der Opposition (Lotna Brygada Opozycji), die sich bei ihren Aktionen hauptsächlich des Humors bedient und auf die antikommunistische Orange Alternative (Pomarańczowa Alternatywa) verweist.

Zu einer eigenen Kategorie unter den Protestgruppen gehört Landesweiter Frauenstreik (Ogólnopolski Strajk Kobiet). Ihre Tätigkeit bezieht sich auf das Problem des Abtreibungsrechts, das seit Anfang der 1990er-Jahre große Kontroversen in der Öffentlichkeit hervorrief. Seit 1993 galt der sogenannte Abtreibungskompromiss, der den Schwangerschaftsabbruch in gesetzlich begrenzten Fällen ermöglichte. Das politisch der PiS untergeordnete Verfassungstribunal urteilte im Oktober 2020, dass Abtreibung aufgrund schwerer und unheilbarer Schäden des Fötus nicht verfassungskonform sei (→9.3). Diese umstrittene Entscheidung wurde zum symbolischen Beginn – trotz Corona-Pandemie-Regelungen – von Massenstraßenprotesten in vielen polnischen Städten wie auch im Ausland. Sie waren eine Fortführung von spontanen Aktionen polnischer Frauen, die 2016 begonnen hatten und den Namen Schwarzer Protest (Czarny Protest) trugen, um ihren Widerstand gegen die Stellung der Frau in der patriarchalischen Struktur der Gesellschaft zum Ausdruck zu bringen. Diesmal jedoch nahmen sie die stärker formalisierte Form einer sozialen Bewegung an. Die Proteste erweckten großes Interesse bei internationaler Organisationen – Briefe und Debatten zu diesem Thema wurden von Organisationen wie dem Europarat, dem Europäischen Parlament und der UNO vorbereitet.

9.5 Rechtsnationale Organisationen

Seit Beginn des 21. Jahrhunderts wächst die Bedeutung der rechtsnationalen Organisationen in Polen. Sie gewinnen zunehmend an sozialer und politischer Unterstützung. Obwohl in Polen die Aktivitäten von nationalistischen und faschistischen Gruppen verfassungsrechtlich verboten sind (Konstytucja 1997), funktionieren sie und sind offiziell registriert, wobei sie sich auf die verfassungsrechtlichen Bestimmungen zur Rede- und Vereinigungsfreiheit berufen. In ihren politischen Programmen und Positionen beziehen sie sich auf die Tradition des Radikalnationalismus in Polen in den 1920er- und der 1930er-Jahren, vor allem auf die national-radikalen und national-demokratischen Bewegungen (Endecja). Diese Tradition wird häufig benutzt, um sich von der Ideologie des Faschismus und des deutschen Nationalsozialismus zu distanzieren und die grundsätzlichen Unterschiede zu betonen, um ungünstige historische Assoziationen zu vermeiden. In der Wirklichkeit hat die Ideologie der polnischen Rechtsextremen in der Regel antidemokratischen und oft totalitären Charakter. Ihre politische Identität beruht auf der Idee einer homogenen Nation, zusammen mit dem Antisemitismus, der Fremdenfeindlichkeit und der Diskriminierung aufgrund der sexuellen Ausrichtung und Geschlechtsidentität, die oft mit einem katholischen Fundamentalismus verbunden sind. Dabei werden die grundsätzlichen Werte der Demokratie und des Pluralismus eindeutig abgewiesen (Pankowski 2013).

Die von rechtsextremen Gruppen in Polen vertretene Ideologie unterscheidet sich nicht wesentlich von der Weltanschauung neofaschistischer und neonazistischer Bewegungen in anderen Ländern. Vertreter und Vertreterinnen polnischer Gruppen verwenden häufig internationale Symbole, Zeichen und Codes der europäischen und US-amerikanischen Rechtsextremisten. In Polen operieren im Untergrund Filialen von Gruppen wie den britischen „Combat 18" und „Blood and Honour". Neben den britischen Organisationen gibt es starke Verbindungen und Kooperationen vor allem mit ungarischen (zum Beispiel Jobbik) und italienischen (zum Beispiel Forza Nuova) Extremisten. Deutlich schwächer sind die Verbindungen der polnischen Szene zu deutschen Neonazi-Organisationen, obwohl einige Gruppen mit der NPD kooperierten. Vertreter und Vertreterinnen polnischer rechtsextremer Gruppen beteiligen sich auch an den Aktivitäten der European National Front, einer internationalen Struktur, die ultranationalistische Parteien des Kontinents vereint (Pankowski 2013).

Die rechtsextreme Subkultur wirkt überwiegend auf die junge Generation ein. Den sozialen Hintergrund der Szene bilden junge Leute (vor allem Männer), die sich aus allen Schichten der Gesellschaft rekrutieren. Unter ihnen finden sich sowohl Arbeiterinnen und Arbeiter als auch Studentinnen und Studenten. Die rechtsextremistischen Gruppierungen infiltrierten seit dem Beginn der 1990er-Jahre die Skinhead-Szene und ermutigte diese, zusammenzuarbeiten, gemeinsame Aktivitäten zu entwickeln und politische Gegner anzugreifen (zum Beispiel linksradikale Gruppen). Als Fußballanhänger in Polen begannen sich zu organisieren und feste Strukturen zu bilden, rekrutierten die rechten Radikalen ihre Anhänger oft in den Fußballstadien. Dabei wurde häufig die nationalistische und antisemitische Kultur ausgenutzt, die seit Beginn der 1980er-Jahre – ähnlich wie in anderen europäischen Länder – in vielen polnischen Stadien herrscht (Sahaj/Wojtaszyn 2017: 192–195). In der Zeit der COVID-19-Pandemie kamen dazu auch Argumente der Verteidigung der persönlichen Freiheit und Verschwörungstheorien. Die Argumente fallen auf fruchtbaren Boden, weil polnische Fußballfans, besonders Hooligans, die ihre subjektiv interpretierte Freiheit bedroht sehen, immer wieder zu verschiedenen Formen des Protests gegen Institutionen oder einzelnen Gruppen und Personen greifen.

Am anderen Pol der rechten Organisationen steht der 2013 gegründete erzkonservative Thinktank Ordo Iuris – Institut für Rechtskultur, der gewissermaßen die intellektuelle Basis der Aktivitäten des Umfelds bildet. Die Tätigkeit der Organisation besteht – laut ihrem Statut – in der Beobachtung des Gesetzgebungsprozesses, insbesondere von Projekten zum rechtlichen Schutz des Lebens (Unterstützung von Initiativen der Pro-Life-Bewegung), zu Ehe und Familie, zur Gewissensfreiheit und zum Erziehungsrecht der Eltern. Die Juristen und Juristinnen von Ordo Iuris prüfen die Regelungsentwürfe, bewerten deren wirtschaftliche und soziale Auswirkungen und erarbeiten Vorschläge für Rechtsakte (Ordo Iuris 2021). Die Maßnahmen werden auf der Grundlage einer ultrakonservativen Ideologie ergriffen, die sich auf den katholischen Fundamentalismus beruft. Die Vereinigung spielte eine wichtige Rolle bei der Einführung des Gesetzesentwurfs für ein vollständiges Abtreibungsverbot, kämpfte für die Aufhebung des Rechts auf Geschlechtsangleichung, gegen die Legalisierung von gleichgeschlechtlichen Partnerschaften, beteiligte sich an der Einschränkung des Antidiskriminierungsunterrichts an Schulen, dem Unterricht über die Verhütung sexuell übertragbarer Krankheiten und war an der Kampagne gegen LGBTQ+-Personen beteiligt. Ordo Iuris will darüber hinaus das Übereinkommen des Europarates zur Bekämpfung von Gewalt gegen Frauen (die Istanbul-Konvention) durch eine „Konvention über die Rechte der Familie" ersetzen. Ein entsprechender Antrag wurde 2021 im Sejm debattiert. Auch auf der politischen Bühne nimmt die Bedeutung der Organisation zu, was sich in ihren Verbindungen zu Vertretern und Vertreterinnen der Partei Recht und Gerechtigkeit und der von dieser Partei verfolgten Sozialpolitik ausdrückt. Ein Vertreter der Stiftung wurde 2018 Mitglied des Rates des Narodowego Instytutu Wolności – Centrum Rozwoju Społeczeństwa Obywatelskiego, das Zuschüsse an NGOs vergibt. Mitte 2021 war Ordo Iuris einer der Initiatoren der Gründung einer neuen internationalen Hochschule in Polen – Collegium Intermarium, die als ein Gegengewicht zu den bestehenden wissenschaftlichen Forschungs- und Lehreinrichtungen, darunter die von George Soros gegründete Central European University, gedacht ist (Collegium Intermarium 2022). Das Ziel dieser Institution besteht in erster Linie darin, eine neue Generation konservativer Juristen und Juristinnen in Mitteleuropa auszubilden. Die Hochschule wurde von der polnischen und der ungarischen Regierung unterstützt.

Ein Ausdruck der Bedeutung der nationalistischen Szene und gleichzeitig ein Ort der Zusammenarbeit und der Rekrutierung neuer Anhänger ist der „Marsch der Unabhängigkeit" („Marsz Niepodległości"), der alljährlich zum Jahrestag der Unabhängigkeit im Jahr 1918, am 11. November, einem staatlichen Feiertag, stattfindet. Neben durchschnittlichen Teilnehmerinnen, Teilnehmern und Passanten marschieren dann jährlich Zehntausende Ultrakonservative, Nationalisten und Rechtsradikale durch Warschau, unter einem Rauch aus Feuerwerkskörpern und Handfackeln und dem Slogan „Tod den Feinden des Vaterlandes" („Śmierć wrogom Ojczyzny") sowie dem rassistischen „Weißes Europa" („Biała Europa"). Oft kommt es dabei zu Gewalttakten gegenüber Polizisten, Journalisten oder Teilnehmern der Gegenmanifestationen.

Die rechten Organisationen, die den Marsch für ihre eigenen politischen Ziele nutzten, versammelten sich 2010 unter dem Dach der „Vereinigung Marsch der Unabhängigkeit" („Stowarzyszenie Marsz Niepodległości"). Unter dieser Dachorganisation agierten überwiegend zwei Bewegungen: Das National-Radikale Lager (Obóz Narodowo-Radykalny – ONR) und die Allpolnische Jugend (Młodzież Wszechpolska – MW). Das ONR bezieht sich auf die Tradition einer radikalen antisemitischen und antisozialistischen Bewegung aus den 1930er-Jahren. Die heutige Organisation wurde nach den demokratischen Veränderungen in Polen in den 1990er-Jahren gegründet und vereinigt unter ihrem Dach hauptsächlich Vertreter und Vertreterinnen der Skinhead-Subkultur. Die Organisation ist vor allem unter jungen Menschen aktiv und propagiert nationalistische und rassistische Einstellungen. Bei ihren Demonstrationen tragen die ONR-Mitglieder braune Uniformen und verwenden das „Falanga"-Symbol, ein stilisiertes Bild einer Hand, die ein Schwert hält, das auch von anderen nationalistischen Gruppen verwendet wird. Aus der Tradition einer extrem nationalistischen Organisation gleichen Namens aus der Zwischenkriegszeit schöpft auch die Młodzież Wszechpolska. Sie wurde 1989 reaktiviert und war die Jugendorganisation rechtsgerichteter politischer Parteien, zum Beispiel der Liga der Polnischen Familien. Die MW bezieht sich in ihren Aktivitäten auf kulturelle Codes, die mit der Subkultur der Skinheads in Verbindung gebracht werden, organisiert Marsche, Proteste und Konzerte von Bands des Musik- und Ideologiestils „White Power" (Pankowski 2013). Im Jahr 2013 fusionierten die beiden Organisationen und firmieren seit 2014 unter dem Namen einer neuen politischen Partei – Nationale Bewegung (Ruch Narodowy – RN).

Die dritte Kraft aus der rechtsextremen Szene ist die Nationale Wiedergeburt Polens (Narodowe Odrodzenie Polski – NOP). Ähnlich wie im Fall der beiden Organisationen, die die RN bilden, bezieht sich auch die NOP auf die nationalistische Tradition der Vorkriegszeit. Seit 1994 ist sie offiziell als Partei registriert. Trotz ihres legalen Parteienstatus ist die NOP eine extremistische nationalistische Gruppierung. Die Partei ruft zur „nationalen Revolution" (auf gewaltsame Weise) auf und propagiert rassistische, antisemitische und homophobe Slogans. Mit der ONR und der MW teilt sie außerdem die Verbundenheit mit einer fundamentalistischen Interpretation des Katholizismus (Pankowski 2013).

Als offiziell registrierte Parteien erfreuen sich RN und NOP, laut der Verfassung und dem Parteiengesetz, des Schutzes staatlicher Institutionen. Sie fanden sogar den Zugang zum politischen Mainstream. Nationale und rechtsextreme Gruppierungen zogen dank der mit der Gruppierung „Kukiz–15" geschlossenen Koalition in den Sejm ein (→4.4). Die Abgeordneten wurden der Vorsitzende der Nationalen Bewegung, Robert Winnicki, und der Chef der Allpolnischen Jugend, Adam

Andruszkiewicz. Im Jahr 2018 wechselte die Nationale Bewegung ihren Koalitionspartner und ging eine parlamentarische Zusammenarbeit mit der Partei KORWIN und kleineren populistischen Gruppierungen ein und gründete die Partei Konfederacja Wolność i Niepodległość. Die Partei von Justizminister Zbigniew Ziobro – Solidarna Polska, die Mitglied der Regierungskoalition ist – bemüht sich ebenfalls um die Unterstützung dieser Gruppe und um die Stimmen einiger Wähler und Wählerinnen, die der rechtsnationalen Szene angehören. Die regierende PiS ist keine eindeutig extreme Partei, allerdings bezieht sie sich in ihren Aktionen auf einige populistische rechtsnationale Postulate. Eine der charakteristischen Manifestationen der Zusammenarbeit der Regierungspartei mit nationalen Kreisen war die Ernennung von Adam Andruszkiewicz zum stellvertretenden Minister im Ministerium für Digitalisierung (2019 – 2020 und dann seit 2023). Unter Berufung auf eine nichtliberale Demokratie legitimiert PiS darüber hinaus den Anstieg rechtsextremistischer Sympathien im Land.

Resümee

Das gesellschaftliche Engagement der Polen und Polinnen im Prozess der Wiederherstellung der politischen Unabhängigkeit und des Sturzes des kommunistischen Systems ließ die Hoffnung aufkommen, dass es sich nach der politischen Wende um eine Gesellschaft handeln würde, die aktiv an der Schaffung und dem Funktionieren der Zivilgesellschaft beteiligt ist. Nach dem Umbruch 1989 führten sozioökonomische Probleme häufig zu einem Rückzug aus der ehrenamtlichen Tätigkeit und zu einem Engagement in der privaten oder ökonomischen Sphäre, die zur Grundlage für den Aufbau wirtschaftlicher und politischer Stabilität wurde, unabhängig von der politischen Situation des Staates. Im Vergleich zu anderen EU Ländern engagieren sich die polnischen Bürgerinnen und Bürger weniger häufig in den traditionellen Aktivitäten, die für eine entwickelte Zivilgesellschaft charakteristisch sind, wie zum Beispiel Gewerkschaften oder dem Dritten Sektor. Ihre Funktionsweise in Polen hat einige Besonderheiten, deren Wurzeln bis in die Zeit der Volksrepublik Polen zurückreichen. Die starke Politisierung der Gewerkschaften, die strukturellen Beschränkungen und die mangelnde Ausbildung über ihre Funktionsweise führen zu einem Desinteresse der Arbeitnehmer und Arbeitnehmerinnen an ihrer Tätigkeit. Die Beteiligung an den Aktivitäten des Dritten Sektors stößt auf wachsendes Interesse bei Polinnen und Polen, die sich immer stärker in ihre Aktivitäten einbringen. Die meisten Bürgerinnen und Bürger haben auch Erfahrung mit gemeinnützigen Aktivitäten und unterstützen verschiedene soziale Aktionen oder Organisationen. Trotzdem haben die NGOs immer noch organisatorische und finanzielle Probleme.

Ein charakteristisches Merkmal der Zivilgesellschaft in Polen ist die starke Stellung und Bedeutung der katholischen Kirche und das Funktionieren gut organisierter rechtsnationaler Organisationen. Die Rolle der katholischen Kirche hat auch tiefe historische Wurzeln, die sich aus ihrer Unterstützung nationaler Bestrebungen und des Widerstands der Polinnen und Polen gegen die fremde, totalitäre Herrschaft in der Zeit der fehlenden nationalen Souveränität ergeben und zu einem der wichtigsten Elemente der illegalen Zivilgesellschaft wurden. Die fehlende Reform der Aktivitäten der katholischen Kirche nach der politischen Wende von 1989 und die zunehmende rechtsnationale Position vieler Hierarchen, zusammen mit der gleichzeitig fehlenden Aufarbeitung der Kollaboration mit dem kommunistischen System und des Problems der Pädophilie und des sexuellen Missbrauchs führen zu einer großen Krise der Kirche und ihrer Wahrnehmung durch die Gläubigen, vor allem in den Großstädten. Andererseits aber sind die örtlichen Pfarreien oft die Zentren des gesellschaftlich-kulturellen Lebens in kleineren Städten und Dörfern und die Beteiligung an ihren Aktivitäten stellt oft eine Art Schule für soziales Handeln im Namen der lokalen Gemeinschaft dar.

All diese historischen und kulturellen Faktoren entscheiden über die Art und Weise, wie sich Interessengruppen entwickeln und wie deren gesellschaftliche und politische Haltung, aber auch gesellschaftlicher Protest kanalisiert wird. Ihre charakteristische Erscheinungsform ist das Auftreten von nationalistischen und rechtsradikalen Tendenzen. In Anlehnung an die Tradition polnischer nationalistischer Organisationen der Vorkriegszeit versuchen die rechtsnationalen Bewegungen, sich in der Öffentlichkeit von neonazistischen und faschistischen Ideologien zu distanzieren oder sich zumindest nicht mit ihnen zu identifizieren, obwohl die geäußerten Ansichten manch ihrer Mitglieder eindeutig dieser Tendenz zuzuordnen sind. Die mangelnde Reaktion des Mainstreams und sozioökonomische Spannungen sind ein günstiger Nährboden für die Entwicklung der extremen Ideologien. Sowohl die gespaltenen Gewerkschaften – insbesondere die Gewerkschaft Solidarność, der selbst vorgeworfen wird, rechtsextreme Zentren im In- und Ausland zu tolerieren und zu unterstützen – als auch die Aktivitäten der katholischen Kirche, die die Aktivitäten des radikalen und fremdenfeindlichen Medienunternehmens von Tadeusz Rydzyk duldet, tragen zur Legitimierung der rechtsnationalen Ideologien und Bewegungen bei.

Fragen:

- Sind die Traditionen der „Solidarność" ein relevanter Einflussfaktor der Entwicklung der Gewerkschaften?
- Welche Rolle im Rahmen der polnischen Zivilgesellschaft spielt die katholische Kirche?
- Welche sind die größten Probleme der Entwicklung des Dritten Sektors?
- Welche Mechanismen verwenden die rechtsnationalen Organisationen, um eine bedeutende Position im politischen System Polens zu erlangen und zu festigen?

Literatur:

Ambroziak, Anton (2017): PiS chce dobić społeczeństwo obywatelskie. „Narodowy Instytut Wolności" pomoże sterować organizacjami pozarządowymi. In: OKOPress, https://oko.press/pis-chce-dobic-spoleczenstwo-obywatelskie-narodowy-instytut-wolnosci-pomoze-sterowac-organizacjami-pozarzadowymi/ (18.7.2022).

Ash, Timothy Garton (1983): The Polish Revolution. Solidarity 1980–82, London: J. Cape.

Badora, Barbara (2019): Związki zawodowe w Polsce, Warszawa: CBOS.

Białczyk, Piotr (2021): Watykan. „Kary dla polskich biskupów to dobry znak". In: Wirtualna Polska, https://wiadomosci.wp.pl/watykan-kary-dla-polskich-biskupow-to-dobry-znak-6623363700784096a (18.7.2022).
Collegium Intermarium (2022): https://collegiumintermarium.org (20.7.2022).
Drobinski, Matthias/Urban, Thomas (2020): Johannes Paul II. Der Papst, der aus dem Osten kam. Eine Biographie, München: CH Beck.
Gardawski, Juliusz (2001): Związki zawodowe na rozdrożu, Warszawa: Instytut Spraw Publicznych.
Gardawski, Juliusz/Mrozowicki, Adam/Czarzasty, Jan (2012): Historia i teraźniejszość związków zawodowych w Polsce. In: Dialog, Nr. 3, S. 3–30.
Gliński, Piotr (2007): Enklawowość polskiego społeczeństwa obywatelskiego. In: Gołdyka, Leszek/Machaj, Irena (Hrsg.): Enklawy życia społecznego, Szczecin: Wydawnictwo Naukowe Uniwersytetu Szczecińskiego, S. 125–148.
Gliński, Piotr/Lewenstein, Barbara/Siciński, Andrzej (Hrsg.) (2002): Samoorganizacja społeczeństwa Polskiego. III sektor i wspólnoty lokalne w jednoczącej się Europie, Warszawa: Wydawnictwo Instytut Filozofii i Socjologii PAN.
Grabowska, Mirosława (2021): Religijność młodych na tle ogółu społeczeństwa, Warszawa: CBOS.
GUS (2020): Sektor non-profit w 2018 r., Warszawa/Kraków: Główny Urząd Statystyczny, Urząd Statystyczny w Krakowie.
Guzek, Damian (2016): Media katolickie w polskim systemie medialnym. Toruń: Wydawnictwo Adam Marszałek.
Hennig, Anja (2016): Analyse: Hofiert und ideologisch gespalten. Die katholische Kirche und die PiS-Regierung, Bundeszentrale für politische Bildung, https://www.bpb.de/themen/europa/polen-analysen/235699/kirche-und-politik/ (18.7.2022).
Holzer, Jerzy (1985): „Solidarität". Die Geschichte einer freien Gewerkschaft in Polen, München: C.H. Beck.
Kałuża, Andrzej/Wierczimok, Jutta (Hrsg.) (2015): Jahrbuch Polen. Umwelt, Wiesbaden: Harrassowitz.
Kobyliński, Andrzej (2023): Problem psychomanipulacji religijnej w kontekście globalnej pentekostalizacji chrześcijaństwa. In: Człowiek i Społeczeństwo, Bd. LIV, S. 99–115.
Konstytucja Rzeczypospolitej Polskiej z dnia 2 kwietnia 1997 r. – Konstytucja (1997): In: Dziennik Ustaw, Nr. 78/483.
Kowalczyk, Krzysztof (2014): Partie i ugrupowania parlamentarne wobec Kościoła katolickiego w latach 1989–2011, Szczecin: Wydawnictwo Uniwersytetu Szczecińskiego.
Mechtenberg, Theo (2010): Polens katholische Kirche zwischen Tradition und Moderne, Dresden: Neisse Verlag.
Pankowski, Rafał (2013): Analyse: Rechtsextremismus in Polen – Gruppierungen, Narrationen, Gegenbewegungen, Bundeszentrale für politische Bildung, https://www.bpb.de/themen/europa/polen-analysen/169274/analyse-rechtsextremismus-in-polen-gruppierungen-narrationen-gegenbewegungen/ (19.7.2022).
Sahaj, Tomasz/Wojtaszyn, Dariusz (2017): Fußballfans in Polen: Sport, Gewalt und Politik. In: Osteuropa, Nr. 11–12, S. 187–196.
Skowrońska, Anna/Zakrzewski, Robert (2020): Raport o stanie sektora małych i średnich przedsiębiorstw w Polsce, Warszawa: Polska Agencja Rozwoju Przedsiębiorczości.
Ordo, Iuris (2021): Statut Fundacji, https://ordoiuris.pl/dokumenty (19.7.2022).
Straż Graniczna (2022). Twitter, https://twitter.com/Straz_Graniczna/status/1549275049970073600? (19.7.2022).
Szymczak, Jakub (2021): „Solidarność" wyleci z europejskiej centrali związkowej za promocję skrajnej prawicy? In: OKOPress, https://oko.press/solidarnosc-skrajna-prawica-w-niosek-cgt/ (15.7.2022).

Tomaszkiewicz, Michał (2021): Rydzyk dostał od PiS ponad 325 mln zł. Przelewy coraz wyższe. In: Radio ZET, https://biznes.radiozet.pl/News/Rydzyk-dostal-od-PiS-ponad-325-mln-zl-Przelewy-coraz-wyzsze (18.7.2022).

Ustawa o działalności pożytku publicznego i o wolontariacie (2003). In: Dziennik Ustaw, Nr. 96/863.

Ustawa o związkach zawodowych (2022): In: Dziennik Ustaw, Nr. 854.

Vetter, Reinhold (2021): Das Bollwerk des Katholizismus wankt. Rapide Säkularisierung in Polen, Baden-Baden: Tectum.

Wilgocki, Michał (2017): Zarząd KOD wzywa Kijowskiego do ustąpienia. Kijowski: „Nie ustąpię". In: Gazeta Wyborcza, 17.1.2017.

WOŚP (2022): Ile zebrała WOŚP podczas 30. finału? In: Wielka Orkiestra Świątecznej Pomocy, https://www.wosp.org.pl/aktualnosci/ile-zebrala-wosp-podczas-30-finalu (19.7.2022).

Żurek, Robert (2009): Für Kirche und Volk! Die „Radio-Maryja"-Bewegung im heutigen Polen. In: Osteuropa, Nr. 59(6), S. 113–128.

10 Politische Kultur

> **Zusammenfassung**
>
> Gegenstand dieses Abschnittes sind die historischen Traditionen und die aktuellen Ausprägungen der polnischen politischen Kultur. Der historische Überblick wird sich zunächst mit den historischen Merkmalen der politischen Kultur befassen, die sich bis heute auswirken. Daran anschließend werden Erkenntnisse der Forschung zur Entwicklung moderner Gesellschaften (Wertewandel, Krise der liberalen Demokratie) zusammengefasst und auf Polen bezogen. Im Weiteren wird der aktuelle Rückhalt für die Demokratie in Polen gestützt auf Umfragedaten dargestellt werden, bevor abschließend die Haupttrennlinien (*Cleavages*) in der polnischen Gesellschaft beschrieben werden.

10.1 Historischer Überblick

Die wichtigsten Merkmale und Funktionsmechanismen der polnischen Gesellschaft unterscheiden sich von denen anderer postkommunistischer Länder und sind durch tiefe historische Wurzeln geprägt. Von grundlegender Bedeutung für die Herausbildung der staatlichen und nationalen Identität war die soziale und politische Situation am Ende des 19. Jahrhunderts. Die polnische Gesellschaft bildete sich als moderne Nation in der Zeit der Teilungen, der fehlenden Staatlichkeit und der Unterwerfung unter die meist repressive Politik der deutschen, russischen und – in weit geringerem Maße, vor allem in der zweiten Hälfte des 19. Jahrhunderts – österreichischen Herrschaft heraus. Das Fehlen einer eigenen Staatlichkeit erschwerte den Aufbau einer eigenständigen und unabhängigen Zivilgesellschaft, was sich unter anderem in der merkwürdigen Dichotomie von Staat und Gesellschaft ausdrückte, die zu einem der charakteristischen Merkmale der polnischen Gesellschaftsentwicklung wurde. Der Staat, das waren in der Teilungszeit die Teilungsmächte und nach 1945 das von der Sowjetunion aufgezwungene kommunistische System, so dass sich eine positive Haltung zum Staat nicht entwickelte.

Die vorherrschende öffentliche Atmosphäre und die Stimmungslage waren in Polen lange Zeit mit dem blutigen Kampf um die Wiedererlangung der Unabhängigkeit verbunden, der sich vor allem in den antirussischen Aufständen - im November Aufstand (1830–1831) und im Januar Aufstand (1863–1864) - manifestierte. Diese Ereignisse hatten einen tiefgreifenden Einfluss auf das historische und politische Bewusstsein und die politische Kultur der Polen und Polinnen. Von diesem Zeitpunkt an war sie im Wesentlichen mit dem Unabhängigkeitskampf und seiner martyrologischen Komponente verflochten. Das Modell des erwünschten Verhaltens, das sich im gesellschaftlichen Bewusstsein festgesetzt hatte, basierte auf einem Muster, das mit dem bewaffneten Kampf zusammenhing und dieses Muster wurde in der Zwischenkriegszeit konsolidiert.

Die 1918 erlangte Unabhängigkeit dauerte nur 21 Jahre und wurde durch den Ausbruch des Zweiten Weltkrieges unterbrochen. Infolgedessen wird der Erfolg vom November 1918, das heißt die Wiedererlangung der Unabhängigkeit nach

123 Jahren, durch das Prisma des 1. Septembers 1939, das heißt den deutschen Überfall auf Polen und den Beginn des Zweiten Weltkrieges betrachtet. Die Zeit der staatlichen Unabhängigkeit war damit zu kurz, um etwas an den sozialen Verhaltensstrukturen zu ändern. So entstand im gesellschaftlichen historischen Bewusstsein eine Kontinuität zwischen den Aufständen gegen die Teilungsmächte im 19. Jahrhundert, dem Sieg über die Bolschewiken in der Schlacht von Warschau 1920, den Ereignissen des Zweiten Weltkrieges, hier insbesondere dem Verteidigungskrieg 1939 und dem Warschauer Aufstand von 1944, sowie den späteren Protesten gegen die kommunistische Herrschaft. In einer derart gestalteten historischen Narration wird Polen als unschuldiges Opfer dargestellt, das von anderen Staaten und Nationen angegriffen wird. Die polnische Romantik bezeichnete das Land als "Christus der Nationen", was sich im Bewusstsein der Gesellschaft mit dem bekannten Slogan von Polen "als Vormauer des Christentums", der im Zusammenhang mit dem Kampf gegen die osmanische Expansion entstand, festsetzte. Diese messianische Doktrin wurde durch die Tätigkeit der katholischen Kirche gefestigt, die die polnische Gesellschaft stark beeinflusste (Kumor 1979: 402–405).

Die Erfahrungen mit einem gut funktionierenden demokratischen System in der Zwischenkriegszeit waren sehr begrenzt - sie dauerten nur wenige Jahre. Der Militärputsch von Marschall Józef Piłsudski im Jahr 1926 (→3.1) beendete die Zeit des Parlamentarismus. Die demokratischen Institutionen funktionierten zwar weiter, aber ihre Rolle wurde erheblich eingeschränkt und sie konzentrierten sich auf die Legitimierung der gewaltsam ergriffenen Macht. Sowohl das staatliche System als auch einige der nach der Unabhängigkeit entstandenen sozialen Beziehungen wurden verändert (Topolski 1995: 84–108).

Ein weiterer symptomatischer Faktor, der die Form der politischen Kultur beeinflusste, war die systematische Unterdrückung und Vernichtung der polnischen politischen und sozialen Eliten durch feindliche Mächte. Dies geschah bereits während der Teilungszeit durch Germanisierung und Russifizierung, was die Entwicklung der polnischen Gesellschaft und polnischer Eliten erheblich einschränkte. Während des Zweiten Weltkrieges führten die Besatzungspolitiken sowohl des Dritten Reiches wie auch der Sowjetunion zu einer teilweisen Vernichtung polnischer Eliten. Bei den Nationalsozialisten war das Vorgehen gegen polnische Eliten Teil ihrer rassenideologischen Konzeption, die den Slawen lediglich die Rolle als Helotenvolk zudachte. Bei der Sowjetunion führten ideologische Ansätze zur Zerstörung bourgeoiser Elemente und zur Unterdrückung unabhängiger polnischer Vorstellungen. Schließlich führten die Sowjetisierung Polens nach 1945 und die kommunistische Herrschaft im Land bis 1989 einerseits zu einem Exodus von Eliten in den Westen, andererseits kamen gerade im polnischen Stalinismus bis 1956 Tausende Andersdenkende ums Leben. Der Versuch der polnischen Kommunisten, neue Eliten aus anderen Gesellschaftsschichten zu rekrutieren und zu Unterstützern des Systems zu machen, war nur teilweise erfolgreich. Erstens wandten sich Teile dieser neuen Eliten in den verschiedenen Protestwellen nach 1945 gegen das politische System, das ihnen den Aufstieg ermöglich hatte, und zweitens gelang es den polnischen Kommunisten nicht, dauerhaft den Mangel an

Vertrauen der Öffentlichkeit in die politischen Eliten zu überwinden. Die tiefe Spaltung zwischen den staatlichen Autoritäten und der Gesellschaft blieb bis 1989 mit kurzen Ausnahmen wie beispielsweise Anfang der 1970er Jahre, als Edward Gierek als neuer Chef der PZPR kurzzeitig für Reformen und für eine Öffnung Polens zum Westen hin stand, bestehen.

Polen gehörte nach 1945 offiziell zu den Siegern des Zweiten Weltkrieges, verlor aber gleichzeitig ein Fünftel seines Territoriums aufgrund von Entscheidungen und internationalen Vereinbarungen der Siegermächte. Der Verlust des polnischen Territoriums im Osten, die sogenannten Kresy-Gebiete (kresy = polnische Grenzgebiete im Osten), wurde im öffentlichen Diskurs nach 1945 tabuisiert, da er automatisch die Sowjetunion und damit den kommunistischen Herrschaftsanspruch im Land in Frage stellen musste. Gleichwohl war der Verlust der polnischen Kresy-Gebiete im Bewusstsein der Gesellschaft präsent und er schürte einerseits das Misstrauen gegenüber den Machthabern und stellte andererseits Argumente für den historisch überlieferten Mythos des Opfers bereit. Dazu passte auch die zwangsweise Sowjetisierung Polens nach 1945 und seine Eingliederung in den Einflussbereich der bis dahin feindlich wahrgenommenen Sowjetunion. Ein charakteristisches Merkmal der gesellschaftlichen Einstellungen, die von bedeutenden Kreisen der Gesellschaft vertreten wurde, war eine ablehnende Haltung sowohl gegenüber dem kommunistischen System als auch gegenüber der Sowjetunion. Wiederholte Ausbrüche von sozialer Unzufriedenheit waren symptomatisch. Unmittelbar nach Kriegsende 1945 war in dem Land ein antikommunistischer Untergrund aktiv, die so genannten verstoßenen Soldaten, deren Mitglieder von der polnischen Volksarmee mit Unterstützung der Geheimpolizei der Sowjetunion des NKWD - brutal bekämpft wurden. Ende der vierziger Jahre war dieser Widerstand weitgehend gebrochen, wenngleich einzelne Gruppen bis weit in die fünfziger Jahre das kommunistische System noch bekämpften. In den folgenden Jahrzehnten brachen immer wieder Unruhen aus, die häufig von sozialen Problemen wie hohen Preisen oder Versorgungsschwierigkeiten ausgelöst wurden, sich aber schnell in politische Proteste verwandelten. Zu nennen sind hier der Posener Aufstand von 1956 mit fast 60 Toten, die Studentenproteste von 1968, die gemeinsam mit einer antisemitischen Kampagne der PZPR zum Exodus von etwa 10.000 Menschen mit jüdischem Hintergrund aus Polen führte, darunter viele, die dem System bis dato verbunden waren, die Proteste an der Ostseeküste 1970, vor allem in Danzig, mit mehr als 40 Opfern, die Streiks von 1976 und vor allem die größte unabhängige Bewegung im gesamten Ostblock – die Gewerkschaft Solidarność von 1980/81. All diese Proteste standen in der Tradition des Kampfes gegen eine aufgezwungene Macht, die in Polen seit den Teilungen besteht.

Alle Unabhängigkeitskämpfe und Ausbrüche von sozialer Unzufriedenheit scheiterten. Mit Gewalt und Massenunterdrückung zwangen die Behörden die Gesellschaft zum Gehorsam und zur Beendigung der Revolten. Die Enttäuschung breiter gesellschaftlicher Kreise über die Ergebnisse des Kampfes - insbesondere der massiven (etwa 9-10 Millionen Mitglieder) (Dudek 2005) Freiheitsbewegung "Solidarność" - trug zu einer zunehmenden Entmutigung gegenüber der Beteiligung am politischen Leben des Landes und zu einer wachsenden sozialen Apathie bei, die nur gelegentlich durch periodische Massenproteste unterbrochen wurde.

Der am häufigsten praktizierte Ausdruck dieser oppositionellen Haltung war der massenhafte Rückzug aus dem öffentlichen Leben als Zeichen des Protestes gegen die Politik der kommunistischen Partei, eine Art von innerer Emigration, die durch die starke Dichotomie zwischen Staat und Gesellschaft aufrechterhalten wurde (Kobierzycki/Kania 2017). Gleichzeitig wurde die soziale Energie, die während der Proteste und Freiheitsbewegungen, vor allem der "Solidarność", ausgelöst wurde, vor allem in der zweiten Hälfte der 1980er Jahre auf alternative Aktivitäten ausgerichtet. Die geringe Beteiligung an politischen Aktivitäten auf nationaler und lokaler Ebene wurde durch die Entwicklung eines Unternehmertums kompensiert (Ogrodziński 1991: 67–68). Die Aktivität der polnischen Bürger und Bürgerinnen in diesem Bereich war im Vergleich zu anderen Ostblockländern insgesamt hoch. Das Unternehmertum kann als einer der Faktoren betrachtet werden, die die Zivilgesellschaft formen, was jedoch nicht zwangsläufig zu einem politischen Engagement führt. Ein sichtbarer Ausdruck dieser Haltung war die bewusste und demonstrative Verweigerung der Teilnahme an Parlaments- und Kommunalwahlen.

10.2 Tradition versus Moderne: Wertewandel und Krise der liberalen Demokratie?

Das hier knapp skizzierte Erbe der Teilungszeit, des Zweiten Weltkriegs und der kommunistischen Zeit ist in Polen bis heute spürbar. Die Skepsis gegenüber politischen Autoritäten, eine geringe Bereitschaft zum Engagement in der Zivilgesellschaft und die Dominanz einer martyrologischen historischen Erzählung waren und sind zum Teil bis heute Hypotheken für den Aufbau einer demokratischen politischen Kultur, wenngleich es in Polen immer auch den Gegendiskurs gab: gegen die martyrologische historische Erzählung und gegen einen polnischen Opfermythos.

Das gebrochene Verhältnis zum Staat ist nach der demokratischen Transformation von 1989 problematisch, da Demokratie heute eine aktive Zivilgesellschaft und eine grundsätzliche Akzeptanz der demokratischen Regierungsform für ihre Konsolidierung voraussetzt. Für die demokratische Konsolidierung eines Staates ist letztlich auch die Ausprägung einer demokratischen Bürgerkultur wesentlich (Merkel 2007: 417), was seit den fünfziger Jahren Gegenstand der politischen Kulturforschung ist.

Seit den Anfängen der politischen Kulturforschung durch die bahnbrechende Studie von Gabriel A. Almond und Sidney Verba „The Civic Culture: Political Attitudes and Democracy in Five Nations" aus dem Jahr 1963 ist politische Kulturforschung vor allen Dingen Einstellungsforschung. Sie fragt nach den Werten und Überzeugungen der Bürger und Bürgerinnen, nach ihren Einstellungen gegenüber der Regierung und dem politischen System. Für Almond und Verba ist die „Civic Culture" eine partizipative politische Kultur, die von den Bürgern und Bürgerinnen öffentlich ausgestaltet wird. Ihre Studie zu den Ländern USA,

West-Deutschland, Mexico, Italien und Großbritannien zeigte Unterschiede zwischen diesen Ländern auf und unterstrich den Zeitfaktor in der Ausprägung einer demokratischen politischen Kultur (Almond/Verba 1963; Pickel/Pickel 2006). Damit ist zugleich eine zweite Traditionslinie der politischen Kulturforschung angesprochen, und zwar historisch angelegte Studien zu politischen Traditionen der jeweiligen Nation. Die Bedeutung politischer Traditionen und Erfahrungen wird in vielen Arbeiten zur politischen Kultur angesprochen (Diamond 1999: 162), aber die Analyse gestaltet sich schwierig, da politische Traditionen nur bedingt über Umfragen erfassbar sind. In der Regel haben wir es in diesem Forschungsstrang daher mit historischen Studien zu tun. Für die deutsche Politikwissenschaft hat dabei Karl Rohe einen historisch-hermeneutischen Ansatz entwickelt, der in Ergänzung zu den von Almond und Verba etablierten Einstellungsforschungen politische Kultur als „die für eine soziale Gruppe maßgebenden Grundannahmen über die politische Welt" (Rohe 1996: 1) skizziert. In diese „Ordnungsentwürfe" gehen auch „historische Politikerfahrungen einer Gesellschaft" (Rohe 1996: 3) ein, wie sie für den polnischen Fall oben umrissen wurden. Es sind symbolische, zeichenhafte Ordnungen, die sich nur langsam ändern.

Diese tradierten Muster polnischer historischer Erfahrungen treffen nach 1989 auf Auswirkungen der gesellschaftlichen Modernisierung, die nun auch die postsozialistischen Gesellschaften, darunter Polen, umfassen. Wesentlich für unseren Kontext ist neben der ökonomischen und sozialen Modernisierung des Landes dabei insbesondere der von Ronald Inglehart (1977, 1997, 2018) beschriebene Wertewandel westlicher Gesellschaften, wie er sich seit den siebziger Jahren vollzieht. Inglehart beschreibt damit eine Evolution von materialistischen hin zu postmaterialistischen Werten, ausgelöst unter anderem durch die Entwicklung des Wohlfahrtsstaates und die grundsätzliche Sicherung der materiellen Existenz. Allerdings wird in der sozialwissenschaftlichen Forschung bezweifelt, dass sich dieser Wandel auch in den postsozialistischen Gesellschaften in gleichem Umfang vollzieht. Zum einen, da es einen beträchtlichen materiellen Nachholbedarf gibt, was dem Aufkommen postmaterialistischer Werte entgegen steht, und zum anderen aufgrund traditioneller Werte, die mit dem Katholizismus und dem späten *Nation Building* verbunden sind und die einen hohen Beharrungscharakter aufweisen. Ein Wertewandel ist in Polen zwar zu beobachten, aber er verläuft langsam und materialistische Werte und traditionelle Ansichten über die persönliche Lebensgestaltung sind noch dominant (Jasińska-Kania 2012: 336–337). Gleichwohl sind die Veränderungen spürbar, was unter anderem ablesbar ist an einer geänderten, moderneren Auffassung des Frauenbildes, einem sich verändernden Verhältnis zur Arbeit zugunsten eines höheren Wertes der Freizeit oder einem langsam fortschreitenden Bedeutungsverlust der Religion – obgleich die Bedeutung der Religion im Alltag nach wie vor hoch ist (Marody 2019: 21–25). Auch eine explorative Studie von Beatrice Chromková Manea and Ladislav Rabušic aus dem Jahr 2020, die die Annahmen Ingleharts auf der Grundlage von Daten des *European Value Survey* aus dem Jahr 2017 untersucht, kommt zu einem gemischten Ergebnis. Zwar sind wie auch im Westen die intergenerationellen Unterschiede auch in Ostmitteleuropa erkennbar, das heißt zwischen der vor 1989 und der nach 1989 sozialisierten Generation, aber der Wandel hin zu postmaterialistischen und eher individuellen Werten vollzieht sich langsam und auch in Polen, wo nach Ansicht der Forscher die größte Veränderung auszumachen ist, bleiben die Unterschiede gegenüber westlichen Ländern signifikant (Manea/Rabušic 2020: 734). Der von Ronald Inglehart seit den siebziger Jahren konstatierte Wertewandel schreitet somit zwar auch in Polen allmählich voran und eine zunehmend individuellere Lebensgestaltung ist zu beobachten, aber traditionelle Werte, wie von Jasińska-Kania analysiert, haben nach wie vor Gewicht und werden seit dem Wahlsieg von PiS im Jahr 2015 auch politisch deutlich angeschoben.

Neben dem Gegensatz zwischen Tradition und Postmoderne ist aber noch ein weiteres Element prägend für die aktuelle politische Kultur Polens, und zwar die in vielen Ländern des Westens zu beobachtende Krise der repräsentativen Demokratie (Runciman 2019).

Während Transformationsländer wie Polen nach 1989 nach der Stabilisierung der jungen Demokratie streben mussten, ein Prozess, der mit der voraussetzungsvollen Mitgliedschaft in der Europäischen Union 2004 als abgeschlossen betrachtet werden konnte, ist die Demokratie des Westens in die Krise geraten. Merkmale dieser in einer umfangreichen Literatur behandelten Krise sind unter anderem eine starke Polarisierung der Öffentlichkeit und eine Zunahme des Populismus, vor allem des Rechtspopulismus (Mudde/Kaltwasser 2017), eine Erosion des traditionellen Parteiensystems und ein Rückgang der Unterstützung für die Demokratie und ihrer Institutionen (Przeworski 2019: 83–102), eine Zunahme autoritärer Tendenzen und Regierungen in zuvor demokratischen Staaten, was die Einschränkung von Bürgerrechten ebenso umfasst wie Angriffe auf die Unabhängigkeit der Justiz oder Eingriffe in die Pressefreiheit (Manow 2020: 13-15). Dabei gehen die Ansichten über die Ursachen dieser Krise der Demokratie auseinander. Genannt werden sowohl eine Schwächung der Demokratie durch die Folgen der Globalisierung und den daraus resultierenden Kompetenz- und Funktionsverlust von Staaten bei gleichzeitigem Bedeutungsgewinn von transnationalen Unternehmen – die wiederum von Staaten nur schwer zu kontrollieren sind (Crouch 2021: 24–25) – wie auch eine nicht ausreichende Partizipation. Auch Kritiker der liberalen Demokratie berufen sich ja auf die Demokratie, konstatieren aber bestimmte vermeintliche oder reale Schwächen der aktuellen repräsentativen Demokratie – beispielsweise die Substitution demokratischer Entscheidungen durch das Recht oder eine radikal vorgetragene Identitätspolitik. Philip Manow spricht in diesem Kontext von der „(Ent-)Demokratisierung der Demokratie" (Manow 2020), Colin Crouch von Postdemokratie, womit er die aktuelle Schwächephase und aus seiner Perspektive die Beschränkung auf „eine kleine Elite aus Politikern und Konzernen" (Crouch 2021: 21) im Sinn hat, und Yascha Mounk sieht die Gründe für die Krise der liberalen Demokratie in der Macht der sozialen Medien, in wirtschaftlichen Ängsten und in einem Kampf um Identitäten in Zeiten globaler Migrationsströme (Mounk 2018). Adam Przeworski führt als mögliche Gründe für die Krise der Demokratie in den westlichen Gesellschaften, zu denen Polen trotz unterschiedlicher Traditionen spätestens seit dem Beitritt zur EU 2004 auch gehört, eine Einkommensstagnation, die Zunahme sozialer Ungleichheiten und eine Abnahme von gut bezahlten Industriejobs zugunsten schlecht bezahlter und häufig auch prekärer Tätigkeiten im Dienstleistungsbereich an (Przeworski 2019: 103).

Diese nur sehr knappe Beschreibung der Krise der repräsentativen Demokratie hängt auch zusammen mit einer generellen Krise des Liberalismus – nicht nur der liberalen Demokratie – und den Idealen der Aufklärung. Dabei ist die Aufklärung und ihr Glaube an die Überwindung der Ungleichheit und der nicht selbst verschuldeten Unmündigkeit auf der Basis von rationalem Denken auch in die klassischen Vorstellungen der liberalen Demokratie eingewoben, die Liberalismus und Demokratie verbindet. Der klassische Liberalismus toleriert die individuelle Lebensführung und löst dabei über institutionelle Lösungen den Konflikt innerhalb stets heterogener Gesellschaften, er schützt die menschliche Würde und Autonomie und er steht schließlich für Eigentumsrechte und die Freiheit des ökonomischen Handelns ein (Fukuyama 2022). Der klassische Liberalismus wurde maßgeblich von den Ideen der Aufklärung mit befördert, die im rationalen Denken und im Willen des Menschen, sein Schicksal selbst in die Hand zu nehmen und ihn damit aus traditionellen Strukturen herauszuführen, ein Programm für die Moderne entwarf. Allerdings sind die Ideen der Aufklärung – die rational begründete Autonomie des Individuums – und der klassische Liberalismus heute in der Kritik. Der ökonomische Neoliberalismus der 70er des 20. Jahrhunderts und bis in das erste Jahrzehnt des 21. Jahrhunderts verweigerte sich staatlichen Interventionen und war damit für die globale Finanzkrise der Jahre 2007-2009 mit verantwortlich. Ferner hat die konsequente Fortschreitung der Ideale der Aufklärung und des klassischen Liberalismus von einer Gleichheit aller Menschen zu einer enormen Zunahme individueller Lebensentwürfe und Diversität geführt, ohne dass die Definition des Gemeinwohls dieser Entwicklung folgte. Die postulierte Rationalität hatte eben auch, wie Francis Fukuyama ausführt, einen Bias in Form von Patriarchat, Rassismus und Mainstream-Denken herrschender Eliten. Allerdings habe dies teilweise in der Postmoderne zu einem kognitiven Relativismus geführt und die Frage nach der Alternative zur liberalen Demokratie sei legitim. Fukuyama sieht die Lösung jedoch in einer Erneuerung des Liberalismus (Fukuyama 2022: 75, 86, 146–147). Die Kritik am politischen Liberalismus und der liberalen, repräsentativen Demokratie wird dabei von Links wie Rechts vorgetragen. Von rechts fokussiert sie nach Fukuyama auf der normativen Leere des Liberalismus, da der liberale Staat Toleranz und Kompromiss über deliberative Verfahren anstrebe, aber eben eine Konsumgesellschaft garantiere und nicht starke Identitäten als gesellschaftlichen Kitt, wie sie von Religionen oder Nationen postuliert werden. Zudem entschieden, so die Kritik von rechts weiter, Gerichte oder Bürokratien über den Schutz von Bürgerrechten und auch in normativen Fragen wie Abtreibung oder gleichgeschlechtlichen Partnerschaften, wo doch Mandatsträger entscheiden sollten (Fukuyama 2022: 115–119). Von links richtet sich die Kritik gegen die nach wie vor bestehenden Ungleichheiten bezogen auf Klasse, Rasse, Geschlecht. Das System des politischen Liberalismus ist demnach nicht in der Lage, diese Ungleichheiten abzumildern oder gar abzuschaffen (Fukuyama 2022: 124–125).

Diese knappe Wiedergabe wird naturgemäß der Debatte um den Liberalismus, seinen historischen Leistungen wie auch seinen Unzulänglichkeiten (Fawcett 2018; Zevin 2021) nicht gerecht, aber er schärft unsere Sinne für die aktuellen Konflikte in Polen, das von diesem philosophischen und politischen Diskurs auch berührt wird. Auch hier hat die politische und gesellschaftliche Polarisierung in den letzten 20 Jahren deutlich zugenommen (Fomina 2019) und die seit 2015 regierende Partei Recht und Gerechtigkeit greift viele Argumente, wie sie von der rechten Seite gegen den Liberalismus formuliert werden, auf. Im Folgenden soll daher einerseits im Einklang mit den Traditionen der politischen Kulturforschung nach dem Rückhalt für die Demokratie in Polen gefragt werden. Andererseits ist es notwendig, die Merkmale dieser gesellschaftlichen und politischen Polarisierung aufzuzeigen, die die politische Kultur Polens heute maßgeblich prägen.

10.3 Rückhalt für die Demokratie

Mehr als dreißig Jahre nach dem Systemwandel stehen uns hinreichend lange Datenreihen zur Verfügung, die eine hohe Akzeptanz der Demokratie als dem präferierten politischen System in der polnischen Gesellschaft belegen. Nach den vom staatlichen Zentrum zur Erforschung der öffentlichen Meinung (Centrum Badania Opinii Społecznej = CBOS) im April 2021 letztmals erhobenen Daten bezüglich der Einstellungen zur Demokratie stimmen 68 % der Befragten der Aussage zu, dass die Demokratie allen anderen Regierungsformen überlegen ist. Diese hohe Zustimmung zur Demokratie ist stabil, seitdem diese Frage von CBOS erhoben wird, also seit Oktober 1992 (damals 52 %), während 17 % im April 2021 dieser Aussage nicht zustimmten und 15 % keine Aussage trafen (1992: 15 % bzw. 33 %). Der in der gleichen Umfrage formulierten Aussage, wonach undemokratische Regierungen bisweilen wünschenswerter als demokratische Regierungen sein können, stimmten im April 2021 54 % nicht zu, 20 % vertraten keine Meinung dazu und 26 % stimmten zu (1992: 26 % bzw. 38 % ohne Meinung dazu und 36 % mit Zustimmung!), Die wachsende Ablehnung undemokratischer Regierungsformen fällt dabei mit dem Regierungsantritt von PiS zusammen und seit Januar 2016 (50 %) sind alle Angaben höher als vor dem Regierungsantritt von PiS. Auffällig sind allerdings die Unterschiede zwischen den Wählermilieus. Während die Anhänger von PiS ebenso wie andere Parteien die Aussage hinsichtlich undemokratischer Regierungsformen klar ablehnen, bejahen die Wähler und Wählerinnen der Konföderation Freiheit und Unabhängigkeit (Konfederacja Wolność i Niepodległość), einer seit den Parlamentswahlen im Herbst 2019 mit 6,81 % und 11 Mandaten im Parlament vertretenen und in Teilen rechtsextremen Partei diese Aussage mit 73 % (CBOS 57/2021). Umfragen im Sommer 2023 und damit sieben Wochen vor den Parlamentswahlen am 15. Oktober 2023 trauen der Konföderation ein zweistelliges Ergebnis zu (um 12 %).

Schwieriger sieht es mit der Zustimmung zur Demokratie allerdings aus, wenn nach der Performanz der Demokratie und nach dem Vertrauen in politische Institutionen gefragt wird. Die CBOS-Umfrage vom April 2021 zeigt allerdings hier auch große Unterschiede zwischen den politischen Lagern auf. Mit dem Funktionieren der Demokratie waren laut dieser Umfrage 38 % einverstanden, hingegen

52 % nicht. 10 % vertraten keine Meinung dazu. Im November 1993, als diese Frage erstmals erhoben wurde, waren 36 % der Befragten mit dem Funktionieren der Demokratie zufrieden, 52 % nicht zufrieden und 12 % vertraten keine Meinung dazu. Bei der Befragung der Wählermilieus treten allerdings eklatante Unterschiede zutage. Während 83 % der PiS-Wähler und -Wählerinnen mit dem Funktionieren der Demokratie zufrieden sind, ist die Unzufriedenheit bei den Wählern und Wählerinnen der Linken (80 %), der Konföderation (82 %) oder der Bürgerkoalition (88 %) überdeutlich (CBOS 57/2021). Auch hier drückt sich die Spaltung der politischen Landschaft Polens aus.

Gravierend ist darüber hinaus, dass das Vertrauen in die politischen Institutionen, also Sejm und Senat oder die politischen Parteien nicht sehr ausgeprägt ist. Nach einer anderen CBOS-Umfrage vom März 2023 bewerten lediglich 28 % die Tätigkeit des Sejm als gut (schlecht 58 %, ohne Meinung 14 %), beim Senat, der zweiten Kammer, sind es 32 % (schlecht 46 %, ohne Meinung 22 %). Allerdings wird die Tätigkeit beider Institutionen seit Anfang der 90er Jahre stets – mit vereinzelten Ausnahmen unmittelbar nach Parlamentswahlen - überwiegend negativ bewertet. Auch hier sind allerdings die Wähler und Wählerinnen der Regierungspartei mit der Tätigkeit des Sejm zufrieden (63 %), während die Wähler und Wählerinnen der größten Oppositionspartei mit der Tätigkeit des Senats, wo die Opposition die Mehrheit hat, zufrieden ist (71 %) (CBOS 39/2023).

Interessant ist hier der Vergleich mit internationalen Daten, da ein leichter Bias zugunsten der jeweiligen Regierungspartei vermutet werden kann. Auch die 2017 erhobenen vergleichenden Daten des amerikanischen nicht staatlichen *Pew Research Center* bestätigen die hohe Zustimmung zur repräsentativen Demokratie in Polen. Wobei die Untersuchung zwischen „committed democrats" und „less committed democrats" unterscheidet. Letztere unterstützen auch eine undemokratische Regierungsform (Expertenregierung, starker Führer oder Militärregierung). Im polnischen Fall beträgt die Relation zwischen „committed democrats" und „less committed democrats" 31 % zu 46 %, im deutschen Fall 48 % zu 42 %. Zugleich unterstreicht die Studie den positiven Zusammenhang zwischen guter sozioökonomischer Entwicklung und Unterstützung für die Demokratie (Pew Research Center 2017: 5–6).

Auch andere Daten von CBOS finden in der Studie des *Pew Research Center* Bestätigung. In den 38 untersuchten Ländern sind 46 % mit der Funktionsweise der Demokratie zufrieden, 52 % hingegen nicht, wobei Einstellungen zur wirtschaftlichen Situation oder Parteibindung die Einschätzung beeinflussen. Zudem sind die Unterschiede zwischen den Ländern beträchtlich. Allgemein sind in Polen nach dieser Studie 44 % mit der Funktionsweise der Demokratie nicht zufrieden, 51 % sind hingegen zufrieden (Pew Research Center 2017: 13).

Ohne auf die Anlage der Studie des *Pew Research Center* hier eingehen zu können, wird doch dreierlei deutlich: erstens wird die Demokratie in Polen im Allgemeinen unterstützt; zweitens zeigen die Daten eine gewisse Krise der Demokratie sowohl in Polen als auch in den anderen untersuchten Ländern, da undemokratische Regierungsformen doch überraschend hohe Zustimmung finden; drittens ist die Zufriedenheit mit der Funktionsweise der Demokratie nur in wenigen untersuchten Ländern (Schweden, Niederlande, Deutschland) hoch. In Polen war sie allerdings im Jahr 2017 höher als in Frankreich, Spanien oder Italien (Pew Research Center 2017: 13).

Die Zustimmungsdaten sind allerdings noch keine ausreichende Aussage über den Zustand der Demokratie. Internationale Demokratieindizes wie von der amerikanischen NGO *Freedom House* oder vom schwedischen V-Dem Institut bewerten den Zustand der polnischen Demokratie seit Amtsantritt von PiS im Jahr 2015 zunehmend kritisch. Im jüngsten Bericht von *Freedom House* über *Nations in Transition* aus dem Jahr 2023 wird Polen nur noch als „semi-consolidated democracy" charakterisiert, während die Nachbarländer Tschechien und die Slowakei als „consolidated democracy" bezeichnet werden. Ungarn unter Viktor Orbán wird gar als „transitional government or hybrid regime" eingeschätzt. Bemängelt werden insbesondere die illiberale Agenda der PiS-Regierung und die Unterminierung des Rechtsstaates, wobei Polen noch als Demokratie bewertet wird (Smeltzer 2023: 1,3).

Das V-Dem Institute aus Göteborg unterstreicht in seinem Bericht aus dem Jahr 2022 ebenso die Veränderungen in Polen von einer liberalen hin zu einer Wahldemokratie, sieht aber den Trend zu einer autokratischen Regierung in Polen gestoppt (V-Dem Institute 2023: 19, 23).

Auch in den Augen der polnischen Bürger und Bürgerinnen ist die Demokratie im Land zunehmend gefährdet. Nach einer Umfrage des amerikanischstämmigen Meinungsforschungsinstitut Kantar vom Juni 2023 für die privaten Fernsehsender TVN und TVN24 konstatieren 57 % der Befragten, dass sich der Zustand der Demokratie seit dem Regierungsantritt von PiS im Jahr 2015 verschlechtert habe. Für 17 % hat sich der Zustand nicht verändert, für 20 % gar verbessert und 6 % vertraten keine Meinung dazu (Fakty 2023).

10.4 Politische *Cleavages*

Die bereits mehrfach genannte politische Polarisierung in Polen – und in westlichen Gesellschaften ganz allgemein - schlägt sich auch in der Gesellschaft nieder, in der sich unterschiedliche Milieus gegenüberstehen. Die *Cleavages* in der Gesellschaft entwickeln sich anhand der eingangs skizzierten Unterschiede zwischen Tradition und Moderne und können in den Gegensatzpaaren Religion versus Säkularisierung, Nation versus Europa und Regierung versus Opposition begriffen werden.

Die von Modernisierungstheoretikern prognostizierte Säkularisierung westlicher Gesellschaften schien in Polen lange Zeit nicht zuzutreffen. Auch nach dem Systemwechsel von 1989 waren die Anzeichen für eine anhaltend hohe Religiosität gegeben. Das Statistische Hauptamt Polens (Główny Urząd Statystyczny – GUS) gibt die Zahl der Katholiken für das Jahr 2021 mit 32 Millionen an, was 92,2 % der Bevölkerung entspricht (GUS 2023: 58, 69). Diese hohe Anzahl sagt jedoch noch nichts über religiöse Praktiken wie die Teilnahme an Gottesdiensten oder über die Zustimmung zu von der katholischen Kirche vertretenen Werten und Ansichten aus. Umfragen sowohl polnischer Institute wie auch des World Value Surveys der letzten Jahre belegen auch für Polen einen Rückgang religiöser Praktiken, eine zunehmende Individualisierung und damit verbunden Elemente einer privaten Religion. Dies bedeutet im polnischen Fall gegenwärtig nicht den Austritt aus der katholischen Kirche, wohl aber eine wachsende Distanz zur Kirche und eine selektive Befolgung kirchlicher Normen und Werte. Daten des polnischen Meinungsforschungsinstituts CBOS von 2013 zeigen den Rückgang beispielsweise des Messbesuches und auch, dass zum Beispiel in Fragen der Sexualmoral (Verhütungsmittel, sexuelle Beziehungen vor der Ehe, Scheidung) mehr als die Hälfte der Polen und Polinnen auf eigene Ansichten pocht und sich nicht von den Vorgaben der katholischen Kirche leiten lässt (CBOS 170/2013). Zugleich glauben nach Angaben des World Value Surveys aus dem Jahr 2012 noch 92,2 % an Gott, ein im internationalen Vergleich sehr hoher Wert (in Deutschland waren es zu diesem Zeitpunkt 62,9 %) (Wadowski 2020).

Diese Veränderungen in religiösen Ansichten haben durch die Covid-19-Pandemie einen weiteren Schub erhalten. So hat sich der Prozentsatz der Menschen, die jeden Sonntag zur Messe gehen von 45 % im Jahr 2018 auf 32 % im Jahr 2022 reduziert (CBOS 85/2022). Zu diesen Veränderungen dürften allerdings nicht nur die Pandemie, sondern auch in Polen zunehmende Berichte über Missbrauchsfälle in der katholischen Kirche Polens beigetragen haben.

Inwieweit sich die in den Umfragen deutlich werdende Religiosität auf das Wahlverhalten der Polen und Polinnen niederschlägt, ist nicht ganz einfach herzuleiten. Die Wahlergebnisse zeigen wie auch in vielen anderen europäischen Ländern, dass in ländlichen Regionen und in kleineren Städten und Dörfern konservativer gewählt wird. Hier ist auch die Religiosität ausgeprägter. Allerdings ist auch in den Großstädten mehr als die Hälfte der Bevölkerung religiös und dennoch wird hier überwiegend liberal gewählt. Klar ist, dass die Mehrheit der Befragten einen zu großen Einfluss der katholischen Kirche auf die Politik ablehnt. Ob die katholische Kirche Polens als Institution positiv oder negativ gesehen wird, hängt allerdings stark von der parteipolitischen Präferenz ab. Während Wähler und Wählerinnen von PiS im April 2023 die Tätigkeit der katholischen Kirche in Polen mit 85 % als positiv wahrnehmen, waren es bei den Wählern und Wählerinnen der Bürgerkoalition lediglich 16 % (CBOS 39/2023). Einen ähnlichen Gegensatz findet sich in der Bevölkerung, wenn es um die Einstellungen zu Europa und zur Nation geht. Auf den ersten Blick erscheint dies erstaunlich, gelten doch die Polen mit Recht als sehr proeuropäisch und auch hinsichtlich der Nation ist Patriotismus weit verbreitet. Die Unterschiede werden bei einem näheren Blick deutlich. Zwar stimmen seit Jahren mehr als 80 % der Bevölkerung der EU-Mitgliedschaft zu (im April 2023 85 %), aber 45 % waren im April 2023 auch der Ansicht, dass die EU-Mitgliedschaft die Souveränität Polens einschränkt (CBOS 55/2023). Neben dieser sehr allgemeinen Zustimmung zur EU-Mitgliedschaft zeichnet sich die polnische Bevölkerung auch durch ein hohes Maß an Patriotismus aus. Einer anderen Umfrage von CBOS zufolge bezeichneten sich im Sommer 2018 88 % der Befragten als Patrioten (CBOS 105/2018). Die große Unterstützung für die polnische EU-Mitgliedschaft und der starke Patriotismus müssen natürlich kein Gegensatz sein, obwohl es in den letzten Jahren in Polen auch eine Debatte darüber gegeben hat, welche Art von Patriotismus angemessen sei, ein exklusiver Patriotismus, der eng mit der katholischen Religion und einer martyrologischen Geschichtserzählung verknüpft ist, oder ein moderner Patriotismus, der durchaus reflexiv und kritisch mit der eigenen Vergangenheit umgeht (Garsztecki 2010).

Die bis 1989 bestehende Selbstverständlichkeit, mit der patriotische Empfindungen in Kombination mit einer in den Familien und in Oppositionskreisen gepflegten nationalen, teils martyrologischen Erzählung als Antidot zur kommunistischen Propaganda wirken konnten, ist nach 1989 weggefallen. Die Herausforderungen der späten Moderne mit Konsumhaltung und einer zunehmenden Individualisierung, Globalisierungsprozesse und die europäische Integration stellen für einen traditionellen Patriotismus in den Augen konservativer Kreise eine Gefahr dar (Dybciak 2018). Auch PiS hat nach dem Wahlsieg viel Mühe und staatliche Mittel in die Geschichtspolitik investiert, was sich in einer Vielzahl neuer Museen, mit staatlichen Mitteln finanzierten historischen Filmen und Dokumentationen und in der Einführung des Schulfaches „Geschichte und Gegenwart (pl. Historia i Terazniejszość = HiT) ab dem Schuljahr 2022/23 ausdrückt. Gerade Letzteres hat ob des zur Verfügung gestellten Lehrbuches von Wojciech Roszkowski zu erheblichen Kontroversen geführt, da dem Autor und dem Lehrbuch eine konservative Grundhaltung beispielsweise gegenüber der EU oder dem Feminismus vorgeworfen wird. Ohne auf die Inhalte des Schulbuches hier eingehen zu können, zeichnet sich die PiS-Geschichtspolitik durch einen deutlich affirmativen Charakter aus, der bemüht ist, Patriotismus zu stärken und kritische Grundtöne möglichst ausspart. Für PiS ist Geschichtspolitik damit nach innen ein Werkzeug zur Stärkung des gesellschaftlichen Zusammenhaltes und nach außen soll sie dem Image Polens dienen (Garsztecki 2021).

Mit am deutlichsten werden die Unterschiede und Trennlinien in der polnischen Gesellschaft bei einem Blick auf die politische Landschaft. Das von PiS seit dem Regierungsantritt im Jahr 2015 vertretene Programm hat bereits zuvor existierende Trennlinien verstärkt. Mit dem Versuch von PiS, über Reformen des Justizwesens Gerichte als unabhängige Kontrollinstanzen auszuschalten und damit die Rechtsstaatlichkeit nachhaltig zu beschädigen, was die EU-Kommission seit Jahren moniert und daher gegen Polen in einem Verfahren nach Artikel 7 des EU-Vertrages vorgeht, waren in Polen erhebliche Proteste verknüpft. Auch die affirmative Geschichtspolitik von PiS, die Kontrolle der staatlichen und eines Teils der privaten Medien, eine destruktive Haltung gegenüber einer gemeinsamen EU-Migrationspolitik und vieles mehr spalten die politische Landschaft Polens. Der von PiS sukzessive voran getriebene Aufbau einer illiberalen Demokratie (Garsztecki 2020) rüttelt für Anhänger der Opposition an den Grundlagen der Demokratie selber. Umfragen zufolge schlagen sich diese politischen Unterschiede auch bei den jeweiligen Wählern und Wählerinnen nieder, die gegeneinander stark negative Meinungen hegen (Górska 2019). Eine Dehumanisierung des politischen Gegners reicht dabei weit in die Gesellschaft hinein, was auch der Wahlkampf zu den Parlamentswahlen im Herbst 2023 belegt, wenn Oppositionsparteien zum

Kampf gegen das Böse aufrufen oder die Regierung der Opposition den Verrat nationaler Interessen vorwirft.

Natürlich sind auch andere Trennlinien der polnischen Gesellschaft denkbar. Der Soziologe Jarema Piekutowski verweist auf drei trennende Achsen in der polnischen Gesellschaft, wobei die Trennlinie zwischen Links und Rechts seines Erachtens nicht mehr trägt, da es einen zunehmenden Zentrismus gebe. Die erste Achse ist entlang eines Kontinuums von ausgeprägten Individualismus hin zu Gemeinschaftsdenken, die zweite Achse bewegt sich von einem moralischen Liberalismus hin zum Traditionalismus und die dritte Achse liegt zwischen Lokalismus und Globalismus. Gravierend sind in der Altersgruppe 18-39 auch die Unterschiede zwischen Männern und Frauen, wenn es um wahrgenommene Gefahren geht. Während nur 9 % der Männer eine Katastrophe im Gesundheitswesen wahrnehmen, sind 27 % der Frauen dieser Ansicht. Bei Fragen zur sogenannten Gender-Ideologie und zu LGBT ist es umgekehrt. Dies sehen 31 % der Männer als Gefahr an aber nur 18 % der Frauen (Piekutowski 2020).

Resümee

Die polnische Gesellschaft ist nach wie vor stark geprägt von der Geschichte. Die Zeit der Staatenlosigkeit von 1795 bis 1918, der Zweite Weltkrieg und die kommunistische Periode von 1945 bis 1989 haben den Aufbau einer positiven Einstellung zum Staat verzögert und eine martyrologische historische Erzählung ausgebildet. Umso bemerkenswerter ist heute, dass der Rückhalt für die Demokratie in Polen seit Jahren ebenso stabil ist wie die Zustimmung zur EU. Allerdings ist die Zustimmung zur Performanz des demokratischen Systems deutlich geringer und auch in Polen schlägt sich die Krise der repräsentativen liberalen Demokratie des Westens nieder. Merkmale dieser Krise sind ein starker Populismus, ein gegenwärtig von der Regierungspartei PiS getragener Angriff auf die Institutionen des Rechtsstaates und die Pressefreiheit und die starke Akzentuierung gemeinschaftlicher Werte zulasten individueller Lebensentwürfe. Das Resultat ist – neben den Problemen mit der Rechtsstaatlichkeit und der Unabhängigkeit der staatlichen und von Teilen der privaten Medien – eine starke gesellschaftliche Polarisierung. Neben dem spezifisch polnischen Transformationskontext darf aber nicht außer Acht gelassen werden, dass sich viele westliche Demokratien gegenwärtig mit ähnlichen Problemen konfrontiert sehen. Trotz dieser Kritik und der konstatierten Schwächen scheint die polnische Demokratie dennoch stabil und ein Regierungswechsel in Folge von Wahlen möglich.

Fragen

- Welche Merkmale der Vergangenheit prägen die polnische politische Kultur bis heute?
- Was drückt sich die Krise der repräsentativen liberalen Demokratie in Polen aus?
- Wie gestalten sich Einstellungen zur Demokratie in Polen?
- Was sind heute die Haupttrennlinien in der polnischen Gesellschaft?

Literatur:

Almond, Gabriel / Verba, Sidney (1963): The Civic Culture. Political Attitudes and Democracy in Five Nations. Princeton.

CBOS (2013): Religia i kościół w przestrzeni publicznej, Nr. 170, Dezember.

CBOS (2018): Patriotyzm Polaków, Nr. 105, August.

CBOS (2021): Stosunek do demokracji i ocena jej funkcjonowania, Nr. 57, Mai.

CBOS (2022): Zmiany religijności Polaków po pandemii, Nr. 85, Juni.

CBOS (2023): Oceny działalności instytucji publicznych w marcu, Nr. 39, April.

CBOS (2023): Opinie o członkostwie w Unii Europejskiej, Nr. 55, Mai.

Chromková Manea, Beatrice / Ladislav Rabušic, Ladislav (2020): Value Modernisation in Central
and Eastern European Countries: How Does Inglehart's Theory Work? In: Sociologický časopis/Czech Sociological Review, Vol. 56, No. 6, S. 699-740.

Crouch, Colin (2021): Postdemokratie revisited. Berlin.

Diamond, Larry J. (1999): Developing democracy: toward consolidation, Baltimore. Md, London.

Dudek, Antoni (2005): Dzieje dziesięciomilionowej „Solidarności" (1980–1981). In: Borowski, Adam (Red.). Droga do niepodległości. Solidarność 1980-2005. Warszawa: Volumen: S. 19-63.

Dybciak, Krzysztof (2018): Przemiany narodowej świadomości Polaków po 1989r. In: Magdalena Saganiak et alt. (Red.): Społeczeństwo polskie dziś. Samoświadomość, uznanie, edukacja, Warszawa, S. 22-33.

Fakty (2023): Jakość demokracji w Polsce w czasie rządów PiS. Sondaż dla "Faktów" TVN i TVN24. 7.06.2023 (https://fakty.tvn24.pl/sondaze-dla-faktow-tvn-i-tvn24/jakosc-demokracji-w-polsce-w-czasie-rzadow-pis-sondaz-dla-faktow-tvn-i-tvn24-7165613).

Fawcett, Edmund (2018): Liberalism. The Life of an Idea. 2nd Edition. Princeton & Oxford.

Fomina, Joanna (2019): Of "Patriots" and Citizens: Asymmetric Populist Polarization in Poland. In: Thomas Carothers, Andrew O'Donohue (Eds.): Democracies Divided. The Global Challenge of Political Polarization. Washington. S. 126-150.

Fukuyama, Francis (2022): Liberalism and its Discontents. New York.

Garsztecki, Stefan (2010): Patriotismus in Polen – polnische Identität zwischen Moderne und nationalen Traditionen. In: Polen-Analysen Nr. 74 vom 07.09.2010.

Garsztecki, Stefan (2020): Polen unter der Regierung von PiS – autoritärer Staat oder republikanisches Demokratiemodell? In: Zeitschrift für Politik. Jahrgang 67, S. 86 – 101.

Garsztecki, Stefan (2021): Geschichtspolitik und kollektives Gedächtnis in Polen. In: Polen-Analysen Nr. 279 vom 07.09.2021.

Główny Urząd Statystyczny (2022): Wyznania religijne w Polsce w latach 2019–2021. Religious denominations in Poland 2019–2021. Warszawa, Warsaw.

Górska, Paulina (2019): Polaryzacja polityczna w Polsce. Jak bardzo jesteśmy podzieleni? Centrum Badań nad Uprzedzeniami. Warszawa.

Inglehart, Ronald F. (1977): The Silent Revolution: Changing Values and Political
Styles among Western Publics, Princeton.

Inglehart, Ronald F. (1997): Modernization and Postmodernization: Cultural, Economic and Political Change in 43 Societies, Princeton.

Inglehart, Ronald F. (2018): Cultural Evolution. People's Motivations are Changing, and Reshaping the World, Cambridge.

Jasińska-Kania, Jadwiga (2012): Zmiany wartości Polaków a procesy transformacji, europeizacji i globalizacji. In: Dies. (Red.): Wartości i zmiany. Przemiany postaw Polaków w jednoczącej się Europie. Warszawa, S. 318-341.

Kobierzycki, Tadeusz/Kania, Marcin (2017): „Ja" – migracja i emigracja wewnętrzna. Rozważania na marginesie filozofii moralnej H. Elzenberga, In: "Przegląd Filozoficzny – Nowa Seria" Nr. 4/104: S. 1230-1493.

Kumor, Bolesław (1979): Rola Kościoła w utrzymaniu jedności Narodu Polskiego i idei niepodległości. In: Kumor, Bolesław/Obertyński, Zdzisław (Hrsg.): Historia Kościoła w Polsce, Bd. 2, Teil. I, Poznań–Warszawa: Pallottinum: S. 398-414.

Manow, Philip (2020): (Ent-)Demokratisierung der Demokratie. Ein Essay. Berlin.

Marody, Mirosława (2019): Przemiany postaw i wartości. In: Dies. et alt. (Red.): Społeczeństwo na zakręcie. Zmiany postaw i wartości Polaków w latach 1990-2018, Warszawa, S. 15-35.

Mounk, Yascha (2018): Der Zerfall der Demokratie. Wie der Populismus den Rechtsstaat bedroht. München.

Merkel, Wolfgang (2007): Gegen alle Theorie? Die Konsolidierung der Demokratie in Ostmitteleuropa. In: Politische Vierteljahresschrift, 48. Jg. (2007), Heft 3, S. 413–433.

Mudde, Cas / Kaltwasser, Cristóbal Rovira (2017): Populism. A very short Introduction, Oxford.

Ogrodziński, Piotr (1991): Pięć tekstów o społeczeństwie obywatelskim. Warszawa: ISP PAN.

Pew Research Center (2017): Globally, Broad Support for Representative andDirect Democracy. But many also endorse nondemocratic alternatives. By Richard Wike, Katie Simmons, Bruce Stokes and Janell Fetterolf (https://www.pewresearch.org/global/2017/10/16/globally-broad-support-for-representative-and-direct-democracy/)

Pickel, Susanne / Pickel, Gert (2006): Politische Kultur- und Demokratieforschung. Grundbegriffe, Theorien, Methoden. Eine Einführung. Wiesbaden.

Piekutowski, Jarema (2020): Mity i rzeczywistość polskich podziałów. In: Więź Nr. 3, S. 16-24.

Przeworski, Adam (2019): Crises of Democracy. Cambridge University Press.

Rohe, Karl (1996): Politische Kultur: Zum Verständnis eines theoretischen Konzepts. In: Niedermayer, Oskar/Beyme, Klaus von (Hrsg.): Politische Kultur in Ost- und Westdeutschland, S. 1-21.

Runciman, David (2019): How Democracies ends. London.

Smeltzer, Mike (2023): War Deepens a Regional Divide. In: Freedom House (Ed.): Nations in Transition. S. 1-11 (https://freedomhouse.org/).

Topolski, Jerzy (1995): Polska dwudziestego wieku 1924-1995. Poznań: Wydawnictwo Poznańskie.

V-Dem Institute (2023): Democracy Report 2023. Defiance in the Face of Autocratization. Gothenburg (https://www.v-dem.net/publications/democracy-reports/).

Wadowski, Dariusz (2020): Religion and Religiosity in Contemporary Poland. In: Central European Journal for Contemporary Religion, January, S. 35-63.

Zevin, Alexander (2021): Liberalism at Large. The World According to the Economist. London, New York.

11 Parlamentswahlen 2023 als Wendepunkt: Rückkehr zur Demokratie, Rückkehr nach Europa

Im Juni 1989 entschieden sich die polnischen Wähler und Wählerinnen für einen Systemwechsel, das heißt den Übergang von einem sozialistischen System zu einer liberalen Demokratie und zur freien Marktwirtschaft. Mehr als drei Jahrzehnte später, im Oktober 2023 stimmten sie erneut für einen Systemwechsel, diesmal aber für eine Rückkehr zu Demokratie und Rechtsstaatlichkeit. Die Parlamentswahlen von 1989 und 2023 teilen viele Gemeinsamkeiten. Nicht nur, dass die Wähler und Wählerinnen in beiden Fällen ihren Willen zu einem Systemwandel zum Ausdruck brachten. In beiden Wahlen wurde eine besonders hohe Wahlbeteiligung verzeichnet. Im Jahr 1989 lag sie bei 62,7 Prozent und wurde bis 2023 bei keiner anderen Parlamentswahl übertroffen. Bei der Wahl 2023 erreichte sie schließlich 74,4 Prozent[26] und stellte damit einen neuen nationalen Rekord auf. Eine weitere Gemeinsamkeit ist, dass die Oppositionsparteien in beiden Wahlen benachteiligt waren. Die Parteien, die an der Macht waren, hatten die Kontrolle über die wichtigsten staatlichen Institutionen sowie über die öffentlichen Medien, die nicht unabhängig waren. Trotz des beträchtlichen institutionellen Vorteils der Regierungsparteien erhielten die Oppositionsparteien 1989 und 2023 einen größeren Vertrauensvorschuss von den polnischen Wählern und Wähleinnen. Die Parlamentswahlen von 1989 und 2023 sind daher in erster Linie ein Sieg der Zivilgesellschaft und der Basisdemokratie. Die Ergebnisse der beiden Wahlen haben eindeutig gezeigt, dass basisdemokratische Prozesse den Anstoß für Veränderungen geben können.

Bei den Parlamentswahlen 2023 gaben 74,4 % der Wahlberechtigten ihre Stimme ab. Die höchste Wahlbeteiligung war in der Woiwodschaft Masowien mit 79,3 %, die niedrigste in der Woiwodschaft Oppeln mit 66,5 %. Wie bei früheren Wahlen war die Wahlbeteiligung in den Großstädten höher. Zum Vergleich: In den Großstädten lag die Wahlbeteiligung bei etwa 80 %, in den ländlichen Gebieten bei etwa 70 %.[27] In vielen Wahllokalen, insbesondere im Ausland, standen die Wähler und Wählerinnen in langen Schlangen, um ihre Stimme abzugeben.

Bei den Sejm-Wahlen wurde Prawo i Sprawiedliwość[28] (PiS) mit 35,4 % der Stimmen stärkste Kraft, was 194 Sitze im Sejm bedeutet.[29] Den zweiten Platz bei den Sejm-Wahlen belegte Koalicja Obywatelska[30] (KO) (Bündnis der Platforma Obywatelska (PO), Nowoczesna (N), Inicjatywa Polska (iPL) und Zieloni[31]) mit 30,7 % der Stimmen, was 157 Sitze im Sejm bedeutet. Den dritten Platz belegte Trzecia Droga (TD)[32], ein Bündnis der Parteien Polska 2050[33] und Polskie

---

26 Frekwencja w wyborach do Sejmu w 2023 r (wybory.gov.pl).
27 Ibid.
28 Recht und Gerechtigkeit.
29 Wyniki głosowania w wyborach do Sejmu w 2023 r (wybory.gov.pl).
30 Bürgerkoalition.
31 Bürgerplattform, Moderne, Polnische Initiative und Partei der Grünen.
32 Dritter Weg.
33 Polen 2050.

Stronnictwo Ludowe[34] (PSL) mit 14,4 % der Stimmen und 65 Sitzen im Sejm. An vierter Stelle lag Lewica (NL)[35] mit 8,6 % und 26 Sitzen. Konfederacja[36] erhielt 7,2 % der Stimmen. Bei den Senatswahlen errang die PiS 34 Sitze, die KO 41 Sitze, TD 11 Sitze, NL 9 Sitze, wobei vier Sitze an parteilose Kandidaten gingen. Obwohl PiS mit 35 % der Stimmen und 194 Sitzen im Sejm den ersten Platz erreichte, ist sie allein nicht in der Lage eine Regierung zu bilden. Ihr einziger potenzieller Koalitionspartner, Konfederacja, erhielt zu wenig Stimmen zur Bildung einer Mehrheit im Sejm, für die 231 der 460 Sitze notwendig sind. Die Oppositionsparteien KO, TD und NL hatten bereits im Wahlkampf deutlich ihre Bereitschaft signalisiert, nach den Wahlen eine gemeinsame Regierung zu bilden. Zusammen erhielten diese Parteien mit 248 Sitzen eine stabile Mehrheit im Sejm.

Obwohl eine hohe Wahlbeteiligung erwartet wurde, übertraf das Ergebnis die Erwartungen. Die Umfragen hatten PiS als stärkste Fraktion vorhergesagt, sodass der erste Platz unter den Parteien keine Überraschung war. Auch der zweite Platz der Bürgerkoalition KO war keine Überraschung. Die meisten Umfragen sahen zuvor die KO mit wenigen Prozentpunkten Abstand hinter PiS. Die Ergebnisse der drei kleineren Parteien dagegen waren eher überraschend. Konfederacja schnitt deutlich schlechter ab als erwartet. Im Frühjahr und Sommer 2023 lag die Unterstützung für die Partei meist über 10 Prozent und befand sich in einem Aufwärtstrend. Die Partei strebte sogar 20 % an. Obwohl die Unterstützung der Konfederacja vor der Wahl zurückgegangen war, hatte die Partei auf ein Ergebnis von deutlich über 10 Prozent gehofft. Hintergrund für das schwache Abschneiden ist möglicherweise, dass sie in Werte- und Identitäts- sowie in Wirtschaftsfragen sehr heterogen. Je deutlicher diese programmatischen Unterschiede innerhalb der Partei im Wahlkampf zutage traten, desto mehr schmolz die Unterstützung an der Basis.

Eine weitere Überraschung war das unerwartet hohe Ergebnis des sogenannten Dritten Wegs (TD), einer Mitte-Rechts-Koalition aus zwei Parteien. Als Koalition musste TD die 8-Prozent-Hürde überschreiten. Während des Sommers lag sie nahe der 8-Prozent-Marke, sodass ungewiss war, ob sie in den Sejm einziehen würde. Zwei Faktoren haben laut Einschätzung von Beobachtern dazu beigetragen, dass der Dritte Weg sein Ergebnis mit dem näher rückenden Wahltermin verbessern konnte. Erstens ermutigte der Vorsitzende der PO, Donald Tusk, die Wähler und Wählerinnen der Oppositionsparteien offen, für TD zu stimmen, was darauf hindeutete, dass dieser ein sicherer Koalitionspartner der KO war. Zweitens hat der Vorsitzende des Dritten Weges, Szymon Hołownia, in der Fernsehdebatte vor den Wahlen sehr gut abgeschnitten. Dabei zeigte er sich als inhaltlich und rhetorisch geschickter Politiker, der den Wählern und Wählerinnen die Kernpunkte seines Programms gekonnt präsentierte.

Eine weitere Überraschung war das schlechte Ergebnis der Linken (NL), die mit 10 Prozent oder etwas mehr gerechnet hatte. NL widmete große Teile ihrer Kam-

---

34 Polnische Bauernpartei.
35 Die Linke.
36 Konföderation.

pagne den Frauenrechten, die unter der PiS-Regierung stark reduziert worden waren. Trotz eines thematisch kohärenten Programms und einer engagierten Vorwahlkampagne erzielte die Partei ein schwächeres Ergebnis als erwartet. Eine Analyse des Wahlergebnisses in verschiedenen Altersgruppen zeigte, dass einige Wähler und Wählerinnen der NL zur KO gewechselt haben. Außerdem war die Unterstützung für die Partei in den verschiedenen Altersgruppen sehr unterschiedlich. Bei den jüngsten Wählern und Wählerinnen, den 18- bis 29-Jährigen, lag sie bei fast 20 %, in der Gruppe der älteren Wähler und Wählerinnen lag dieses Ergebnis jedoch unter 5 %[37].

Geografisch gesehen lagen die Oppositionsparteien im westlichen Teil Polens vorn, während PiS im östlichen Teil stärkste Kraft wurde[38]. Die Spaltung zwischen der liberalen und der konservativen Wählerschaft hat sich in den letzten Jahren ebenfalls gezeigt. Großstädtische, wohlhabende und gebildete Wählergruppen stimmten tendenziell für die Oppositionsparteien, während die ländliche Wählerschaft sowie Wähler und Wählerinnen mit geringerer Bildung oder niedrigerem Einkommen für die PiS stimmten. Interessanterweise hatte die Linke in der Gruppe der wohlhabenden Geschäftsleute einen höheren Anteil (7,4 %) als in der Gruppe der Arbeiter (5,1 %)[39]. Dies war wahrscheinlich eher durch weltanschauliche Fragen (Frauenrechte, Rolle der Katholischen Kirche) als durch Umverteilung (höhere Steuern für die Spitzenverdiener) bedingt.

Große Unterschiede in den Wählerpräferenzen traten zwischen den Altersgruppen auf[40]. In der Gruppe der jüngsten Wähler und Wählerinnen, d. h. der 18- bis 29-Jährigen, lag KO mit 27 % an erster Stelle, TD folgte mit 17,9 %, Konfederacja mit 17,8 %, NL mit 17,4 % und PiS mit 14,4 % erst an fünfter Stelle. Junge Menschen entschieden sich somit überwiegend für zentristische Parteien, doch auch in dieser Altersgruppe wählten erhebliche Teile NL oder Konfederacja. Bei den beiden letztgenannten Parteien gibt es einen signifikanten Unterschied zwischen Frauen und Männern. Die Linke zog junge Frauen, aber auch Männer an, während Konfederacja vor allem bei jungen Männern Unterstützung fand. Die PiS sprach junge Menschen am wenigsten an.

In der Gruppe der Wähler und Wählerinnen zwischen 40 und 49 Jahren lag KO mit 34,5 % an erster Stelle, PiS folgte mit 31 %, der Dritte Weg mit 16,5 %, die Linke mit 8,1 % und Konfederacja mit 5,2 %. Der größte Unterschied zu den jungen Wählern und Wählerinnen besteht darin, dass PiS bei einer weitaus größeren Gruppe von Wählern und Wählerinnen Unterstützung fand, obwohl die zentristischen Parteien die große Mehrheit gewannen. Die Linke und Konfederacja haben in dieser Altersgruppe ein deutlich schwächeres Ergebnis erzielt.

In der Altersgruppe der 50- bis 59-Jährigen erhielt PiS 43,7 %, KO 32,3 %, TD 12,9 %, NL 5,1 % und Konfederacja 3,2 %. Bei den Wählern und Wählerinnen ab 60 Jahren erreichte PiS mit 52,8 % der Stimmen eine absolute Mehrheit. KO

---

37 Exit poll 15.10.2023, Ipsos.
38 Exit poll 15.10.2023, Ipsos.
39 Ibid.
40 Ibid.

folgte mit 31 %, TD 8,2 %, NL 5,2 % und Konfederacja 1,1 %. Es fällt auf, dass NL und Konfederacja in dieser Altersgruppe ein besonders schwaches Ergebnis erzielt haben. PiS lag zwar mit Abstand an erster Stelle, jedoch hat sie im Vergleich zu den letzten Parlamentswahlen 2019 leicht an Unterstützung bei den Senioren verloren, während die KO einen Anstieg der Unterstützung in dieser Gruppe von 24 % auf 30 % verzeichnete.

Eine Herausforderung für die neue Regierung wird die Zusammenarbeit mit Präsident Andrzej Duda sein, der PiS nahesteht. In Polen hat der Präsident im Gesetzgebungsverfahren ein Vetorecht. Das bedeutet, dass vom Parlament verabschiedete Gesetze der Zustimmung des Präsidenten bedürfen. Die Amtszeit von Andrzej Duda endet im August 2025. Während die neue Regierung möglichst schnell die Rechtsstaatlichkeit vollumfänglich wiederherstellen wollen wird, wird das Tempo des Reformprozesses von der Haltung des Präsidenten abhängen. Eine weitere Herausforderung für die neue Regierung wird die starke PiS-Opposition im Parlament sein. Zwar verfügt die neue Regierung über eine stabile Mehrheit, aber PiS wird mit 194 Sitzen die stärkste Fraktion im neuen Sejm.

Was kann man von einer Regierung der KO, TD und NL in der nationalen und EU-Politik erwarten? Die neue Regierung soll aus drei Partnern bestehen, die sich sowohl in weltanschaulichen als auch in wirtschaftlichen Fragen erheblich voneinander unterscheiden. Die deutsche Erfahrung mit der Ampelkoalition zeigt, wie schwierig die Zusammenarbeit dreier programmatisch heterogener Partner sein kann. In Polen ist mit den meisten Reibungen zwischen NL und TD zu rechnen. NL steht für einen säkularen Staat und vertritt Frauen- und LGBTQ-Rechte, während TD in diesen Fragen eine eher konservative Position einnimmt.

In der Innenpolitik wird sich die neue Regierung für die Wiederherstellung der Rechtsstaatlichkeit in Polen stark einsetzen. In diesem Punkt sind sich alle Partner der neuen Regierung einig. Es ist daher davon auszugehen, dass der Streit mit der Europäischen Union über die Rechtsstaatlichkeit in der nächsten Legislaturperiode beendet wird. Das Tempo dieses Prozesses wird jedoch weitgehend von der Zusammenarbeit mit Präsident Duda abhängen. In der öffentlichen Debatte werden derzeit zwei Konzepte zur Wiederherstellung der Rechtsstaatlichkeit diskutiert. Dem ersten zufolge ist das Verfahren zur Wiederherstellung der Rechtsstaatlichkeit ebenso wichtig wie das Endergebnis. Die Wiederherstellung der Rechtsstaatlichkeit sollte daher unter strenger Beachtung der verfahrensrechtlichen Prinzipien erfolgen. Das zweite Konzept legt mehr Wert auf das Ziel der Reform als auf den Prozess der Transformation. Hier gibt es Stimmen, dass die Rückkehr zur Rechtsstaatlichkeit schnell erfolgen sollte, auch wenn dabei verfahrensrechtliche Einbußen in Kauf genommen werden müssen.

Hier ist zu erwarten, dass die EU die Bemühungen der polnischen Regierung um die Wiederherstellung der Rechtsstaatlichkeit in Polen unterstützen wird. Die Europäische Kommission wird sich dabei für die erste Lösung einsetzen, d.h. für die Wiederherstellung der Rechtsstaatlichkeit unter Beachtung der verfahrensrechtlichen Prinzipien. Es ist auch zu erwarten, dass Polen die Mittel aus dem

Wiederaufbaufonds „Next Generation EU" freigegeben erhält, sobald es die Meilensteine der EU zur Rechtsstaatlichkeit erreicht hat.

Die Koalitionspartner in der neuen Regierung haben außerdem angekündigt, dass sie die von PiS eingeführten Sozialleistungen wie Kindergeld oder Rentenzusätze beibehalten werden. Auch das Renteneintrittsalter wird wahrscheinlich nicht angehoben. Stattdessen sollen Mechanismen eingeführt werden, die Anreize für eine länger Lebensarbeitszeit schaffen. NL hat auch angekündigt, dass sie sich dafür stark einsetzen wird, die Zahl der Arbeitsverträge ohne Sozialversicherung zu verringern. Es ist auch zu erwarten, dass in vitro-Befruchtung in bestimmten Fällen wieder vom Staat finanziert wird. Während der PiS-Regierung wurde diese Methode zur Behandlung von Unfruchtbarkeit nicht aus dem Staatshaushalt finanziert.

Die Erwartung der polnischen Frauen, dass die neue Regierung das Abtreibungsrecht in Polen liberalisieren wird, ist groß. Eine Reform in diesem Bereich wird nicht einfach sein, da die Präferenzen der Koalitionspartner auseinandergehen. Eine weitere Herausforderung für die künftige Regierung wird darin bestehen, die Inflation unter Kontrolle zu bringen, die immer noch höher ist als in der Europäischen Union. Auch das polnische Bildungssystem und das Gesundheitswesen sind reformbedürftig.

In der EU-Politik wird die neue polnische Regierung mit einer Mitte-Links-Ausrichtung wahrscheinlich eine weniger konfrontative Politik verfolgen als die PiS-Regierung. Die Position der ungarischen Regierung, für die die bisherige polnische Regierung ein strategischer Partner war, wird daher geschwächt werden.

Was die Migrations- oder Klimapolitik der Europäischen Union anbelangt, so ist zu erwarten, dass die neue Regierung diese unterstützen wird. Auch in der polnischen Politik gegenüber der Ukraine ist eine neue Öffnung zu erwarten. Vor den Wahlen haben sich die polnisch-ukrainischen Beziehungen abgekühlt. Die neue polnische Regierung könnte für die Europäische Union ein wichtiger Partner bei der Unterstützung der Ukraine bei der Erfüllung der Beitrittsvoraussetzungen sein. Wenn sich die polnische Regierung für die Wiederherstellung der Rechtsstaatlichkeit im eigenen Land einsetzt, wird sie ein glaubwürdiger Partner für die Ukraine sein, die auch eine Reihe institutioneller Reformen durchführen muss, um die Demokratie im Sinne des EU-Rechts zu konsolidieren. Der Import von Getreide und anderen landwirtschaftlichen Erzeugnissen aus der Ukraine nach Polen wird auch in der Amtszeit der neuen Regierung ein strittiges Thema bleiben. Die Öffnung des europäischen Marktes für ukrainische Erzeugnisse hatte negative Auswirkungen auf die polnischen Produzenten, die mit ukrainischen Erzeugern konkurrieren. Die Herausforderung für die Regierung wird darin bestehen, diesen Konflikt unter Einhaltung des EU-Rechts zu entschärfen, da eine Schließung des Marktes für ukrainische Produkte unwahrscheinlich ist.

Auch die Frage der Einführung des Euro in Polen bleibt offen. Die Bürgerplattform war einst ein Befürworter der Einführung. Derzeit überwiegen in der polnischen Gesellschaft die unentschlossenen Stimmen zu diesem Thema. Es ist daher ungewiss, ob die künftige Regierung beschließen wird, die Euro-Frage in der nächsten Legislaturperiode aufzugreifen.

Zusammenfassend lässt sich festhalten, dass die Wahlbeteiligung und das Ergebnis der Wahlen 2023 in Polen eine gute Nachricht für die Demokratie sind. Die große Mehrheit der polnischen Wähler und Wählerinnen hat für die Parteien gestimmt, deren wichtigste Wahlforderung die Wiederherstellung der Rechtsstaatlichkeit in Polen war. Welche Schlussfolgerungen sollten daraus gezogen werden? Die Zivilgesellschaft darf nicht aus den Augen verloren werden und ihre Tätigkeit muss unterstützt werden. In der Zeit der PiS-Regierung sind in Polen die Standards der Rechtsstaatlichkeit und die Qualität der Demokratie Jahr für Jahr gesunken, obwohl sich die Europäische Union für die Wahrung der Rechtsstaatlichkeit in den EU-Mitgliedstaaten stark eingesetzt hat. Die Parlamentswahlen 2023 haben gezeigt, dass auch unter widrigen Bedingungen die Wähler und Wählerinnen mit dem Urnengang die Möglichkeit haben, zur Wiederherstellung der Rechtsstaatlichkeit beizutragen. Neben dem Dialog zwischen der EU und den nationalen Institutionen sollte daher auch die Zivilgesellschaft stärker in diesen Prozess einbezogen werden. Die Forschung zur Rechtsstaatlichkeit hat sich bisher weniger auf Bottom-up-Prozesse konzentriert, sondern vielmehr auf die Interaktion zwischen den wichtigsten EU- und nationalen Institutionen. In der Europäischen Union sehen wir, dass es Wähler und Wählerinnen gibt, die nach neuen Formen des Ausdrucks oder der Beteiligung an der Politik suchen, wofür die Konferenz über die Zukunft Europas ein gutes Beispiel ist. In der kommenden Legislaturperiode wird sich daher zeigen, inwieweit es Polen gelingen wird, auf den Weg der Demokratie und der Rechtsstaatlichkeit zurückzukehren.

Biografien

Józef Piłsudski (1867–1935), Militär, Politiker und Staatsmann. Er wurde auf dem ehemaligen polnischen Staatsgebiet geboren, das heute zu Litauen gehört. Während der Teilungszeit war er an nationalen Befreiungsbewegungen beteiligt, wofür er von den russischen Behörden verhaftet und nach Sibirien verbannt wurde. Piłsudski war ein Aktivist der Polnischen Sozialistischen Partei (Polska Partia Socjalistyczna – PPS) und Mitbegründer ihrer Fraktion: PPS-Revolutionäre Fraktion. Er war der Gründer der polnischen Legionen im österreichischen Teilungsgebiet. Während des Ersten Weltkrieges setzte er sich für eine Zusammenarbeit mit den Mittelmächten ein, doch wegen deren mangelnder Unterstützung für den unabhängigen polnischen Staat gab er dieses Bündnis auf und wurde in der Festung Magdeburg verhaftet, was Piłsudskis Ansehen als Kämpfer für die Unabhängigkeit und nationalen Führer stärkte. Nach seiner Freilassung im November 1918 übernahm er das Amt des Staatsoberhauptes des wiedererrichteten unabhängigen polnischen Staates. Während des Polnisch-Sowjetischen Krieges 1920 war er als Marschall Polens Oberbefehlshaber der Streitkräfte. Nach dem Inkrafttreten der März-Verfassung räumte er 1922 seinen Staatschefposten und zog sich in sein Landhaus in Sulejówek bei Warschau und aus dem politischen Leben zurück. Im Jahr 1926 führte er einen Militärputsch durch und ergriff die tatsächliche Macht im Staat. Er hat die demokratischen Institutionen demontiert, das sogenannte Sanacja-Milieu um sich herum aufgebaut und sowohl das Parlament als auch den Präsidenten von sich abhängig gemacht. Piłsudski starb 1935, kurz nach der Verabschiedung der April-Verfassung, die seine politische Position festigen sollte. In der Geschichts- und Bildungspolitik nimmt er als einer der wichtigsten Politiker der Zwischenkriegszeit und der polnischen Unabhängigkeit einen wichtigen Platz ein.

Roman Dmowski (1864–1939), Politiker und Publizist. Während der Teilungszeit kämpfte er für die Wiedererlangung der Unabhängigkeit Polens, auch im Rahmen der von ihm gegründeten Nationalen Liga. Er war auch Mitglied der russischen Duma (Parlament), wo er den Polnischen Kreis leitete. Während des Ersten Weltkrieges lebte er im Exil, wo er das Polnische Nationalkomitee leitete, das von den Alliierten als offizieller Vertreter Polens auf der internationalen Ebene anerkannt wurde. Er war einer der größten politischen Gegner Piłsudskis. Dmowski war der Meinung, dass der Kampf um die Unabhängigkeit an der Seite Russlands und der alliierten Staaten geführt werden sollte, und sah Deutschland als seinen Hauptfeind an. Er war ein Anhänger der panslawistischen Ideen. Im Gegensatz zu Piłsudski, der für eine Expansion nach Osten eintrat, war er für eine Expansion in ehemals slawische, „germanisierte" Gebiete, vor allem in Schlesien und Ostpreußen. Er war Vorsitzender der polnischen Delegation auf der Friedenskonferenz und unterzeichnete den Friedensvertrag von Versailles. Nach dem Mai-Putsch 1926 gründete er nationalistische Parteien, die sich gegen Piłsudskis Politik wandten – das Großpolnische Lager (Obóz Wielkiej Polski) und die Nationale Partei (Stronnictwo Narodowe) – und war Ehrenvorsitzender der Allpolnischen Jugend (Młodzież Wszechpolska). Dmowski war Autor zahlreicher Publikationen, in denen er unter anderem für eine neue Form des Patriotismus, der auf den nationalen Interessen und dem politischen Realismus beruht, eintrat. Heute gilt er als der Vater des polnischen Nationalismus.

Lech Wałęsa (1943), Politiker und Friedensnobelpreisträger. Er war Elektriker von Beruf und ein Arbeiter auf der Danziger Werft. Er wurde mehrfach wegen seiner Aktivitäten gegen die Politik der kommunistischen Behörden verhaftet und war insbesondere während der Streiks von 1970 und 1980 aktiv. Wałęsa war Vorsitzender des Streikkomitees in Danzig und später einer der Führer der landesweiten Solidarność-Bewegung. Im Jahr 1981 wurde er von der Wochenzeitschrift „Time" zum „Mann des Jahres" gewählt und wurde zum wichtigsten Symbol der antikommunistischen Opposition. Während des Kriegsrechts (1981–1983) wurde er interniert. Im Jahr 1983 wurde er mit dem Friedensnobelpreis ausgezeichnet. Im Jahr 1989 nahm er am Runden Tisch teil – den Verhandlungen zwischen den kommunistischen Behörden und der Opposition. Im Jahr 1990 wurde er der erste in allgemeinen und demokratischen Wahlen gewählte Präsident der Nachkriegszeit. Bei den anschließenden Präsidentschaftswahlen 1995 verlor er gegen Aleksander Kwaśniewski. Wałęsa ist bis heute eine Ikone der Solidarność, auch wenn ihm einige Historiker und politische Kreise, die der Partei Recht und Gerechtigkeit nahestehen, vorwerfen, mit dem kommunistischen Geheimdienst SB zusammengearbeitet zu haben, was seinem Image erheblich geschadet hat.

Aleksander Kwaśniewski (1954), Politiker. In der Volksrepublik Polen war er in der kommunistischen Polnischen Vereinigten Arbeiterpartei (Polska Zjednoczona Partie Robotnicza – PZPR) aktiv. In den Jahren 1985–1987 und 1988–1989 war er als Minister in zwei Regierungen tätig. Als Mitglied der PZPR nahm er an den Verhandlungen am Runden Tisch zwischen den kommunistischen Behörden und der Opposition teil. Kwaśniewski war Mitbegründer und erster Vorsitzender der postkommunistischen Partei Sozialdemokratie der Republik Polen (Socjaldemokracja Rzeczypospolitej Polskiej – SdRP) und Mitbegründer ihres Nachfolgers, des Bundes der Demokratischen Linken (Sojusz Lewicy Demokratycznej – SLD). Im Jahr 1995 wurde er Präsident und führte das Amt für zwei Wahlperioden aus. Während seiner Präsidentschaft ratifizierte er 1999 den Beitritt Polens zum Nordatlantikpakt (NATO).

Donald Tusk (1957), Politiker und Historiker. In der Volksrepublik Polen engagierte er sich in der Opposition, initiierte in den 1980er-Jahren die Gründung der Unabhängigen Studentenvereinigung (Niezależne Zrzeszenie Studenten – NZS) und arbeitete mit der von den Behörden verbotenen Solidarność-Bewegung zusammen. Nach der politischen Wende von 1989 gründete er die liberale Partei Liberal-Demokratischer Kongress (Kongres Liberalno-Demokratyczny – KLD), deren Vorsitzender er wurde, und war Mitglied des Parlaments. Im Jahr 2001 war Tusk Mitbegründer der Bürgerplattform (Platforma Obywatelska – PO) und wurde 2003 deren Vorsitzender. Im Jahr 2007 wurde er Ministerpräsident und hatte dieses Amt sieben Jahre lang inne. Damit ist er der am längsten amtierende Ministerpräsident des demokratischen Polens und der erste, der eine Wiederwahl erlebt hat. Er gab dieses Amt ab und übernahm 2014 das Amt des Präsidenten des Europäischen Rates, das er bis 2019 innehatte. Von 2019 bis 2022 war Tusk Vorsitzender der Europäischen Volkspartei. Im Jahr 2021 kehrte er in die polnische Politik zurück und wurde Vorsitzender der PO, der größten Oppositionspartei.

Jarosław Kaczyński (1949), Politiker und Jurist. Sein Zwillingsbruder war der polnische Staatspräsident Lech Kaczyński, der bei einem Flugzeugabsturz bei Smolensk ums Leben kam. Seit Anfang der 1970er-Jahre war Kaczyński in der Opposition aktiv und engagierte sich im Komitee zur Verteidigung der Arbeiter (Komitet Obrony Robotników – KOR) und in der Solidarność-Bewegung. Im Jahr 1989 beteiligte er sich an der Arbeit des Runden Tisches. Nach der politischen Wende von 1989 übte er wiederholt Ämter als Mitglied des Sejm und als Senator aus. Er war Mitbegründer und Vorsitzender der Parteien Verständigung Zentrum (Porozumienie Centrum – PS), die Teil der Wahlaktion Solidarität (Akcja Wyborcza Solidarność – AWS) war, sowie der Partei Recht und Gerechtigkeit (Prawo i Sprawiedliwość – PiS), deren politisches Programm von ihm stammt. Von 2006 bis 2007 war Kaczyński Premierminister und von 2020 bis 2022 Vizeministerpräsident und Minister für Sicherheit. Als Vorsitzender der PiS ist er Entscheidungsträger in wichtigen Bereichen des politischen Diskurses der derzeitigen Regierungen.

Johannes Paul II – Karol Wojtyła (1920–2005), Geistlicher, Papst der römisch-katholischen Kirche. Darüber hinaus war er auch Schauspieler, Dichter, Dramatiker, Pädagoge und Philosoph. Im Jahr 1946 wurde er zum Priester geweiht. Später widmete er sich intensiv der Theologie und schrieb Beiträge für katholische Zeitschriften. Er wurde 1958 zum Bischof, 1963 zum Erzbischof und 1967 zum Kardinal ernannt. Im Jahr 1978 wurde Wojtyła – als erster Slawe und seit 456 Jahren als erster Nichtitaliener – auf den Papstthron gewählt. Sein Pontifikat dauerte 26 Jahre und war damit eines der längsten in der Geschichte des Vatikans. Er war ein Verfechter der Ökumene und ein Pilger, der 104 Pilgerreisen unternahm, darunter acht nach Polen. In Polen war er eine unbestrittene moralische Autorität und hatte einen bedeutenden Einfluss auf die Herausbildung individueller Einstellungen und die Gestaltung des soziopolitischen Lebens. Ihm wird eine maßgebliche Rolle bei der Demokratisierung Polens und Beendigung des Kommunismus zugeschrieben – er war unter anderem Unterstützer und Befürworter der Solidarität. 1981 wurde ein völlig ungeklärter Mordanschlag auf ihn verübt. Wojtyła starb im Jahr 2005. 2011 wurde er von Papst Benedikt XVI. seliggesprochen und 2014 von Papst Franziskus heiliggesprochen. Nach seinem Tod wurden Vorwürfe des Vertuschens und Verschweigens von kirchlichem sexuellen Missbrauch gegen ihn erhoben, die auch in Polen eine öffentliche Diskussion über den sexuellen Missbrauch von Geistlichen auslösten.

Sachregister

A

Agentur für den Nachrichtendienst 89
Agentur für innere Sicherheit 89
AgroUnia 138
Allpolnische Jugend (Młodzież Wszechpolska – MW) 152, 179
Amnesty International 144
Amt für Wettbewerb und Verbraucherschutz 89
Appellationsgerichte (sądy apelacyjne) 92, 94, 105
April-Verfassung 40, 59, 179
Aprilnovelle (nowela kwietniowa) 74–76
Arbeitgeber der Republik Polen (Pracodawcy Rzeczypospolitej Polskiej) 23

B

Batory-Stiftung 67, 123, 144, 147
Bauern-Solidarność (NSZZ Rolników Indywidualnych 14, 18, 23, 135–138
Beobachtungsstelle für Pressefreiheit (Centrum Monitoringu Wolności Prasy) 144
Bewegung zur Verteidigung der Menschen- und Bürgerrechte (Ruch Obrony Praw Człowieka i Obywatela – ROPCIO) 144
Bezirksgerichte (sądy rejonowe) 92–94, 105
Blood and Honour 150
Breschnew-Doktrin 15
Bruder Albert Hilfsverein 142
Bund der Demokratischen Linken (Sojusz Lewicy Demokratycznej – SLD) 24, 127, 138, 180
Bundeszentrale für politische Bildung (BpB) 9
Bürger der Republik Polen (Obywatele RP) 149
Bürgerkoalition (Koalicja Obywatelska – KO) 65, 165, 167, 173, 174
Bürgerkomitee (Komitet Obywatelski) 16, 19, 20
Bürgerplattform (Platforma Obywatelska – PO) 21, 24, 65, 66, 79, 95, 173, 177, 180

C

Caritas-Verband 23
CBOS 26, 29, 32, 33, 132, 137, 139, 141, 142, 164, 165, 167
Charta der Grundrechte der EU 52
Club der Naturforscher (Klub Przyrodników) 145
Combat 18 150
COVID-19 44, 84, 100, 131, 147, 151

D

democratic backsliding 10, 26, 57, 99
Demokratische Partei (Stronnictwo Demokratyczne – SD) 17, 64
Demokratische Republik Polen (Demokratyczna RP) 149
Deutsche Demokratische Republik (DDR) 15

E

Erneuerung (ODnowa) 38, 123, 142, 143, 149, 163
Europäische Kommission 53, 66, 101, 106, 176
Europäische Konservative und Reformer (EKR) 65
Europäische Sozialisten und Demokraten 65
Europäische Union (EU) 9, 13, 23, 25, 26, 29, 33, 48, 51–54, 64–66, 79, 81–83, 86, 94–96, 99–105, 110, 111, 115, 121, 127–133, 141, 153, 162, 167–169, 176–178
Europäischer Gerichtshof für Menschenrechte (EGMR) 89
European National Front (ENF) 150
European Trade Union Confederation (ETUC) 138

F

Flugbrigade der Opposition (Lotna Brygada Opozycji) 149
Forza Nuova 150
Freedom House 9, 33, 166
Freiheit und Frieden (Wolność i Pokój) 16

183

Sachregister

Freiwillige Bergrettungsdienst (Górskie Ochotnicze Pogotowie Ratunkowe – GOPR) 143

Freiwillige Wasserrettungsdienst (Wodne Ochotnicze Pogotowie Ratunkowe – WOPR) 143

G

Gazeta Wyborcza 18, 21

Gemeinsame Kommission der Regierung und der territorialen Selbstverwaltung (Komisja Wspólna Rządu i Samorządu Terytorialnego) 130

Generalanwaltschaft des Staatsschatzes 89

Generalinspektor für den Schutz personenbezogener Daten 89

Generalstaatsanwalt 102, 107, 109–111

Gerichtshof der Europäischen Union (EuGH) 53, 54, 89, 91, 94, 95, 100–104, 111

Gesamtpolnische Föderation der Nichtregierungsorganisationen (Ogólnopolska Federacja Organizacji Pozarządowych – OFOP) 147

Gesamtpolnischer Gewerkschaftsverständigung (Ogólnopolskie Porozumienie Związków Zawodowych – OPZZ) 23, 136, 137

Gesellschaft für Tierschutz (Towarzystwo Opieki nad Zwierzętami) 145

Gewerbeaufsichtsamt 89

Gewerkschaft der Landwirtschaft 137, 139

Gewerkschaftsforum (Forum Związków Zawodowych – FZZ) 137, 138

Glasnost 15

Großpolnisches Lager (Obóz Wielkiej Polski – OWP) 63, 179

Grüne (Zieloni) 65, 173

H

Hauptkommission zur Erforschung der Hitler-Verbrechen in Polen (Główna Komisja Badania Zbrodni Hitlerowskich w Polsce) / Hauptkommission zur Verfolgung der Verbrechen gegen die polnische Nation (Główna Komisja Ścigania Zbrodni Przeciwko Narodowi Polskiemu) 30, 31

Helsinki Stiftung für Menschenrechte (Helsinki Foundation for Human Rights) 144

I

I. Weltkrieg 122, 179

II. Polnische Republik 32

II. Weltkrieg 30, 40, 59, 63, 116–118, 122, 135, 139, 157–160, 169

III. Polnische Republik 132

Inicjatywa Polska 65, 173

Institut des Nationalen Gedenken (Instytut Pamięci Narodowej – IPN) 22, 31

Institut für die Statistik der Katholischen Kirche (Instytut Statystyki Kościoła Katolickiego) 142

Institut für Öko-Entwicklung (Instytut na rzecz Ekorozwoju) 145

International Labour Organization (ILO) 138

Internationaler Währungsfond (IWF) 27

J

Januar Aufstand 157

Jobbik 150

K

Kabinettversammlung (Rada Gabinetowa) 77

Katholische Kirche 16, 17, 19, 42, 135, 138–142, 153, 154, 158, 167, 175, 181

Kleine Verfassung 23, 39, 40, 42, 60, 76

Klub Gaja 145

Klubs der Katholischen Intelligenz 16

Komitee für Angelegenheiten der Gemeinnützigkeit (Komitet do spraw Pożytku Publicznego – KPP) 146

Komitee für den Schutz der Rechte des Kindes (Komitet Ochrony Praw Dziecka) 144

Komitee zur Verteidigung der Arbeiter (Komitet Obrony Robotników – KOR) 144, 149, 181

Komitee zur Verteidigung der Demokratie (Komitet Obrony Demokracji – KOD) 148

Kommunistische Partei der Sowjetunion (KPdSU) 15, 64

Sachregister

Konfederacja Wolność i Niepodległość 153, 164
Konföderation der Nichtregierungsinitiativen der Republik Polen (Konfederacja Inicjatyw Pozarządowych Rzeczypospolitej – KIPR) 147
Konföderation der polnischen Arbeitgeber (Konfederacja Pracodawców Polskich) 23
Konföderation des unabhängigen Polens (Konfederacja Polski Niepodległej – KPN) 16
Konföderation von Targowica 38
Korruption 25, 29, 89, 149
Kreisgerichte (sądy okręgowe) 92, 93, 105
Kriegsrecht 14
Kukiz-15 65, 152

L

La Strada - Stiftung gegen Menschenhandel und Sklaverei (Fundacja Przeciwko Handlowi Ludźmi i Niewolnictwu) 144
Landesrat der regionalen Rechnungskammern abstimmen (Krajowa Rada Regionalnych Izb Obrachunkowych – KRRIO) 125
Landesweiter Frauenstreik (Ogólnopolski Strajk Kobiet) 149
LGBTQ+ 53, 66, 151
Liberal-demokratische Partei Unabhängigkeit (Liberalno-Demokratyczna Partia Niepodległość) 16
Liberal-Demokratischer Kongress (Kongres Liberalno-Demokratyczny – KLD) 125, 180
liberum veto 38, 58
Liga der Polnischen Familien (Liga Polskich Rodzin – LPR) 140, 152
Liga für Naturschutz (Liga Ochrony Przyrody) 145
Lustrationsgesetz 31

M

Magdalenka 14, 15, 17
Mai-Putsch 1926 40, 59, 62, 63, 179
Marsch der Unabhängigkeit 151, 152
März-Verfassung 39, 40, 47, 58, 122, 179
Militärgerichte 44, 90, 93, 97, 98, 101

N

National-Radikales Lager (Obóz Narodowo-Radykalny – ONR) 63, 152
Nationaldemokratische Partei (Stronnictwo Narodowo-Demokratyczne – SN-D, sog. Endecja), Nationale Demokratie (Narodowa Demokracja – Endecja) 62, 63, 150
Nationale Bewegung (Ruch Narodowy - RN) 152, 153
Nationale Freiheitsinstitut - Zentrum für die Entwicklung der Zivilgesellschaft (Narodowy Instytut Wolności – Centrum Rozwoju Społeczeństwa Obywatelskiego – NIW-CRSO) 146, 147
Nationale Investitionsfonds 28
Nationale Union der Landwirte, Kreise und landwirtschaftlichen Organisationen (Krajowy Związek Rolników, Kółek i Organizacji Rolniczych – KZRKOR) 137
Nationale Wiedergeburt Polens (Narodowe Odrodzenie Polski – NOP) 152
Nationaler Justizrat (Krajowa Rada Sądownictwa – KRS) 54, 90–95, 97–99, 101–103, 105, 107, 110, 111
Nationaler Rundfunkrat (Krajowa Rada Radiofonii i Telewizji) 44, 106
NATO 9, 13, 23, 25, 79, 180
Neue Linke (Nowa Lewica) 24
Niezależne Zrzeszenie Studentów (NZS) 19, 180
Nihil novi 57
November Aufstand 157
Nowoczesna 65, 173
NPD 150

O

Oberste Gerichtshof 43, 92
Oberste Kontrollkammer (Najwyższa Izba Kontroli) 44, 89, 106, 108
Oberste Verwaltungsgericht (Naczelny Sąd Administracyjny, NSA) 90, 92, 97
OdNowa 65
Ombudsmann für Bürgerrechte 13, 106
Ombudsmann für die Rechte von Patienten 90
Ombudsmann für Finanzen 90

Sachregister

Ombudsmann für Kinderrechte 89
Ombudsmann für Rechte von Patienten der psychiatrischen Krankenhäusern 90
OPZZ (Ogólnopolskie Porozumienie Związków Zawodowych – Gesamtpolnischer Gewerkschaftsverband) 17, 23, 136–138
Orange Alternative (Pomarańczowa Alternatywa) 149
Ordo Iuris - Institut für Rechtskultur 151

P

Pariser Klub 27
Patriotische Bewegung der nationalen Wiedergeburt (Patriotyczny Ruch Odrodzenia Narodowego – PRON) 14
Perestroika 15
Polen A 117, 131
Polen B 117, 131
Polnisch-Litauische Union 38
Polnische Arbeiterpartei (Polska Partia Robotnicza – PPR) 63
Polnische Bauernpartei (Polskie Stronnictwo Ludowe – PSL) 24, 62, 65, 79, 174
Polnische Gesellschaft der Naturfreunde 145
Polnische Gesellschaft für Naturschutz 145
Polnische Humanitäre Aktion (Polska Akcja Humanitarna – PAH) 144
Polnische Nationalbank 18, 27, 96, 138
Polnische Sozialistische Partei (Polska Partia Socjalistyczna – PPS) 62, 179
Polnische Vereinigte Arbeiterpartei (Polska Zjednoczona Partia Robotnicza – PZPR) 13, 41, 59, 64
Polnischer Ökologie-Club (Polski Klub Ekologiczny) 145
Polnisches Rote Kreuz (Polski Czerwony Krzyż – PCK) 144
Posener Aufstand 159
Pracownia na Rzecz Wszystkich Istot 145

R

Radio Maryja 140
Rat für den sozialen Dialog (Rada Dialogu Społecznego) 138

Recht und Gerechtigkeit (Prawo i Sprawiedliwość - PiS) 9, 15, 21, 24, 26, 29, 33, 46, 52, 65–68, 79–81, 99, 108, 109, 131, 132, 138–141, 146, 148, 149, 151, 153, 162, 164–169, 173–178, 180, 181
Recht und Gerechtigkeit (Prawo i Sprawiedliwość – PiS) 119
Republikanischen Partei 65
Ruch Palikota/Twój Ruch 141
Runder Tisch 13, 59

S

Samizdat 14
Samoobrona Rzeczpospolitej Polskiej (Selbstverteidigung der Republik Polen) 137, 139
Sejm 13, 14, 17–20, 23, 24, 37, 39–41, 43, 45, 46, 49, 54, 57–62, 64, 67, 68, 74, 76–79, 82–85, 95, 96, 98, 100, 101, 106, 114, 124–127, 151, 152, 165, 173, 174, 176, 181
Sejm-Marschall 40, 59, 62, 63, 68, 77, 79, 158, 179
Senat 18–20, 23, 39–41, 43, 45, 46, 49, 57–60, 67, 74, 83, 96, 97, 125, 165
Sinatra-Doktrin 15
Solidarische Bürger in Aktion (Obywatele Solidarni w Akcji) 149
Solidarna Polska 65, 153
Solidarność NSZZ 14, 18, 23, 135–138
Solidarność Walcząca (Kämpfende Solidarität) 14, 16
Sozialdemokratie der Republik Polen (Socjaldemokracja Rzeczypospolitej Polskiej – SdRP) 24, 180
Soziale Arbeitsinspektion 89
Staatliche Arbeitsinspektion 89
Staatliche Sanitärinspektion 89
Staatsgerichtshof 89, 96
Staatsrat 40, 41
state capturing 10
Statistisches Hauptamt (Główny Urząd Statystyczny) 29, 166
Stiftung Akademie der Bürgerorganisationen (Fundacja Akademia Organizacji Obywatelskich) 147
Stiftung Bildung für Demokratie (Fundacja Edukacja dla Demokracji) 147

Stiftung für die Entwicklung der Informationsgesellschaft (Fundacja Rozwoju Społeczeństwa Informacyjnego) 147
Stiftung Großes Orchester der Weihnachtshilfe (Fundacja Wielka Orkiestra Świątecznej Pomocy – WOŚP) 148
Stiftung Werkstatt für soziale Innovation und Forschung 147
Stiftung zur Förderung der lokalen Demokratie (Fundacja Rozwoju Demokracji Lokalnej) 123, 147
Stiftung zur Unterstützung der lokalen Demokratie (Fundacja Rozwoju Demokracji Lokalnej) 123, 147

T

Trade Union Advisory Committee 138
Transparency International 25
Trilaterale Kommission für soziale und wirtschaftliche Angelegenheiten (Komisja Trójstronna do spraw Społeczno-Gospodarczych) 138
Tygodnik Solidarność 18

U

Uniwersytet latający 14
UNO 149

V

Venedig-Kommission 80, 106
Vereinigte Bauernpartei (Zjednoczone Stronnictwo Ludowe – ZSL) 17–20, 64
Vereinigtes Polen (Solidarna Polska) 65, 153
Verfassung vom 3. Mai 37–39, 49, 54, 55, 58
Verfassung von 1952 41, 42, 49, 59, 75

Verfassung von 1997 9, 42, 54, 60, 74, 76, 77, 79, 125, 132
Verfassungsgericht (Trybunał Konstytucyjny) 13, 31, 47, 48, 54, 61, 67, 76, 79, 80, 89, 92, 95, 100, 103
Vertrag über die Europäische Union 100
Volkspartei (Stronnictwo Ludowe – SL) 17, 24, 62, 64, 65, 79, 174, 181
Volksrepublik Polen (Polska Rzeczpospolita Ludowa – PRL) 15, 19, 21, 22, 30, 31, 39–41, 64, 109, 113, 122, 124, 125, 135, 153, 180
Volkssouveränität 43

W

Wahlaktion Solidarność (Akcja Wyborcza Solidarność – AWS) 126, 181
Warschauer Aufstand 32, 158
Warschauer Pakt 16
Watchdog Polska Citizens' Network 144
Wiosna 141
Woiwode 84, 124, 126, 130
Woiwodschaft 17, 92, 97, 116, 117, 122, 129, 130, 145, 173
Woiwodschaftsgerichte 97
World Justice Project 66

Z

Zentrales Büro zur Korruptionsbekämpfung 89
Zentralrat der Gewerkschaften (Centralna Rada Związków Zawodowych – CRZZ) 136
Zentrum für Frauenrechte (Centrum Praw Kobiet) 144

Personenregister

A
Andruszkiewicz Adam 153

B
Bachmann Klaus 9
Balcerowicz Leszek 22, 25, 27–29
Bielecki Krzysztof 125
Bierut Bolesław 40
Bonaparte Napoleon 39, 58
Breschnew Leonid 15
Buzek Jerzy 126, 127

C
Czartoryski Adam Jerzy 39

D
Dmowski Roman 63, 179
Duda Andrzej 67, 73, 78–81, 96, 176

F
Franziskus Papst 141, 181
Friedrich Wilhelm II. von Hohenzollern 37
Frycz-Modrzewski Andrzej 38

G
Gallus Anonymus 57
Geremek Bronisław 17, 20
Gersassimow Gennadi 15
Gersdorf Małgorzata 101
Gorbatschow Michail 15, 16

J
Jaruzelski Wojciech 18, 21, 22, 75, 78
Johannes Paul II. / Wojtyła Karol 14, 32, 139, 181

K
Kaczyński Jarosław 21, 79, 181
Kaczyński Lech 22, 78, 79, 181
Karolewski Ireneusz Paweł 10, 66, 68, 104
Kelsen Hans 48
Kijowski Mateusz 149
Kiszczak Czesław 21
Kołłątaj Hugo 38

Komorowski Bronisław 78, 79
Kukiz Paweł 65, 152
Kulesza Michał 123
Kuroń Jacek 17
Kwaśniewski Aleksander 41, 78, 79, 81, 115, 127, 180

L
Le Pen Marine 138
Łoziński Krzysztof 149

M
Mazowiecki Tadeusz 17, 20–22, 25–27, 123, 125
Merkel Wolfgang 22
Michnik Adam 17, 18, 20, 21, 75
Montesquieu 38, 40
Morawiecki Kornel 14
Mościcki Ignacy 40

O
Offe Claus 22
Orbán Viktor 33, 166

P
Paoli Pasquale 37
Piłsudski Józef 40, 59, 62, 63, 158, 179
Poniatowski Stanislaus August 37, 38

R
Regulski Jerzy 123
Rousseau Jean-Jacques 38
Rydzyk Tadeusz 140, 141, 143, 154

S
Sachs Jeffrey 27
Sadurski Wojciech 9, 10, 53, 54, 61, 66, 67, 77, 79, 99
Sata Robert 10
Schmitt Carl 48
Sekielski Tomasz 141
Skórzyński Jan 15–20
Soros George 151
Stalin Josef 40
Staszic Stanisław 38

T
Trzaskowski Rafał 80

W
Wałęsa Lech 14, 16, 20, 78, 81, 115, 180
Winnicki Robert 152
Witos Wincenty 63

Z
Zakaria Fareed 10
Zemmour Eric 138
Ziemer Klaus 9, 57, 59, 73, 120
Ziobro Zbigniew 153

Bereits erschienen in der Reihe
STUDIENKURS POLITIKWISSENSCHAFT (ab 2017)

Theorie politischer Institutionen
Von Prof. Dr. Gerhard Göhler
2023, 254 Seiten, broschiert
ISBN 978-3-7560-1133-9

Das politische System Russlands
Von Prof. Dr. Petra Stykow und Julia Baumann
2023, 311 Seiten, broschiert
ISBN 978-3-8487-7971-0

Das politische System Ungarns
Von Dr. Melani Barlai, Dr. Florian Hartleb, Dr. Dániel Mikecz
2023, 240 Seiten, broschiert,
ISBN 978-3-8487-6747-2

Einführung in die Politikwissenschaft
Von Prof. Dr. Thomas Bernauer, Prof. Dr. Detlef Jahn, Prof. Dr. Sylvia Kritzinger, Assoc.-Prof. Dr. Patrick M. Kuhn, Prof. Dr. Stefanie Walter
5., umfassend überarbeitete Auflage,
2022, 598 Seiten, broschiert,
ISBN 978-3-8487-7938-3

Autokratien
Von Prof. Dr. Uwe Backes
2022, 205 Seiten, broschiert,
ISBN 978-3-8487-8003-7

Bereits erschienen in der Reihe STUDIENKURS POLITIKWISSENSCHAFT (ab 2017)

Die Rechte indigener Völker im Menschenrechtssystem
Von Jessika Eichler, Ph.D.
2022, 266 Seiten, broschiert,
ISBN 978-3-8487-6483-9

Das Regierungssystem der USA
Von Dr. Michael T. Oswald
3., aktualisierte und erweiterte Auflage,
2021, 322 Seiten, broschiert,
ISBN 978-3-8487-6950-6

Demokratie
Von Prof. Dr. Samuel Salzborn
2., aktualisierte und erweiterte Auflage,
2021, 186 Seiten, broschiert,
ISBN 978-3-8487-8296-3

Migrationspolitik
Von Prof. Dr. Hannes Schammann und Dr. Danielle Gluns
2021, 274 Seiten, broschiert,
ISBN 978-3-8487-4054-3

Chinese Politics
Von Prof. Dr. Dr. Nele Noesselt
2021, ca. 270 Seiten, broschiert,
ISBN 978-3-8487-4673-6

Föderalismus
Von Prof. Dr. Roland Sturm
3., umfassend aktualisierte Auflage,
2020, 201 Seiten, broschiert,
ISBN 978-3-8487-7786-0

Bereits erschienen in der Reihe STUDIENKURS POLITIKWISSENSCHAFT (ab 2017)

Das politische System der Schweiz
Von Prof. Dr. Adrian Vatter
4., vollständig aktualisierte Auflage,
2020, 592 Seiten, broschiert,
ISBN 978-3-8487-6564-5

Rechtsextremismus
Von Prof. Dr. Samuel Salzborn
4., überarbeitete und erweiterte Auflage,
2020, 186 Seiten, broschiert,
ISBN 978-3-8487-6759-5

Das erste Forschungsprojekt
Von Prof. Dr. Tom Mannewitz
2020, 344 Seiten, broschiert,
ISBN 978-3-8487-6760-1

Entscheidungs- und Spieltheorie
Von Prof. Dr. Joachim Behnke
2., durchgesehene und aktualisierte Auflage,
2020, 230 Seiten, broschiert,
ISBN 978-3-8487-6254-5

Hispanoamerika
Von Prof. Dr. rer. pol. Hartmut Sangmeister
2019, 249 Seiten, broschiert,
ISBN 978-3-8487-5102-0

Internationale Politische Ökonomie
Von Prof. Dr. Stefan A. Schirm
4., unveränderte Auflage,
2019, 290 Seiten, broschiert,
ISBN 978-3-8487-5984-2

Bereits erschienen in der Reihe STUDIENKURS POLITIKWISSENSCHAFT (ab 2017)

Theoretiker der Politik
Von Prof. em. Dr. Frank R. Pfetsch
3. Auflage
2019, 614 Seiten, broschiert,
ISBN 978-3-8487-5015-3

Chinesische Politik
Von Prof. Dr. Dr. Nele Noesselt
2., aktualisierte und überarbeitete Auflage,
2018, 252 Seiten, broschiert,
ISBN 978-3-8487-4238-7

Internationale Sicherheit und Frieden
Von Prof. Dr. Heinz Gärtner
3., erweiterte und aktualisierte Auflage,
2018, 338 Seiten, broschiert,
ISBN 978-3-8487-4198-4

Methoden der Politikwissenschaft
Von Prof. Dr. Bettina Westle
2. Auflage,
2018, 436 Seiten. broschiert,
ISBN 978-3-8487-3946-2

Parlamentarismus
Von Prof. Dr. Stefan Marschall
3., aktualisierte Auflage,
2018, 265 Seiten, broschiert,
ISBN 978-3-8487-5231-7

Weltbilder und Weltordnung
Von Prof. Dr. Gert Krell und Prof. Dr. Peter Schlotter
5., überarbeitete und aktualisierte Auflage,
2018, 462 Seiten, broschiert,
ISBN 978-3-8487-4183-0

Bereits erschienen in der Reihe STUDIENKURS POLITIKWISSENSCHAFT (ab 2017)

Grundbegriffe der Politik
Von Dr. Martin Schwarz, Prof. Dr. Karl-Heinz Breier und Prof. Dr. Peter Nitschke
2., aktualisierte und erweiterte Auflage,
2017, 246 Seiten, broschiert,
ISBN 978-3-8487-4197-7